성경 영어 Key Word 40

성경 영어 Key Word 40

초 판 인쇄 2017년 9월 8일
초 판 발행 2017년 9월 15일

지 은 이 최 영
펴 낸 이 박찬익
편 집 장 권이준
책임편집 조은혜

펴 낸 곳 ㈜박이정
주 소 서울시 동대문구 천호대로 16가길 4
전 화 02) 922-1192~3 / 팩스 02) 928-4683
홈페이지 www.pjbook.com
이 메 일 pijbook@naver.com
등 록 2014년 8월 22일 제305-2014-000028호

ISBN 979-11-5848-330-2 (13740)

* 책값은 뒤표지에 있습니다.

영어 성경을 40개의 우리말로 정리한

성경영어 Key word 40

최영 저

(주)박이정

책머리에

인간은 누구나 태어나서 죽을 때까지 크고 작은 수많은 문제들에 부딪히며 살아간다. 그런데 나이가 들어 갈수록 이들 대부분이 나 혼자만의 힘으로는 결코 해결될 수 없다는 사실을 깨닫게 된다. 이를 위해 운세, 점, 우상, 미신, 조상신, 종교 등에 매달리고, 의존하게 되는 것이 사실이다. 한마디로 아무 의미도, 소용도 없는 일인데 말이다. 그렇다면 이 같은 생사화복의 문제들을 근원적으로 해결할 수 있는 방법은 무엇일까? 단 한 가지 해답이 있다. 성경이다.

사도신경(the Apostles' Creed)은 '전능하사 천지를 만드신 하나님 아버지를 내가 믿사오며...'라고 시작된다. 기독교인이라면 누구나 적어도 일주일에 한 번쯤은 하게 되는 고백이다. 영어로는 'I believe in God, the Father, Almighty, Maker of heaven and earth,...'이다. 그런데 여기서 보면 내가 믿는 '하나님 God'과 '나'와의 관계가 제일 먼저 나온다. God이 '나의 아버지'이며 이 사실이 가장 중요해서 'God, the Father' 라고 우선 말하고 있는 것이다. 그러므로 the Father는 God을 수식하는 가장 핵심적인 정보가 된다. 영어에서는 어떤 명사를 수식하는 말들이 여럿 있을 때, 수식하는 말이 그 명사에 가까울수록 정보 가치가 높아지기 때문이다.

세속적인 예 하나를 들어보자. 천문학적으로 부자인 A회장이 있다고 가정하자. 자본주의 사회에서 돈의 위력이란 실로 큰 것이어서 세상에 미치는 영향력 또한 막강하다. 그런데 이 사람이 나와 어떤 관계도 아니라면 아무 소용도 없는 일이다. 한마디로 남의 얘기일 뿐, 그림의 떡이다. 하지만 이 재벌 회장이 만일 '나의 아버지'라면 어떻게 되겠는가? 얘기는 크게 달라진다.

이렇듯이 하나님이 아무리 천지를 창조하시고, 전지전능하신 분이라 해도 그 하나님이 나와 아무 상관이 없다면 무슨 소용이 있단 말인가! 그런데 God, the Father 이므로 '하나님이 나의 아버지'가 된다. 그리고 그 하나님이 전지전능하시고 – Almighty, 천지를 창조하신 분 – Maker of heaven and earth 이라고 뒤이어 말하고 있다. 그러므로 '나'는 하나님을 아버지라 부르고 '나'는 창조주 아버지가 만드신 피조물이 된다.

그렇기 때문에 모든 인생 문제를 하나님께 맡기고 구해야한다. 예를 들어 자동차가 고장이 나서 꼼짝도 하지 않는다고 하자. 이럴 때 어떻게 하는 것이 가장 좋은 방법일까? 물론 내가 고칠 수 는 결코 없다. 이 자동차를 만든 Maker 에게 맡겨야 가장 안전하고 완전하고 신속하게 고칠 수 있다. 하물며 하나님의 형상대로 만들어진 인간이야 두말 할 필요가 있겠는가! 인간이 역경에 처해 있을 때 인간을 만드신 분, Maker 에게 맡기고 간구하고 의지하는 것은 지극히 당연한 일이다.

따라서 말씀 이외에는 답이 없다. 그런데 정작 성경을 붙들고 살려고 해도 어떤 말씀을 어떻게 붙들어야 할지, 그 말씀이 무엇인지 모른다면, 또한 말씀의 구체적인 내용이 떠오르지 않는다면 성경은 결코 내 생명의 양식이 될 수 없다. 그렇다고 이 순간 나에게 주시는 말씀을 얻고자 성경 66권을 창세기 처음부터 무작정 읽어 내려갈 수는 없는 일이다.

「성경영어 Key Word 40」은 '바로 지금 이 순간 내가 처한 특별한 문제'에 대해 '하나님께서 내게 주시는 특별한 처방의 말씀'을 지금 즉시 만날 수 있도록 꾸민 안내서이다. 예를 들면, Key Word 1 – 가정(Family) / Key Word 2 – 감사와 축복(Thanks & Blessings) / Key Word 3 – 거룩한 생활(Holy life) … / Key Word 40 – 회개와 용서(Repentance & Forgiveness) 등과 같은 식이다. 이 책은 졸저 「40일 성경영어(2014)」를 토대로 꾸민 것이다. 성경에서 40일이란 숫자는 모두 여덟 번 등장하는데 이 40일은 특별한 의미를 갖는 기간이다. 그중에서 누구나 잘 알고 있는 것들을 살펴본다면,

- **노아는 40일 동안 천지를 개벽하는 홍수를 견디어 낸 후 새로운 세상을 맞았다(창 7:4, 7:17, 8:6)**
- **모세는 시내산에서 40일 기도하고 난 후 하나님으로부터 십계명을 받았다(출 25:18, 34:28)**
- **예수님이 40일간 광야에서 금식기도하시며 마귀의 유혹을 물리쳤다(마 4:1-2)**
- **예수님은 부활하신 후에 제자들에게 확실한 많은 증거로 친히 살아계심을 나타내사 40일 동안 그들에게 보이시며 하나님 나라의 일을 말씀하셨다(행 1:3)**

그러므로 40일이란 기간은 새로운 변화, 새로운 능력, 새로운 탄생, 새로운 기적을 잉태하기 위한 준비의 기간이요, 자신과의 싸움에서 이기기 위한 훈련의 시간인 것이다.

「40일 성경영어(2014)」가 영어 성경의 핵심 요절들을 영어 학습에 초점을 맞춰 문법적 기준에 따라 40과로 정리한 것이라면 이에 비해 이번「성경영어 Key Word 40」는 성경의 주요 말씀들을 40개의 Topic으로 분류한 것이다. 여기에는 반복된 것들을 포함하여 모두 1079개의 성경 핵심 요절들이 담겨있다. 이와 같은 《Key Word》는 성경에 나오는 단어나 내용의 빈도를 기준으로 선정하였으며, 찬송가의 제목분류(Classification of the Topics)를 참고하였다.

이 책은 영어와 우리말 성경으로 이뤄져 있다. 우리말에서는 느낄 수 없는 말씀의 새로운 감동과 울림을 특별히 영어 성경에서 만날 수 있을 것이다. 이를 통해 '나만이 안고 있는 병'을 우리말 '한방'과 영어 '양방'으로 동시에 치료하고자 하는 의도에서다. 두 언어로 함께 할 때, 감사한 일이 있으면 '감사의 기쁨'이 두 배요, 고단한 삶에 지친 자신을 치유할 목적이라면 이를 위한 '치료 효과'도 두 배가 될 것이라 믿기 때문이다.

또 한 가지 이 책은 영어 학습에 도움을 줄 것이라 기대한다. 성경은 '하나님과 나'와의 관계다. 나의 믿음, 나의 구원, 나의 기도 등등... 결국 '나'와 직결된 주제들이다. 따라서 성경영어야말로 '나'를 위한 가장 실용적인 영어교재가 아닐 수 없다. '나'와 아무런 상관도 없는 내용의 교재라면 이는 오직 영어 학습만을 위한 것이므로 반복해서 학습할 가치를 전혀 느끼지 못하게 된다. 수많은 시간과 비싼 비용을 들이고도 대부분 학습자들이 이에 비례하는 영어 학습의 효과를 보지 못하는 이유들 중 하나가 바로 이 같은 교재의 메시지 때문이다. 다시 말하면 세상 영어에서는 한 두 번 보고 나면 다시 볼 가치를 느끼지 못하는 내용들이 대부분이어서 그냥 스쳐 지나갈 뿐 실제 내 영어 사용능력의 자양분이 되지 못한다.

이에 비해 성경은 아무리 반복해도 지나치지 않다. 오히려 반복하면 할수록, 새기면 새길수록 믿음이 성장하고 은혜가 커지는 것이 성경의 특징이다. 그러므로 '나'만의 문제를 해결하는 '말씀'을 영어로 붙들고, 눈으로 읽고, 입으로 말하고, 그 의미를 귀로 새기고, 묵상하고, 소리쳐 외우고, 찬양하고, 기도하다 보면 '나'만의 상처가 치유되면서 동시에 자기도 모르게 저절로 입에서 영어가 나오고 영어사용에 자신감을 가지게 될 것이다. 성경영어를 통한 학습이 가장 실용적이라고 말하는 이유가 바로 여기에 있다.

비록 오랫동안 영어 공부를 해왔고, 영어에 어느 정도 자신이 있다 할지라도 가령, "하나님을 찬양하다, 하나님께 영광 돌리다, 찬송가, 시편, 오순절, 전도하다, 십일조, 십자가에 못 박히다....." 등등 과 같이 믿음과 관련된 우리말 어휘들을 바로 바로 영어로 말하기 힘든 것이 내 영어의 현주소일지 모른다. 또한 지금 당장 '영어 찬송가' 한 곡도 제대로 부를 수 없는 것이 솔직한 나의 실력일지 모른다. 「성경영어 Key Word 40」는 이를 극복하기 위한 마중물이 될 것이다. 이를 위해 《Key Word》의 핵심어휘들을 본문 말씀과 연결하여 즉시 찾아 볼 수 있도록 색인화 하였다. 또한 해당 《Key Word》와 관련된 영어 찬송과 그 근거가 되는 말씀도 함께 살펴보았다. 이제는 더 이상 '성경 영어'와 '찬송 영어'가 우리말에 덧붙여진 장식품

정도로만 머물러 있어서는 안 되기 때문이다. 이제는 더 이상 '영어 성경'과 '영어 찬송가'가 먼지만을 뒤집어 쓴 채 아무도 찾는 이 없이 언제까지나 책꽂이 속에 묵묵히 꽂혀 있어서는 안 되기 때문이다. 이제는 영어로 읽고, 말하고, 묵상하고, 기도하고, 불러야한다.

끝으로 책을 출판하는데 도움을 주신 성도ENG 김윤원 사장님께 깊은 감사를 드린다. 또한 아내 김명숙의 기도가 격려와 위로가 되었다. 아무쪼록 이 책이 영어 학습에 도움이 되고 하나님께 영광을 돌리는데 조그만 보탬이 되기를 바란다.

2017. 9. 4. 화천에서

이 책의 구성과 학습 지침

「성경영어 Key Word 40」은 현재 원어민(native speaker of English)이 가장 많이 읽고 있는 NIV(New International Version)를 인용하였다. 이 책은 40개의 《Key Word》로 구성되어 있으며 반복된 것을 포함해서 모두 1079개의 성경 핵심요절들을 소개하였다. 하나의 말씀은 대부분 1절(verse)~3절로 이뤄져 있는데 주로 성경 한 절이 핵심 요절인 경우가 대부분이다. 한 chapter의 《Key Word》에는 평균 28개의 성경말씀들이 나오며, 《Key Expression & Word》, 《Key Word》, 《Golden Rule》, 《Word & Hymn》으로 구성된다.

1. 《Key Expression & Word》

- 선정된 Expression의 어휘들은 《Key Word》를 요약한 결과들을 반영한 것이며, 주로 명사와 동사 중심이다.
- 우리말에 해당하는 영어가 무엇인지 연습할 수 있도록 「우리말 vs 영어」로 소개하였고 이 표현들이 어떤 말씀에서 온 것인지 쉽게 알 수 있도록 색인화하여 《Key Word》와 연결하였다. 일종의 성경영어 사전과 같은 역할을 한다.

2. 《Key Word》

- 신구약의 성경 순서대로 《Key Word》의 말씀들을 배열하였다.
- 예수님 말씀은 ●로 소개하였고, 나머지 성경 구절은 ○로 인용하였다.
- 《Key Word》가 들어있는 말은 진한 글씨(bold strokes)로 표시하였으며, 그 밖에는 《Key Word》의 내용과 관련된 부분을 진하게 하였다.

3. 《Golden rule》

- 한 단원을 마무리 하며 《Key Word》 중 가장 대표적인 말씀을 《Golden rule》로 정하여 다시 한 번 소개하였다.

4. 《†Word & ♬Hymn》

- 《Key Word》와 관련된 찬송을 선정하였다.
- 채택된 찬송가가 어떤 말씀에 근거하는지 그 말씀을 살펴보고, 우리말과 함께 영어찬송가 1절 가사를 해설하였다.
- 찬송가 악보를 수록하여 《Key Word》 한 과를 찬송을 부르며 마무리 하도록 하였다.

일러두기

1. 말씀의 반복

▸ 하나의 말씀이 여러 개의 Key Word에 속한 경우 각 Key Word마다 반복하여 소개하였다.

예1) ● **Love the Lord your God with all your heart and with all your soul and with all your mind. This is the first and greatest commandment. And the second is like it: Love your neighbor as yourself. All the Law and the Prophets hang on these two commandments.(MT 22:37-40)**
네 마음을 다하고 목숨을 다하고 뜻을 다하여 주 너의 하나님을 사랑하라 하셨으니 이것이 크고 첫째 되는 계명이요 둘째도 그와 같으니 네 이웃을 네 자신과 같이 사랑하라 하셨으니 이 두 계명이 온 율법과 선지자의 강령이니라(마 22:37-40)

– 이 말씀에 나타난 Key Word는 먼저 《Key Word 15 – 사랑》과 그 사랑의 대상인 《Key Word 35 – 하나님》이 될 것이다. 그리고 '네 마음을 다하고 목숨을 다하고 뜻을 다하여'라는 말씀에서는 '소명과 충성'《Key Word 21》이란 의미를 떠올릴 수 있다. 여기에 '네 이웃을 네 몸같이 사랑하라'는 말씀 속에는 '헌신'《Key Word 38》의 가르침이 들어 있다. 즉 이 말씀은 네 개의 《Key Word》에서 모두 만날 수 있게 된다.

예2) 한 여인이 일 년치 연봉(a year's wages JN 12:5)에 해당하는 아주 값비싼 향유를 예수님의 신체에 부어드리는 이야기는 마태(26:6–13), 마가(14:3–9), 요한(12:1–8)복음에 공통적으로 기록되어 있다. 마가복음을 보자:

○ **While he was in Bethany, reclining at the table in the home of a man known as Simon the Leper, a woman came with an alabaster jar of very expensive perfume, made of pure nard. She broke the jar and poured the perfume on his head. (MK 14:3)**

□ leper 나병환자 / alabaster jar 옥합 - 설화 석고로 만든(새하얗고 매끄러운) 병 / nard 나드(감송)향

예수께서 베다니 나병환자 시몬의 집에서 식사하실 때에 한 여자가 매우 값진 향유 곧 순전한 나드 한 옥합을 가지고 와서 그 옥합을 깨뜨리고 예수의 머리에 부으니(막 14:3)

– 한 여인이 예수님의 머리(마태, 마가)에 – 예수님의 발(요한)에 – 값 비싼 향유를 붓는 장면이다. 이 말씀 속에는 두 개의 《Key Word》가 들어 있다. '소명과 충성' 그리고 '헌신'이다. 《Key Word 21》과 《Key Word 38》에서 각각 반복하여 소개하였다.

예3) ● **God so loved the world that he gave his one and only Son, that whoever believes in him shall not perish but have eternal life.(JN 3:16)**
하나님이 세상을 이처럼 사랑하사 독생자를 주셨으니 이는 그를 믿는 자마다 멸망하지 않고 영생을 얻게 하려 하심이라(요 3:16)

– 이 말씀은 나와 있는 단어 모두가 key word라 할 만큼 중요한 성경의 핵심 요절중 하나이다. '하나님 / 사랑 / 독생자 / 믿음 / 영생' 등 5개의 《Key Word》를 갖는다.

2. 한자 표기

《Key Expression & Word》에서 우리말만으로 의미전달이 부족한 경우 우리말 옆에 한자를 (　　)속에 넣어 소개하고, 이에 해당하는 성경영어를 보였다.

예) 구속자(救贖者) redeemer / 속전(贖錢) ransom / 보혜사(保惠師) the Counselor

3. 기호 풀이

• ●: 예수님 말씀

보기) ● **I am the way and the truth and the life. No one comes to the Father except through me.(JN 14:6)**
내가 곧 길이요 진리요 생명이니 나로 말미암지 않고는 아버지께로 올 자가 없느니라(요 **14:6**)

• ○: 예수님 말씀 이외의 성경

보기) ○ **Now it is required that those who have been given a trust must prove faithful.(1CO 4:2)**
그리고 맡은 자들에게 구할 것은 충성이니라(고전 **4:2**)

• ▶: 아이템 소개 및 설명

보기) ▶ 구약성경 The Old Testament, 신약 성경 The New Testament
▶ 은혜 grace　　▶ 은사 gift

• □: 영어 어휘 설명

보기) □ humble oneself 낮추다, 겸손하다

• A / B / C: A, B, C는 각각 별개의 아이템

보기) □ anoint 기름을 붓다, 바르다 / proclaim 전파하다, 선포하다 / humble oneself 낮추다, 겸손하다

- A/B: 연관 있는 아이템 A, B 나열

  보기) 병을 고치다 heal/cure – 4, 5/11: 병을 고치다 heal은 말씀 4, 5이고 병을 고치다 cure는 말씀 11이란 뜻.

- A ← B: A는 B에서 온 것임

  보기) □ keep in perfect peace him whose mind is steadfast
  ← keep him whose mind is steadfast in perfect peace

- A ↔ B: A와 B는 상반된 말

  보기) 믿음 faith ↔ 믿음 없음 unbelief

- ♬: 찬송가

  보기) ♬ 사철에 봄바람 불어 잇고

- 123 : 찬송가 123장

  보기) 428 : 찬송가 428장 – 내 영혼에 햇빛비치니

4. 약어 풀이(Abbreviation)

- S: Subject 주어
- V: Verb 동사, RV(root verb) 원형동사
- C: Compliment 보어
- O: Object 목적어
- IO(Indirect Object): 간접 목적어
- DO(Direct Object): 직접목적어
- SC(Subject Compliment): 주격보어
- OC(Object Compliment): 목적보어
- Ving: 현재분사 또는 동명사
- PP/pp: Past Participle 과거분사
- RV: root verb 동사원형
- cf): 참조, 비교(confer, compare)
- pl.(plural): 명사의 복수형

5. 성경 약어

- KJV: King James Version - 흠정역 성경(欽定譯聖經 The Authorized Version)
- NASB: New American Standard Bible
- NIV: New International Version
- NLT: New Living Translation

01 가 정

♬ 사철에 봄바람 불어 잇고(시 112:1-2) 559
All year in our home the spring breezes blow

○ Wives, submit to your husbands as to the Lord.(EPH 5:22)
○ Husbands, love your wives, just as Christ loved the church and gave himself up for her.(EPH 5:25)
아내들이여 자기 남편에게 복종하기를 주께 하듯 하라(엡 5:22)
남편들아 아내 사랑하기를 그리스도께서 교회를 사랑하시고 위하여 자신을 주심같이 하라(엡 5:25)

02 감사와 축복

♬ 내 영혼에 햇빛 비치니(고후 4:6) 428
There's sunshine in my soul today

○ You turned my wailing into dancing; you removed my sackcloth and clothed me with joy, that my heart may sing to you and not be silent. O LORD my God, I will give you thanks forever.(PS 30:11-12)
주께서 나의 슬픔이 변하여 내게 춤이 되게 하시며 나의 베옷을 벗기고 기쁨으로 띠 띠우셨나이다 이는 잠잠하지 아니하고 내 영광으로 주를 찬송하게 하심이니 여호와 나의 하나님이여 내가 주께 영원히 감사하리이다(시 30:11-12)

03 거룩한 생활

♬ 예수를 나의 구주 삼고(갈 2:20) 288
Blessed assurance, Jesus is mine

● Enter through the narrow gate. For wide is the gate and broad is the road that leads to destruction, and many enter through it. But small is the gate and narrow the road that leads to life, and only a few find it.(MT 7:13-14)
좁은 문으로 들어가라 멸망으로 인도하는 문은 크고 그 길이 넓어 그리로 들어가는 자가 많고 생명으로 인도하는 문은 좁고 길이 협착하여 찾는 자가 적음이라(마 7:13-14)

04 겸 손

♬ 겸손히 주를 섬길 때(히 12:2) 212
O Master, let me walk with Thee

● **Whoever exalts himself will be humbled, and whoever humbles himself will be exalted.(MT 23:12)**
누구든지 자기를 높이는 자는 낮아지고 누구든지 자기를 낮추는 자는 높아지리라(마 23:12)

---

05 교제와 구제

♬ 사랑하는 주님 앞에(행 2:46) 220
In one fraternal bond of love

● **When you give to the needy, do not let your left hand know what your right hand is doing, so that your giving may be in secret. Then your Father, who sees what is done in secret will reward you.(MT 6:3-4)**
너는 구제할 때에 오른손이 하는 것을 왼손이 모르게 하여 네 구제함을 은밀하게 하라 은밀한 중에 보시는 너의 아버지께서 갚으시리라(마 6:3-4)

---

06 교회와 예배

♬ 시온성과 같은 교회(시 87:3) 210
Glorious things of Thee are spoken

● **God is spirit, and his worshipers must worship in spirit and in truth.(JN 4:24)**
하나님은 영이시니 예배하는 자가 영과 진리로 예배할지니라(요 4:24)

---

07 구원과 거듭남

♬ 나 속죄함을 받은 후(골 1:13-14) 283
I have a song I love to sing

● **Whoever believes and is baptized will be saved, but whoever does not believe will be condemned.(MK 16:16)**
믿고 세례를 받은 사람은 구원을 얻을 것이요 믿지 않는 사람은 정죄를 받으리라(막 16:16)

08 권능과 치유

♬ 주를 앙모하는 자(사 40:31) 354
They that wait upon the Lord

○ I can do everything through him who gives me strength. (PHP 4:13)
내게 능력 주시는 자 안에서 내가 모든 것을 할 수 있느니라(빌 4:13)

---

09 근 면

♬ 넓은 들에 익은 곡식(마 9:37) 589
Far and near the fields are teeming

○ If a man will not work, he shall not eat.(2TH 3:10)
누구든지 일하기 싫어하거든 먹지도 말게 하라(살후 3:10)

---

10 기도와 간구

♬ 내 기도하는 그 시간(행 1:14) 364
Sweet hour of prayer

● Ask, and it will be given to you; Seek and you will find; Knock and the door will be opened to you.(MT 7:7)
구하라 그리하면 너희에게 주실 것이요 찾으라 그리하면 찾아낼 것이요 문을 두드리라 그리하면 너희에게 열릴 것이니(마 7:7)

---

11 미래와 소망

♬ 주여 지난 밤 내 꿈에(창 28:11) 490
There is a dream that I dream

○ So we fix our eyes not on what is seen, but on what is unseen. For what is seen is temporary but what is unseen is eternal.(2CO 4:18)
우리가 주목하는 것은 보이는 것이 아니요 보이지 않는 것이니 보이는 것은 잠깐이요 보이지 않는 것은 영원함이라(고후 4:18)

---

12 믿 음

♬ 주의 음성을 내가 들으니(히 10:22) 540
I am Thine, O Lord, I have heard Thy voice

○ Now faith is being sure of what we hope for and certain of what we do not see.(HEB 11:1)
믿음은 바라는 것들의 실상이요 보이지 않는 것들의 증거니(히 11:1)

13 부르심과 영접

♬ 너 예수께 조용히 나가(마 11:28) 539
Go, carry thy burden to Jesus

○ **Yet to all who received him, to those who believed in his name, he gave the right to become children of God – children born not of natural descent, nor of human decision or a husband's will, but born of God.(JN 1:12-13)**
영접하는 자 곧 그 이름을 믿는 자들에게는 하나님의 자녀가 되는 권세를 주셨으니 이는 혈통으로나 육정으로나 사람의 뜻으로 나지 아니하고 오직 하나님께로부터 난 자들이니라(요 1:12-13)

14 부활과 재림

♬ 저 장미꽃 위에 이슬(요 20:18) 442
I come to the garden alone

● **I am the resurrection and the life. He who believes in me will live, even though he dies; and whoever lives and believes in me will never die.(JN 11:25-26)**
나는 부활이요 생명이니 나를 믿는 사람은 죽어도 살겠고 무릇 살아서 나를 믿는 자는 영원히 죽지 아니하리니(요 11:25-26)

15 사 랑

♬ 그 크신 하나님의 사랑(요 3:16) 304
The love of God is greater far

● **A new command I give you: Love one another. As I have loved you, so you must love one another.(JN 13:34)**
새 계명을 너희에게 주노니 서로 사랑하라 내가 너희를 사랑한 것같이 너희도 서로 사랑하라(요 13:34)

16 생명과 영생

♬ 저 높은 곳을 향하여(골 3:2) 491
I'm pressing on the upward way

● **God so loved the world that he gave his one and only Son, that whoever believes in him shall not perish but have eternal life.(JN 3:16)**
하나님이 세상을 이처럼 사랑하사 독생자를 주셨으니 이는 그를 믿는 자마다 멸망하지 않고 영생을 얻게 하려 하심이라(요 3:16)

17 섬김

♬ 예수가 함께 계시니(롬 14:7) 325
Living for Jesus

● The Son of Man did not come to be served, but to serve, and to give his life as a ransom for many.(MT 20:28)
인자가 온 것은 섬김을 받으려 함이 아니라 도리어 섬기려 하고 자기 목숨을 많은 사람의 대속물로 주려 함이니라(마 20:28)

18 성경

♬ 나의 사랑하는 책(딤후 3:15) 199
There is a dear and precious Book

○ But these are written that you may believe that Jesus is the Christ, the Son of God, and that by believing you may have life in his name.(JN 20:31)
오직 이것을 기록함은 너희로 예수께서 하나님의 아들 그리스도이심을 믿게 하려 함이요 또 너희로 믿고 그 이름을 힘입어 생명을 얻게 하려 함이라(요 20:31)

19 성령

♬ 내가 매일 기쁘게(요 14:16) 191
I'm rejoicing night and day

○ The one who sows to please his sinful nature from the nature will reap destruction; the one who sows to please the Spirit from the Spirit will reap eternal life.(GAL 6:8)
자기의 육체를 위하여 심는 자는 육체로부터 썩어질 것을 거두고 성령을 위하여 심는 자는 성령으로부터 영생을 거두리라(갈 6:8)

20-1 성탄

♬ 고요한 밤 거룩한 밤(눅 2:12) 109
Silent night, holy night

○ The virgin will be with child and will give birth to a son, and they will call him Immanuel – which means "God with us." (MT 1:23)
보라 처녀가 잉태하여 아들을 낳을 것이요 그 이름은 임마누엘이라 하리라 하셨으니 이를 번역한 즉 하나님이 우리와 함께 계시다 함이라 (마 1:23)

20-2 십자가

♬ 만왕의 왕(사 53:5) 151
Alas! and did my Savior bleed?

○ Here they crucified him, and with him two others – one on each side and Jesus in the middle.(JN 19:18)
그들이 거기서 예수를 못 박을새 다른 두 사람도 그와 함께 좌우편에 못 박으니 예수는 가운데 있더라(요 19:18)

21 소명과 충성

♬ 부름 받아 나선 이 몸(고전 4:2) 323
Call'd of God, we honor the call

● Love the Lord your God with all your heart and with all your soul and with all your mind and with all your strength.(MK 12:30)
네 마음을 다하고 목숨을 다하고 뜻을 다하고 힘을 다하여 주 너의 하나님을 사랑하라(막 12:30)

22 순종과 실천

♬ 나 주의 도움 받고자(눅 5:11) 214
Jesus, my Lord, to Thee I cry

● Not everyone who says to me, 'Lord, Lord,' will enter the kingdom of heaven, but only he who does the will of my Father who is in heaven.(MT 7:21)
나더러 주여 주여 하는 자마다 다 천국에 들어갈 것이 아니요 다만 하늘에 계신 내 아버지의 뜻대로 행하는 자라야 들어가리라(마 7:21)

23 시련과 시험

♬ 내 주를 가까이 하게 함은(창 28:12) 338
Nearer, my God, to Thee

○ No temptation has seized you except what is common to man. And God is faithful; he will not let you be tempted beyond what you can bear. But when you are tempted, he will also provide a way out so that you can stand up under it.(1CO 10:13)
사람이 감당할 시험밖에는 너희가 당한 것이 없나니 오직 하나님은 미쁘사 너희가 감당하지 못할 시험 당함을 허락하지 아니하시고 시험 당할 즈음에 또한 피할 길을 내사 너희로 능히 감당하게 하시느니라(고전 10:13)

24 예수 그리스도

♬ 내 진정 사모하는(아 5:13) 88
I have found a friend in Jesus

● I am the way and the truth and the life. No one comes to the Father except through me.(JN 14:6)
내가 곧 길이요 진리요 생명이니 나로 말미암지 않고는 아버지께로 올 자가 없느니라(요 14:6)

25 욕심과 죄

♬ 죄에서 자유를 얻게 함은(갈 1:3-4) 268
Would you be free from your burden of sin?

○ After desire has conceived, it gives birth to sin; and sin, when it is full-grown, gives birth to death.(JAS 1:15)
욕심이 잉태한즉 죄를 낳고 죄가 장성한즉 사망을 낳느니라(약 1:15)

26 은혜와 은사

♬ 나 같은 죄인 살리신(엡 2:4-5) 305
Amazing grace! how sweet the sound!

○ It is by grace you have been saved through faith – and this not from yourselves, it is the gift of God – not by works, so that no one can boast.(EPH 2:8-9)
너희는 그 은혜에 의하여 믿음으로 말미암아 구원을 받았으니 이것은 너희에게서 난 것이 아니요 하나님의 선물이라 행위에서 난 것이 아니니 이는 누구든지 자랑하지 못하게 함이라(엡 2:8-9)

27 인내와 승리

♬ 행군 나팔 소리에(딤전 6:12) 360
Bugle calls are ringing out

○ Those who sow in tears will reap with songs of joy. He who goes out weeping, carrying seed to sow, will return with songs of joy, carrying sheaves with him.(PS 126:5-6)
눈물을 흘리며 씨를 뿌리는 자는 기쁨으로 거두리로다 울며 씨를 뿌리러 나가는 자는 반드시 기쁨으로 그 곡식 단을 가지고 돌아오리로다(시 126:5-6)

28 인도와 보호

♬ 주의 곁에 있을 때(시 16:9) 401
Savoir, lead me, lest I stray

○ In his heart a man plans his course, but the LORD determines his steps.(PR 16:9)
사람이 마음으로 자기의 길을 계획할 지라도 그 걸음을 인도하는 자는 여호와시니라(잠 16:9)

---

29 입조심

♬ 주 예수 내 맘에 들어와(엡 4:22-23) 289
What a wonderful change in my life

● What you have said in the dark will be heard in the daylight, and what you have whispered in the ear in the inner rooms will be proclaimed from the roofs.(LK 12:3)
너희가 어두운데서 말한 모든 것이 광명한 데서 들리고 너희가 골방에서 귀에 대고 말한 것이 지붕 위에서 전파되리라(눅 12:3)

---

30 전 도

♬ 물 위에 생명줄 던지어라(잠 24:11) 500
Throw out the Life-line

● Go into all the world and preach the good news to all creation.(MK 16:15)
너희는 온 천하에 다니며 만민에게 복음을 전파하라(막 16:15)

---

31 주와 동행

♬ 주와 같이 길 가는 것(창 5:2) 430
'Tis so sweet to walk with Jesus

○ Even though I walk through the valley of the shadow of death, I will fear no evil, for you are with me; your rod and your staff, they comfort me.(PS 23:4)
내가 사망의 음침한 골짜기로 다닐지라도 해를 두려워하지 않을 것은 주께서 나와 함께 하심이라 주의 지팡이와 막대기가 나를 안위하시나이다(시 23:4)

32 지혜

♬ 예수는 나의 힘이요(엡 1:7-8) 93
Jesus is all the world to me

○ If any of you lacks wisdom, he should ask God, who gives generously to all without finding fault, and it will be given to him.(JAS 1:5)
너희 중에 누구든지 지혜가 부족하거든 모든 사람에게 후히 주시고 꾸짖지 아니하시는 하나님께 구하라 그리하면 주시리라(약 1:5)

33 찬양과 경배

♬ 찬양하라 복되신 구세주 예수(시 146:2) 31
Praise Him, praise Him

● Where two or three come together in my name, there am I with them.(MT 18:20)
두세 사람이 내 이름으로 모인 곳에는 나도 그들 중에 있느니라(마 18:20)

34 평안과 위로

♬ 주 날개 밑 내가 편안히 쉬네(시 17:8) 419
Under His wings I am safely abiding

● Come to me, all you who are weary and burdened, and I will give you rest.(MT 11:28)
수고하고 무거운 짐 진 자들아 다 내게로 오라 내가 너희를 쉬게 하리라(마 11:28)

35 하나님

♬ 기뻐하며 경배하세(욥 38:7) 64
Joyful, joyful, we adore Thee

○ In the beginning God created the heavens and the earth.(GE 1:1)
태초에 하나님이 천지를 창조하시니라(창 1:1)

36 하나님의 나라

♬ 귀하신 주님 계신 곳(사 55:6) 207
Jesus, where'er Thy people meet

● I tell you the truth, no one can see the Kingdom of God unless he is born again.(JN 3:3)

진실로 진실로 네게 이르노니 사람이 거듭나지 아니하면 하나님의 나라를 볼 수 없느니라(요 3:3)

37 하나님의 섭리

♬ 주 하나님 지으신 모든 세계(시 95:3) 79
O, LORD my God! When I in awesome wonder

○ We brought nothing into the world, and we can take nothing out of it.(1TI 6:7)
우리가 세상에 아무 것도 가지고 온 것이 없으매 또한 아무 것도 가지고 가지 못하리니(딤전 6:7)

38 헌 신

♬ 주 예수 보다 더 귀한 것은 없네(빌 3:8) 94
I'd rather have Jesus

● Do to others what you would have them do to you. This sums up the Law and the Prophets.(MT 7:12)
무엇이든지 남에게 대접을 받고자 하는 대로 너희도 남을 대접하라 이것이 율법이요 선지자니라(마 7:12)

39 화 해

♬ 내 영혼의 그윽히 깊은 데서(빌 4:6-7) 412
Far away in the depths of my spirit

● If someone strikes you on the right cheek, turn to him the other also.(MT 5:39)
누구든지 네 오른 빰을 치거든 왼편도 돌려 대며(마 5:39)

40 회개와 용서

♬ 여러 해 동안 주 떠나(눅 15:20) 278
Far from the Lord I wander'd long

● Do not judge, and you will not be judged. Do not condemn, and you will not be condemned. Forgive, and you will be forgiven.(LK 6:37)
비판하지 말라 그리하면 너희가 비판을 받지 않을 것이요 정죄하지 말라 그리하면 너희가 정죄를 받지 않을 것이요 용서하라 그리하면 너희가 용서를 받을 것이요(눅 6:37)

CONTENTS_

성경 약자표

구약전서 The Old Testament

GE	Genesis	창	창세기
EX	Exodus	출	출애굽기
LEV	Leviticus	레	레위기
NU	Numbers	민	민수기
DT	Deuteronomy	신	신명기
JOS	Joshua	수	여호수아
JDG	Judges	삿	사사기
RU	Ruth	룻	룻기
1SA	1Samuel	삼상	사무엘상
2SA	2Samuel	삼하	사무엘하
1KI	1Kings	왕상	열왕기상
2KI	2Kings	왕하	열왕기하
1CH	1Chronicles	대상	역대상
2CH	2Chronicles	대하	역대하
EZR	Ezra	스	에스라
NE	Nehemiah	느	느헤미야
EST	Esther	에	에스더
JOB	Job	욥	욥기
PS	Psalms	시	시편
PR	Proverbs	잠	잠언
ECC	Ecclesiastes	전	전도서
SS	Song of Songs	아	아가
ISA	Isaiah	사	이사야
JER	Jeremiah	렘	예레미야
LA	Lamentations	애	예레미야애가
EZE	Ezekiel	겔	에스겔
DA	Daniel	단	다니엘
HOS	Hosea	호	호세아
JOEL	Joel	욜	요엘
AM	Amos	암	아모스
OB	Obadiah	옵	오바다
JNH	Jonah	욘	요나
MIC	Micah	미	미가
NA	Nahum	나	나훔
HAB	Habakkuk	합	하박국
ZEP	Zephaniah	습	스바냐
HAG	Haggai	학	학개
ZEC	Zechariah	슥	스가랴
MAL	Malachi	말	말라기

신약전서 The New Testament

MT	Matthew	마	마태복음
MK	Mark	막	마가복음
LK	Luke	눅	누가복음
JN	John	요	요한복음
AC	Acts	행	사도행전
RO	Romans	롬	로마서
1CO	1Corinthians	고전	고린도전서
2CO	2Corinthians	고후	고린도후서
GAL	Galatians	갈	갈라디아서
EPH	Ephesians	엡	에베소서
PHP	Philippians	빌	빌립보서
COL	Colossians	골	골로새서
1TH	1Thessalonians	살전	데살로니가전서
2TH	2Thessalonians	살후	데살로니가후서
1TI	1Timothy	딤전	디모데전서
2TI	2Timothy	딤후	디모데후서
TIT	Titus	딛	디도서
PHM	Philemon	몬	빌레몬서
HEB	Hebrews	히	히브리서
JAS	James	약	야고보서
1PE	1Peter	벧전	베드로전서
2PE	2Peter	벧후	베드로후서
1JN	1John	요일	요한일서
2JN	2John	요이	요한이서
3JN	3John	요삼	요한삼서
JUDE	Jude	유	유다서
REV	Revelation	계	요한계시록

1

가정
Family

Key Expression & Word

- 가정 family – 1, 2, 3, 19, 20, 29
- 남편 husband – 21, 22, 23, 24, 25, 28, 30
- 아내 wife – 7, 10, 13, 18, 21, 22, 23, 24, 25, 28, 30
- 부모 parents – 8, 15, 17, 26
- 자식들, 후손 – children 5, 6, 26, 27, 28 / sons – 6, 7
- 부모를 공경하다/순종하다 honor/obey one's parents – 4, 26/26, 28
- 복종하다 submit to – 24, 28

① **It is not good for the man to be alone. I will make a helper suitable for him.(GE 2:18)**

□ the man 여자의 상대적 개념, 남자 전체를 가리킨다 / suitable for ~에 적합한, 어울리는

사람이 혼자 사는 것이 좋지 못하니 내가 그를 위하여 돕는 배필을 지으리라(창 2:18)

② **So the LORD God caused the man to fall into a deep sleep; and while he was sleeping, he took one of the man's ribs and closed up the place with flesh. Then the LORD made a woman from the rib he had taken out of the man, and he brought her to the man.(GE 2:21-22)**

□ rib 갈비뼈 cf. lip 입술, rip 쪼개다, 찢다 / flesh 살, 육체 cf. flash 섬광, fresh 신선한

여호와 하나님이 아담을 깊이 잠들게 하시니 잠들매 그가 그 갈빗대 하나를 취하고 살로 대신 채우시고 여호와 하나님이 아담에게서 취하신 그 갈빗대로 여자를 만드시고 그를 아담에게로 이끌어 오시니 (창 2:21-22)

③ **For this reason a man will leave his father and mother and be united to his wife, and they will become one flesh.(GE 2:24)**

이러므로 남자가 부모를 떠나 그의 아내와 합하여 둘이 한 몸을 이룰지로다(창 2:24)

④ Honor your father and your mother, so that you may live long in the land the LORD your God is giving you.(EX 20:12)
네 부모를 공경하라 그리하면 네 하나님 여호와가 네게 준 땅에서 네 생명이 길리라(출 20:12)

⑤ Praise the LORD. Blessed is the man who fears the LORD, who finds great delight in his commands. His children will be mighty in the land; the generation of the upright will be blessed.(PS 112:1-2)
할렐루야, 여호와를 경외하며 그의 계명을 즐거워하는 자는 복이 있도다 그의 후손이 땅에서 강성함이여 정직한 자들의 후손에게 복이 있으리로다(시 112:1-2)

⑥ Sons are a heritage from the LORD, children a reward from him. Like arrows in the hands of a warrior are sons born in one's youth. Blessed is the man whose quiver is full of them. They will not be put to shame when they contend with their enemies in the gate.(PS 127:3-5)

□ heritage 기업, 유산 / quiver 화살 통

보라 자식들은 여호와의 기업이요 태의 열매는 그의 상급이로다 젊은 자의 자식은 장사의 수중의 화살과 같으니 이것이 그의 화살통에 가득한 자는 복되도다 그들이 성문에서 그들의 원수와 담판할 때에 수치를 당하지 아니하리로다(시 127:3-5)

⑦ Your wife will be like a fruitful vine within your house; your sons will be like olive shoots around your table.(PS 128:3)

□ shoot 어린 가지, 새싹, 발사

네 집 안방에 있는 네 아내는 결실한 포도나무 같으며 네 식탁에 둘러 앉은 자식들은 어린 감람나무 같으리로다(시 128:3)

⑧ Listen, my son, to your father's instruction and do not forsake your mother's teaching. They will be a garland to grace your head and a chain to adorn your neck.(PR 1:8-9)

□ forsake 버리고 돌보지 않다 / garland 화환, grace 아름답게 꾸미다 / adorn 꾸미다, 장식하다

내 아들아 네 아비의 훈계를 들으며 네 어미의 법을 떠나지 말라 이는 네 머리의 아름다운 관이요 네 목의 금 사슬이니라(잠 1:8-9)

⑨ A wise son brings joy to his father, but a foolish son grief to his mother.(PR 10:1)
지혜로운 아들은 아비를 기쁘게 하거니와 미련한 아들은 어미의 근심이니라(잠 10:1)

⑩ A wife of a noble character is her husband's crown, but a disgraceful wife is like decay in his bones.(PR 12:4)
어진 여인은 그 지아비의 면류관이나 욕을 끼치는 여인은 그 지아비의 뼈가 썩음 같게 하느니라(잠 12:4)

⑪ The wise woman builds her house, but with her own hands the foolish one tears her down.(PR 14:1)
지혜로운 여인은 자기 집을 세우되 미련한 여인은 자기 손으로 그것을 허느니라(잠 14:1)

⑫ A foolish son is his father's ruin, and a quarrelsome wife is like a constant dripping.(PR 19:13)
미련한 아들은 그의 아비의 재앙이요 다투는 아내는 이어 떨어지는 물방울이니라(잠 19:13)

⑬ Houses and wealth are inherited from parents, but a prudent wife is from the LORD.(PR 19:13)
집과 재물은 조상에게서 상속하거니와 슬기로운 아내는 여호와께로서 말미암느니라(잠 19:13)

⑭ Do not withhold discipline from a child; if you punish him with the rod, he will not die. Punish him with the rod and save his soul from death.(PR 23:13-14)

□ withhold 억제하다, 억누르다 / rod 채찍, 막대기

자식을 훈계하지 아니하려고 하지 말라 채찍으로 그를 때릴지라도 그가 죽지 아니하리라 네가 그를 채찍으로 때리면 그의 영혼을 스올에서 구원하리라(잠 23:13-14)

⑮ May your father and mother be glad; may she who gave you birth rejoice!(PR 23:25)

□ May + S + RV: (기원문) ~ 하소서 / rejoice 기뻐하다

네 부모를 즐겁게 하며 너 낳은 어미를 기쁘게 하라(잠 23:25)

⑯ Do not forsake your friend and the friend of your father, and do not go to your brother's house when disaster strikes you – better a neighbor nearby than a brother far away.(PR 27:10)
네 친구와 네 아비의 친구를 버리지 말며 네 환난 날에 형제의 집에 들어가지 말지어다 가까운 이웃이 먼 형제보다 나으니라(잠 27:10)

⑰ The eye that mocks a father, that scorns obedience to a mother, will be pecked out by the ravens of the valley, will be eaten by the vultures.(PR 30:17)

□ mock 조롱하다 / scorn 경멸하다 / peck 쪼다 cf) pack 짐을 싸다 / raven 까마귀 / vulture 독수리 새끼

아비를 조롱하며 어미 순종하기를 싫어하는 자의 눈은 골짜기의 까마귀에게 쪼이고 독수리 새끼에게 먹히리라(잠 30:17)

⑱ **Enjoy life with your wife, whom you love, all the days of this meaningless life that God has given you under the sun – all your meaningless days. For this is your lot in life and in your toilsome labor under the sun.(ECC 9:9)**

□ your lot 네 몫 / toilsome 힘든, 고생스러운

네 헛된 평생의 모든 날 곧 하나님이 해 아래에서 네게 주신 모든 헛된 날에 네가 사랑하는 아내와 함께 즐겁게 살지어다 그것이 네가 평생에 해 아래에서 수고하고 얻은 네 몫이니라(전 9:9)

⑲ **"Haven't you read," he replied, "that at the beginning the Creator 'made them male and female,' and said, 'For this reason a man will leave his father and mother and be united to his wife, and they will become one flesh'? So they are no longer two, but one. Therefore what God has joined together, let man not separate."(MT 19:4-6)**

예수께서 대답하여 이르시되 사람을 지으신 이가 본래 그들을 남자와 여자로 지으시고 말씀하시기를 그러므로 사람이 부모를 떠나서 아내에게 합하여 그 둘이 한 몸이 될지니라 하신 것을 읽지 못하였느냐 그런즉 이제는 둘이 아니요 한 몸이니 그러므로 하나님이 짝지어 주신 것을 사람이 나누지 못할지니라(마 19:4-6)

⑳ **Believe in the Lord Jesus, and you will be saved – you and your household.(AC 16:31)**

주 예수를 믿으라 그리하면 너와 네 집이 구원을 얻으리라(행 16:31)

㉑ **Now for the matters you write about: It is good for a man not to marry. But since there is so much immorality, each man should have his own wife, and each woman her own husband. (1CO 7:1-2)**

너희가 쓴 문제에 대하여 말하면 남자가 여자를 가까이 아니함이 좋으나 음행을 피하기 위하여 남자마다 자기 아내를 두고 여자마다 자기 남편을 두라(고전 7:1-2)

㉒ **The husband should fulfill his marital duty to his wife, and likewise the wife to her husband. The wife's body does not belong to her alone but also to her husband. In the same way, the husband's body does not belong to him alone but also to his wife.(1CO 7:3-4)**

□ marital 남편의, 혼인의 / likewise 마찬가지로

남편은 그 아내에 대한 의무를 다하고 아내도 그 남편에게 그렇게 할지라 아내는 자기 몸을 주장하지 못하고 오직 그 남편이 하며 남편도 그와 같이 자기 몸을 주장하지 못하고 오직 그 아내가 하나니 (고전 7:3-4)

㉓ **If any brother has a wife who is not a believer and she is willing to live with him, he must not divorce her. And if a woman has a husband who is not a believer and he is willing to live with her, she must not divorce him. For the unbelieving husband has been sanctified through his wife, and the unbelieving wife has been sanctified through her believing husband.(1CO 7:12-14)**

ㅁ unbelieving 믿지 않는 ↔ believing 믿는 / sanctify 거룩하게 하다

만일 어떤 형제에게 믿지 아니하는 아내가 있어 남편과 함께 살기를 좋아하거든 그를 버리지 말며 어떤 여자에게 믿지 아니하는 남편이 있어 아내와 함께 살기를 좋아하거든 그 남편을 버리지 말라 믿지 아니하는 남편이 아내로 말미암아 거룩하게 되고 믿지 아니하는 아내가 남편으로 말미암아 거룩하게 되나니(고전 7:12-14)

㉔-1 **Wives, submit to your husbands as to the Lord.(EPH 5:22)**

㉔-2 **Husbands, love your wives, just as Christ loved the church and gave himself up for her.(EPH 5:25)**

아내들이여 자기 남편에게 복종하기를 주께 하듯 하라(엡 5:22)
남편들아 아내 사랑하기를 그리스도께서 교회를 사랑하시고 위하여 자신을 주심같이 하라(엡 5:25)

㉕ **In the same way, husbands ought to love their wives as their own bodies. He who loves his wife loves himself.(EPH 5:28)**

이와 같이 남편들도 자기 아내 사랑하기를 자기 자신과 같이 할지니 자기 아내를 사랑하는 자는 자기를 사랑하는 것이라(엡 5:28)

㉖ **Children, obey your parents in the Lord, for this is right. "Honor your father and mother" – which is the first commandment with a promise – "that it may go well with you and that you may enjoy long life on the earth."(EPH 6:1-3)**

자녀들아 주 안에서 너희 부모에게 순종하라 이것이 옳으니라 네 아버지와 어머니를 공경하라 이것이 약속이 있는 첫 계명이니 이로써 네가 잘되고 땅에서 장수하리라(엡 6:1-3)

㉗ **Fathers, do not exasperate your children; instead, bring them up in the training and instruction of the Lord.(EPH 6:4)**

□ exasperate 노엽게 하다, 화나게 하다 / bring up 양육하다, 기르다

또 아비들아 너희 자녀를 노엽게 하지 말고 오직 주의 교훈과 훈계로 양육하라(엡 6:4)

㉘ **Wives, submit to your husbands as is fitting in the Lord. Husbands, love your wives and do not be harsh with them. Children, obey your parents in everything, for this pleases the Lord. Fathers, do not embitter your children, or they will become discouraged.(COL 3:18-21)**

□ embitter 약 따위를 더 쓰게 하다, 몹시 기분 나쁘게 하다

아내들아 남편에게 복종하라 이는 주 안에서 마땅하니라 남편들아 아내를 사랑하며 괴롭게 하지 말라 자녀들아 모든 일에 부모에게 순종하라 이는 주 안에서 기쁘게 하는 것이니라 아비들아 너희 자녀를 노엽게 하지 말지니 낙심할까 함이라(골 3:18-21)

㉙ **If anyone does not provide for his relatives, and especially for his immediate family, he has denied the faith and is worse than an unbeliever.(1TI 5:8)**

□ provide for 부양하다

누구든지 자기 친족 특히 자기 가족을 돌보지 아니하면 믿음을 배반한 자요 불신자보다 더 악한 자니라(딤전 5:8)

㉚ **Husbands, in the same way be considerate as you live with your wives, and treat them with respect as the weaker partner and as heirs with you of the gracious gift of life, so that nothing will hinder your prayers.(1PE 3:7)**

□ considerate 동정심 많은, 인정이 있는 / weaker partner 연약한 그릇(동반자) / heir 상속인

남편들아 이와 같이 지식을 따라 너희 아내와 동거하고 그를 더 연약한 그릇이요 또 생명의 은혜를 함께 이어받을 자로 알아 귀히 여기라 이는 너희 기도가 막히지 아니하게 하려 함이라(벧전 3:7)

† Golden Rule

○ **Wives, submit to your husbands as to the Lord.(EPH 5:22)**
○ **Husbands, love your wives, just as Christ loved the church and gave himself up for her.(EPH 5:25)**

아내들이여 자기 남편에게 복종하기를 주께 하듯 하라(엡 5:22)
남편들아 아내 사랑하기를 그리스도께서 교회를 사랑하시고 위하여 자신을 주심같이 하라(엡 5:25)

† Word & ♬ Hymn

○ **Praise the LORD. Blessed is the man who fears the LORD, who finds great delight in his commands. His children will be mighty in the land; the generation of the upright will be blessed.(PS 112:1-2)**
할렐루야, 여호와를 경외하며 그의 계명을 즐거워하는 자는 복이 있도다 그의 후손이 땅에서 강성함이여 정직한 자들의 후손에게 복이 있으리로다(시 112:1-2)

사철에 봄바람 불어 잇고 559
All year in our home the spring breezes blow

사철에 봄바람 불어 잇고
All year in our home the spring breezes blow,
▫ breeze 산들바람

하나님 아버지 모셨으니
Since God our Father abides with us here.
▫ abide with ~와 함께 있다

믿음의 반석도 든든하다
Firm faith the bed rock unshaken below,
▫ bed rock 반석
▫ unshaken 흔들리지 않는

우리 집 즐거운 동산이라
Our home's garden of gladness all year.
▫ gladness 기쁨

고마워라 임마누엘
How we thank him Immanuel!
▫ Immanuel 구세주, 예수

예수만 섬기는 우리집
Our home His, His, to serve Christ always!
▫ His (소유대명사) 그의 것

고마워라 임마누엘
How we thank him Immanuel!

복되고 즐거운 하루 하루
Such joy and blessedness, day upon day!
▫ blessedness 행복
▫ day upon day 날마다

(통 305)

사철에 봄바람 불어 잇고 559

All year in our home the spring breezes blow

가정

(Ps 시 112:1-2)

전영택(1894-1968)

임마누엘 가정 : 10.10.10.10.REF.

구두회, 1967

2

감사와 축복

Thanks & Blessings

Key Expression & Word

▶ 감사 thanks, gratitude – 26 • 감사하다 be thankful – 25
• (하나님께)감사하다 give God thanks – 8 / give thanks (to God) – 22, 24, 26

▶ 축복 blessings – 5, 14 / bounty – 13
• 축복을 내리다 bless O(사람) – 1, 10
• (축)복 받다 be blessed – 5, 7, 15, 18, 20

① **I will surely bless you and make your descendants as numerous as the stars in the sky and as the sand on the seashore. Your descendants will take possession of the cities of their enemies, and through your offspring all nations on earth will be blessed, because you have obeyed me.(GE 22:17-18)**

□ I will surely bless you 하나님이 아브라함에게 큰 축복을 주신다 / descendant = offspring 씨, 후손

내가 네게 큰 복을 주고 네 씨로 크게 성하여 하늘의 별과 같고 바다의 모래와 같으리니 네 씨가 그 대적의 성문을 차지하리라 또 네 씨로 말미암아 천하 만민이 복을 받으리니 이는 네가 나의 말을 준행하였음이니라(창 22:17-18)

② **God said to him, "Your name is Jacob, but you will no longer be called Jacob; your name will be Israel." So he named him Israel. And God said to him, "I am God Almighty; be fruitful and increase in number. A nation and a community of nations will come from you, and kings will come from your body." (GE 35:10-11)**

하나님이 그에게 이르시되 네 이름이 야곱이지마는 네 이름을 다시는 야곱이라 부르지 않겠고 이스라엘이 네 이름이 되리라 하시고 그가 그의 이름을 이스라엘이라 부르시고 하나님이 그에게 이르시되 나는 전능한 하나님이라 생육하며 번성하라 한 백성과 백성들의 총회가 네게서 나오고 왕들이 네 허리에서 나오리라(창 35:10-11)

③ **He gave you manna to eat in the desert, something your fathers had never known, to humble and test you so that in the end it might go well with you.(DT 8:16)**

▫ humble 낮추다 / go well with 잘되다

네 조상들도 알지 못하던 만나를 광야에서 네게 먹이셨나니 이는 다 너를 낮추시며 너를 시험하사 **마침내 네게 복을 주려 하심이었느니라(신 8:16)**

④ **So the LORD brought us out of Egypt with a mighty hand and an outstretched arm, with great terror and with miraculous signs and wonders. He brought us to the place and gave us this land, a land flowing with milk and honey.(DT 26:8-9)**

여호와께서 강한 손과 편 팔과 큰 위엄과 이적과 기사로 우리를 애굽에서 인도하여 내시고 이곳으로 인도하사 **이 땅 곧 젖과 꿀이 흐르는 땅을 주셨나이다(신 26:8-9)**

⑤ **All these blessings will come upon you and accompany you if you obey the LORD your God: You will be blessed in the city and blessed in the country. The fruit of your womb will be blessed and the crops of your land and the young of your livestock – the calves of your herds and the lambs of your flocks. Your basket and your kneading trough will be blessed. You will be blessed when you come in and blessed when you go out.(DT 28:2-6)**

▫ calf 송아지 pl. calves / herd 소 돼지의 떼 cf. flock 양 떼

▫ kneading trough 떡 반죽 그릇, knead 반죽하다, trough 구유, 여물통

네가 네 하나님 여호와의 말씀을 청종하면 이 모든 복이 네게 임하며 네게 이르리니 성읍에서도 복을 받고 들에서도 복을 받을 것이며 네 몸의 자녀와 네 토지의 소산과 네 짐승의 새끼와 소와 양의 새끼가 복을 받을 것이며 네 광주리와 떡 반죽 그릇이 복을 받을 것이며 네가 들어와도 복을 받고 나가도 복을 받을 것이니라**(신 28:2-6)**

⑥ **Your beginnings will seem humble, so prosperous will your future be.(JOB 8:7)**

▫ so prosperous will your future be ← (보어 도치) your future will be so prosperous.

네 시작은 미약하였으나 **네 나중은 심히 창대하리라(욥 8:7)**

⑦ **Blessed is the man who does not walk in the counsel of the wicked**
or stand in the way of sinners
or sit in the seat of mockers.

But his delight is in the law of the LORD, and on his law he meditates day and night. He is like a tree planted by streams of water, which yields fruit in season and whose leaf does not wither. Whatever he does prospers.(PS 1:1-3)

복 있는 사람은 악인들의 꾀를 따르지 아니하며
죄인들의 길에 서지 아니하며
오만한 자들의 자리에 앉지 아니하고
오직 여호와의 율법을 즐거워하여 그의 율법을 주야로 묵상하는도다 그는 시냇가에 심은 나무가 철을 따라 열매를 맺으며 그 잎사귀가 마르지 아니함 같으니 그가 하는 모든 일이 다 형통하리로다(시 1:1-3)

⑧ You turned my wailing into dancing; you removed my sackcloth and clothed me with joy, that my heart may sing to you and not be silent. O LORD my God, I will give you thanks forever.(PS 30:11-12)

□ wailing 슬픔, 울부짖음 / sackcloth (삼)베옷 / clothe 옷 입히다

주께서 나의 슬픔이 변하여 내게 춤이 되게 하시며 나의 베옷을 벗기고 기쁨으로 띠 띠우셨나이다 이는 잠잠하지 아니하고 내 영광으로 주를 찬송하게 하심이니 여호와 나의 하나님이여 내가 주께 영원히 감사하리이다(시 30:11-12)

⑨ The lions may grow weak and hungry, but those who seek the LORD lack no good things.(PS 34:10)

젊은 사자는 궁핍하여 주릴지라도 여호와를 찾는 자는 모든 좋은 것에 부족함이 없으리로다(시 34:10)

⑩ May God be gracious to us and bless us and make his face shine upon us, Selah.(PS 67:1)

□ May God be gracious to us (기원문) 우리에게 은혜를 베풀어 주소서, be gracious to ~에게 은혜를 베풀다

하나님은 우리에게 은혜를 베푸사 복을 주시고 그의 얼굴 빛을 우리에게 비추사(셀라)(시 67:1)

⑪ Honor the LORD with your wealth, with the first fruits of all your crops; then your barns will be filled to overflowing, and your vats will brim over with new wine.(PR 3:9-10)

□ vat 큰 통 / brim over 가장자리까지 차다

네 재물과 네 소산물의 처음 익은 열매로 여호와를 공경하라 그리하면 네 창고가 가득히 차고 네 포도즙 틀에 새 포도즙이 넘치리라(잠 3:9-10)

⑫ **Commit to the LORD whatever you do, and your plans will succeed.(PR 16:3)**
너의 행사를 여호와께 맡기라 그리하면 네가 경영하는 것이 이루어지리라(잠 16:3)

⑬ **They will come and shout for joy on the heights of Zion; they will rejoice in the bounty of the LORD – the grain, the new wine and the oil, the young of the flocks and herds. They will be like a well-watered garden, and they will sorrow no more. (JER 31:12)**
- bounty 복, 하사품 / well-watered 물댄, 관개가 잘된 / flocks 양 떼, herds 소 떼

그들이 와서 시온의 높은 곳에서 찬송하며 여호와의 복 곧 곡식과 새 포도주와 기름과 어린 양의 떼와 소의 떼를 얻고 크게 기뻐하리라 그 심령은 물댄 동산 같겠고 다시는 근심이 없으리로다 할지어다
(렘 31:12)

⑭ **"Bring the whole tithe into the storehouse, that there may be food in my house. Test me in this," says the LORD Almighty, "and see if I will not throw open the floodgates of the heaven and pour out so much blessing that you will not have room enough for it."(MAL 3:10)**
- the whole tithe 온전한 십일조 / floodgate 수문
- see if I will not throw open ~ and pour out ~ 활짝 열어 붓지 아니하나 보라

너희의 온전한 십일조를 창고에 들여 나의 집에 양식이 있게 하고 그것으로 나를 시험하여 내가 하늘 문을 열고 너희에게 복을 쌓을 곳이 없도록 붓지 아니하나 보라(말 3:10)

⑮ **Blessed are the poor in spirit, for theirs is the kingdom of heaven.**
Blessed are the meek, for they will inherit the earth.
Blessed are the merciful, for they will be shown mercy.
Blessed are the pure in heart, for they will see God.
(MT 5:3,5,7,8)
심령이 가난한 자는 복이 있나니 천국이 그들의 것임이요
온유한 자는 복이 있나니 그들이 땅을 기업으로 받을 것임이요
긍휼히 여기는 자는 복이 있나니 그들이 긍휼히 여김을 받을 것임이요
마음이 청결한 자는 복이 있나니 그들이 하나님을 볼 것임이요
(마 5:3,5,7,8)

⑯ **So do not worry, saying, 'What shall we eat?' or 'What shall** we drink?' or 'What shall we wear?' For the pagans run after all these things, and your heavenly Father knows that you need them.(MT 6:31-32)

▫ run after(two-word verb) ~ 을 구하다, 추구하다

그러므로 염려하여 이르기를 무엇을 먹을까 무엇을 마실까 무엇을 입을까 하지 말라 이는 다 이방인이 구하는 것이라 너희 하늘 아버지께서 이 모든 것이 너희에게 있어야 할 줄을 아시느니라(마 6:31-32)

⑰ But seek first his kingdom and his righteousness, and all these things will be given to you as well.(MT 6:33)
너희는 먼저 그의 나라와 그의 의의를 구하라 그리하면 이 모든 것을 너희에게 더하시리라(마 6:33)

⑱ I tell you the truth, no servant is greater than his master, nor is a messenger greater than the one who sent him. Now that you know these things, you will be blessed if you do them. (JN 13:16-17)

▫ messenger 보냄을 받은 자, 사자, 심부름꾼

내가 진실로 진실로 너희에게 이르노니 종이 상전보다 크지 못하고 보냄을 받은 자가 보낸 자보다 크지 못하니 너희가 이것을 알고 행하면 복이 있으리라(요 13:16-17)

⑲ Jesus said them, "Bring some of the fish you have just caught." Simon Peter climbed aboard and dragged the net ashore. It was full of large fish, 153, but even with so many the net was not torn.(JN 21:10-11)
예수께서 이르시되 지금 잡은 생선을 좀 가져오라 하시니 시몬 베드로가 올라가서 그물을 육지에 끌어 올리니 가득히 찬 큰 물고기가 백쉰세마리라 이같이 많으나 그물이 찢어지지 아니하였더라(요 21:10 11)

⑳ It is more blessed to give than to receive.(AC 20:35)
주는 것이 받는 것보다 복이 있다(행 20:35)

㉑ For God, who said, "Let light shine out of darkness," made his light shine in our hearts to give us the light of the knowledge of the glory of God in the face of Christ.(2CO 4:6)
어두운 데에 빛이 비치라 말씀하셨던 그 하나님께서 예수 그리스도의 얼굴에 있는 하나님의 영광을 아는 빛을 우리 마음에 비추셨느니라(고후 4:6)

㉒ **Speak to one another with psalms, hymns and spiritual songs. Sing and make music in your heart to the Lord, always giving thanks to God the Father for everything, in the name of our Lord Jesus Christ. Submit to one another out of reverence for Christ.(EPH 5:19-21)**

시와 찬송과 신령한 노래들로 서로 화답하며 너희의 마음으로 주께 노래하며 찬송하며 범사에 우리 주 예수 그리스도의 이름으로 항상 아버지 하나님께 감사하며 그리스도를 경외함으로 피차 복종하라 (엡 5:19-21)

㉓ **And my God will meet all your needs according to his glorious riches in Christ Jesus.(PHP 4:19)**

나의 하나님이 그리스도 예수 안에서 영광 가운데 그 풍성한 대로 너희 모든 쓸 것을 채우시리라(빌 4:19)

㉔ **Be joyful always; pray continually; give thanks in all circumstances, for this is God's will for you in Christ Jesus. (1TH 5:16-18)**

□ in all circumstances 범사에(어떤 상황에서도) / God's will 하나님의 뜻

항상 기뻐하라 쉬지 말고 기도하라 범사에 감사하라 이는 그리스도 예수 안에서 너희를 향하신 하나님의 뜻이니라(살전 5:16-18)

㉕ **Let the peace of Christ rule in your hearts, since as members of one body you were called to peace. And be thankful. (COL 3:15)**

그리스도의 평강이 너희 마음을 주장하게 하라 너희는 평강을 위하여 한 몸으로 부르심을 받았나니 너희는 또한 감사하는 자가 되라(골 3:15)

㉖ **Let the word of Christ dwell in you richly as you teach and admonish one another with all wisdom, and as you sing psalms, hymns and spiritual songs with gratitude in your hearts to God. And whatever you do, whether in word or deed, do it all in the name of the Lord Jesus, giving thanks to God the Father through him.(COL 3:16-17)**

그리스도의 말씀이 너희 속에 풍성히 거하여 모든 지혜로 피차 가르치며 권면하고 시와 찬미와 신령한 노래를 부르며 마음에 감사함으로 하나님을 찬양하고 또 무엇을 하든지 말에나 일에나 다 주 예수의 이름으로 하고 그를 힘입어 하나님 아버지께 감사하라(골 3:16-17)

㉗ **For we brought nothing into the world, and we can take nothing out of it. But if we have food and clothing, we will be content with that.(1TI 6:7-8)**
우리가 세상에 아무 것도 가지고 온 것이 없으매 또한 아무것도 가지고 가지 못하리니 우리가 먹을 것과 입을 것이 있은 즉 족한 줄로 알 것이니라(딤전 6:7-8)

㉘ **By faith Abraham, even though he was past age – and Sarah herself was barren – was enabled to become a father because he considered him faithful who had made the promise. And so from this one man, and he as good as dead, came descendants as numerous as the stars in the sky and as countless as the sand on seashore.(HEB 11:11-12)**
□ barren 불임의, 불모의 / descendant 자손 / countless 셀 수 없이 많은
믿음으로 사라 자신도 나이가 많아 단산하였으나 잉태할 수 있는 힘을 얻었으니 이는 약속하신 이를 미쁘신 줄 알았음이라 이러므로 죽은 자와 같은 한 사람으로 말미암아 하늘의 허다한 별과 또 해변의 무수한 모래와 같이 많은 후손이 생육하였느니라(히 11:11-12)

† Golden Rule

○ **You turned my wailing into dancing; you removed my sackcloth and clothed me with joy, that my heart may sing to you and not be silent. O LORD my God, I will give you thanks forever.(PS 30:11-12)**
주께서 나의 슬픔이 변하여 내게 춤이 되게 하시며 나의 베옷을 벗기고 기쁨으로 띠 띠우셨나이다 이는 잠잠하지 아니하고 내 영광으로 주를 찬송하게 하심이니 여호와 나의 하나님이여 내가 주께 영원히 감사하리이다(시 30:11-12)

† Word & ♬ Hymn

○ **For God, who said, "Let light shine out of darkness," made his light shine in our hearts to give us the light of the knowledge of the glory of God in the face of Christ.(2CO 4:6)**
어두운 데에 빛이 비치라 말씀하셨던 그 하나님께서 예수 그리스도의 얼굴에 있는 하나님의 영광을 아는 빛을 우리 마음에 비추셨느니라 **(고후 4:6)**

내 영혼에 햇빛 비치니 428
There's sunshine in my soul today

내 영혼에 햇빛 비치니
There's sunshine in my soul today,

이 세상 어떤 빛보다
Than glows in any earthly sky,

▫ glow 백열 cf) grow 자라다

주 영광 찬란해
More glorious and bright

이 빛 더 빛나네
For Jesus is my light.

주의 영광 빛난 광채
Oh, there's sunshine, blessed sunshine,

그 밝은 얼굴 뵈올 때
When Jesus shows his smiling face,

내게 비춰 주시옵소서
While the peaceful, happy moments roll

나의 영혼 기쁘다
There is sunshine in my soul.

(통 488)

내 영혼에 햇빛 비치니 428

감사의 생활

There's sunshine in my soul today

(2Co 고후 4:6)

E. E. Hewitt, 1887

SUNSHINE: 9.6.8.6.REF.

J. R. Sweney, 1887

3

거룩한 생활

Holy Life

Key Expression & Word

- 거룩 holiness – 15, 19
- 거룩하다 be holy – 19, 21, 22 / be sacred – 4
- 거룩하게 되다 be sanctified – 12 / be consecrated – 18
- 정결하게하다 cleanse – 1 / wash – 1 / purify – 10, 23
- 새롭게 하다 renew – 2 / make O new – 15

① **Cleanse me with hyssop, and I will be clean; wash me and I will be whiter than snow.(PS 51:7)**
우슬초로 나를 정결하게 하소서 내가 정하리이다 나의 죄를 씻어 주소서 내가 눈보다 희리이다(시 51:7)

② **Create in me a pure heart, O God, and renew a steadfast spirit within me. Do not cast me from your presence or take your holy spirit from me. Restore to me the joy of your salvation and grant me a willing spirit, to sustain me.(PS 51:10-12)**
▫ grant 주다(give), 승낙하다, 승인하다
하나님이여 내 속에 정한 마음을 창조하시고 내 안에 정직한 영을 새롭게 하소서 나를 주 앞에서 쫓아내지 마시며 주의 성령을 내게서 거두지 마소서 주의 구원의 즐거움을 내게 회복시켜 주시고 자원하는 심령을 주사 나를 붙드소서(시 51:10-12)

③ **In the same way, let your light shine before men, that they may see your good deeds and praise your Father in heaven.(MT 5:16)**
▫ your good deeds 너희 착한 행실
이같이 너희 빛을 사람 앞에 비취게 하여 저희로 너희 착한 행실을 보고 하늘에 계신 너희 아버지께 영광을 돌리게 하라(마 5:16)

④ **Do not give dogs what is sacred; do not throw your pearls to pigs. If you do, they may trample them under their feet, and then turn and tear you to pieces.(MT 7:6)**

거룩한 것을 개에게 주지 말며 너희 진주를 돼지 앞에 던지지 말라 그들이 그것을 발로 밟고 돌이켜 너희를 찢어 상하게 할까 염려하라 (마 7:6)

⑤ **Enter through the narrow gate.** For wide is the gate and broad is the road that leads to destruction, and many enter through it. But small is the gate and narrow the road that leads to life, and only a few find it.(MT 7:13-14)

좁은 문으로 들어가라 멸망으로 인도하는 문은 크고 그 길이 넓어 그리로 들어가는 자가 많고 생명으로 인도하는 문은 좁고 길이 협착하여 찾는 자가 적음이라(마 7:13-14)

⑥ **If your hand causes you to sin, cut it off.** It is better for you to enter life maimed than with two hands to go into hell, where the fire never goes out. If your foot causes you to sin, cut it off. It is better for you to enter life crippled than to have two feet and be thrown into hell.(MK 9:43-44)

- to enter life maimed 불구자로 영생에 들어가는 것, maim 불구가 되게 하다
- where the fire never goes out 그곳에서는 불이 결코 꺼지지 않는다, where 관계부사
- to enter life crippled 절뚝발이로 영생에 들어가는 것 cripple 절름발이가 되게 하다

만일 네 손이 너를 범죄하게 하거든 찍어 버리라 장애인으로 영생에 들어가는 것이 두 손을 가지고 지옥 곧 꺼지지 않는 불에 들어가는 것보다 나으니라 만일 네 발이 너를 범죄하게 하거든 찍어 버리라 다리 저는 자로 영생에 들어가는 것이 두 발을 가지고 지옥에 던져지는 것보다 나으니라(막 9:43-44)

⑦ **The good man brings good things out of the good stored up in his heart,** and the evil man brings evil things out of the evil stored up in his heart. For out of the overflow of his heart his mouth speaks.(LK 6:45)

선한 사람은 마음의 쌓은 선에서 선을 내고 악한 자는 그 쌓은 악에서 악을 내나니 이는 마음의 가득한 것을 입으로 말함이니라(눅 6:45)

⑧ Then he said to them, **"Watch out! Be on your guard against all kinds of greed;** a man's life does not consist in the abundance of his possession."(LK 12:15)

- consist in ~ 에 있다 / Be on one's guard against ~ 을 물리치다
- the abundance of his possession 소유의 넉넉함

그들에게 이르시되 **삼가 모든 탐심을 물리치라** 사람의 생명이 그 소유의 넉넉한데 있지 아니하리라(눅 12:15)

KEY WORD • 3

⑨ Be careful, or your hearts will be weighed down with dissipation, drunkenness and the anxieties of life, and that day will close on you unexpectedly like a trap. For it will come upon all those who live on the face of the whole earth. Be always on the watch, and pray that you may be able to escape all that is about to happen, and that you may be able to stand before the Son of Man.(LK 21:34-36)

- be weighed down with ~로 내리 눌리다 / dissipation 방탕, 낭비 / drunken-ness 술 취함 / anxiety 근심, 염려 / close on 다가서다 / like a trap 덫과 같이

너희는 스스로 조심하라 그렇지 않으면 방탕함과 술취함과 생활의 염려로 마음이 둔하여 지고 뜻밖에 그날이 덫과 같이 너희에게 임하리라 이 날은 온 지구상에 거하는 모든 사람들에게 임하리라 이러므로 너희는 장차 올 이 모든 일을 능히 피하고 인자 앞에 서도록 항상 기도하며 깨어있으라(눅 21:34-36)

⑩ God, who knows the heart, showed that he accepted them by giving the Holy Spirit to them, just as he did to us. He made no distinction between us and them, for he purified their heart by faith.(AC 15:8-9)

또 마음을 아시는 하나님이 우리에게와 같이 그들에게도 성령을 주어 증언하시고 믿음으로 그들의 마음을 깨끗이 하사 그들이나 우리나 차별하지 아니하셨느니라(행 15:8-9)

⑪ If you live according to the sinful nature, you will die; but if by the Spirit you put to death the misdeeds of the body, you will live, because those who are led by the Spirit of God are sons of God.(RO 8:13-14)

- according to the sinful nature 육신대로
- put to death the misdeeds of the body 몸의 행실을 죽이다, put to death의 목적어는 the misdeeds of the body

너희가 육신대로 살면 반드시 죽을 것이로되 영으로써 몸의 행실을 죽이면 살리니 무릇 하나님의 영으로 인도함을 받는 그들은 곧 하나님의 아들이라(롬 8:13-14)

⑫ If any brother has a wife who is not a believer and she is willing to live with him, he must not divorce her. And if a woman has a husband who is not a believer and he is willing to live with her, she must not divorce him. For the unbelieving husband has been sanctified through his wife, and the unbelieving wife has been sanctified through her believing husband.(1CO 7:12-14)

▫ unbelieving 믿지 않는 ↔ believing 믿는 / sanctify 거룩하게 하다

만일 어떤 형제에게 믿지 아니하는 아내가 있어 남편과 함께 살기를 좋아하거든 그를 버리지 말며 어떤 여자에게 믿지 아니하는 남편이 있어 아내와 함께 살기를 좋아하거든 그 남편을 버리지 말라 믿지 아니하는 남편이 아내로 말미암아 거룩하게 되고 믿지 아니하는 아내가 남편으로 말미암아 거룩하게 되나니(고전 7:12-14)

⑬ **Whether you eat or drink or whatever you do, you must do all for the glory of God.(1CO 10:31)**

너희가 먹든지 마시든지 무엇을 하든지 다 하나님의 영광을 위하여 하라(고전 10:31)

⑭ **I have been crucified with Christ and I no longer live, but Christ lives in me. The life I live in the body, I live by faith in the Son of God, who loved me and gave himself for me. (GAL 2:20)**

▫ The life (that) I live ← I live the life 내가 사는 삶

내가 그리스도와 함께 십자가에 못 박혔나니 그런즉 이제는 내가 산 것이 아니요 오직 내 안에 그리스도께서 사신 것이라 이제 내가 육체 가운데 사는 것은 나를 사랑하사 나를 위하여 자기 몸을 버리신 하나님의 아들을 믿는 믿음 안에서 사는 것이라(갈 2:20)

⑮ **You were taught, with regard to your former way of life, to put off your old self, which is being corrupted by its deceitful desires; to be made new in the attitude of your minds; and to put on the new self, created to be like God in true righteousness and holiness.(EPH 4:22-24)**

▫ be made new 새롭게 되다 / put off old self 옛사람을 벗다 ↔ put on new self 새사람을 입다

너희는 유혹의 욕심을 따라 썩어져 가는 구습을 따르는 옛 사람을 벗어 버리고 오직 너희의 심령이 새롭게 되어 하나님을 따라 의와 진리의 거룩함으로 지으심을 받은 새사람을 입으라(엡 4:22-24)

⑯ **But among you there must not be even a hint of sexual immorality, or of any kind of impurity, or of greed, because these are improper for God's holy people.(EPH 5:3)**

▫ a hint of 약간의 / impurity 불순, 더러움 / improper 부적절한

음행과 온갖 더러운 것과 탐욕은 너희 중에서 그 이름조차도 부르지

말라 이는 성도에게 마땅한 바니라(엡 5:3)

⑰ Don't get drunk on wine, which leads to debauchery. Instead, be filled with the Spirit.(EPH 5:18)

□ get drunk on 에 취하다 / debauchery 방탕

술 취하지 말라 이는 방탕한 것이니 오직 성령으로 충만함을 받으라(엡 5:18)

⑱ For everything God created is good, and nothing is to be rejected if it is received with thanksgiving, because it is consecrated by the word of God and prayer.(1TI 4:4-5)

□ consecrate 신성하게 하다

하나님께서 지으신 모든 것이 선하매 감사함으로 받으면 버릴 것이 없나니 하나님의 말씀과 기도로 거룩하여 짐이라(딤전 4:4-5)

⑲ Make every effort to live in peace with all men and to be holy; without holiness no one will see the Lord.(HEB 12:14)

모든 사람과 더불어 화평함과 거룩함을 따르라 이것이 없이는 아무도 주를 보지 못하리라(히 12:14)

⑳ Everyone should be quick to listen, slow to speak and slow to become angry, for man's anger does not bring about the righteous life that God desires.(JAS 1:19)

□ bring about 발생시키다, 야기하다

사람마다 듣기는 속히 하고 말하기는 더디 하며 성내기도 더디 하라 사람이 성내는 것이 하나님의 의를 이루지 못함이라(약 1:19)

㉑ Just as he who called you is holy, so be holy in all you do; for it is written: "Be holy, because I am holy."(1PE 1:15-16)

오직 너희를 부르신 거룩한 이처럼 너희도 모든 행실에 거룩한 자가 되라 기록하였으되 내가 거룩하니 너희도 거룩할지어다 하셨느니라(벧전 1:15-16)

㉒ Since everything will be destroyed in this way, what kind of people ought you to be? You ought to live holy and godly lives as you look forward to the day of God and speed its coming.(2PE 3:11-12)

□ speed its coming 하나님의 날이 임하기를 간절히 사모하다 / speed 서두르게 하다 = accelerate

이 모든 것이 이렇게 풀어지리니 너희가 어떠한 사람이 되어야 마땅하냐 거룩한 행실과 경건함으로 하나님의 날이 임하기를 바라보고 간절히

사모하라(벧후 3:11-12)

㉓ **If we claim to have fellowship with him yet walk in the darkness, we lie and do not live by the truth. If we walk in the light, as he is in the light, we have fellowship with one another, and the blood of Jesus, his Son purifies us from all sin.(1JN 1:6-7)**

□ claim to ~ 하다고 주장하다 / as he is in the light 그가 빛 가운데 계신 것같이

만일 우리가 하나님과 사귐이 있다 하고 어둠에 행하면 거짓말을 하고 진리를 행하지 아니함이거니와 그가 빛 가운데 계신 것같이 우리도 빛 가운데 행하면 우리가 서로 사귐이 있고 그 아들 예수의 피가 우리를 모든 죄에서 깨끗하게 하실 것이요(요일 1:6-7)

KEY WORD • 3

† Golden Rule

- **Enter through the narrow gate. For wide is the gate and broad is the road that leads to destruction, and many enter through it. But small is the gate and narrow the road that leads to life, and only a few find it.(MT 7:13-14)**
  좁은 문으로 들어가라 멸망으로 인도하는 문은 크고 그 길이 넓어 그리로 들어가는 자가 많고 생명으로 인도하는 문은 좁고 길이 협착하여 찾는 자가 적음이라(마 7:13-14)

† Word & ♬Hymn

○ **I have been crucified with Christ and I no longer live, but Christ lives in me.(GAL 2:20)**
내가 그리스도와 함께 십자가에 못 박혔나니 그런즉 이제는 내가 산 것이 아니요 오직 내 안에 그리스도께서 사신 것이라(갈 2:20)

예수를 나의 구주 삼고 288
Blessed assurance, Jesus is mine

예수를 나의 구주 삼고
Blessed assurance, Jesus is mine!

성령과 피로써 거듭나니
O what a foretaste of glory divine!

□ foretaste 시식, 미리 맛봄

이 세상에서 내 영혼이
Heir of salvation, purchase of God,

□ Heir of salvation 구원의 상속자
□ purchase of God 하나님이 대가를 치른 것

하늘의 영광 누리도다
Born of His Spirit, washed in His blood.

이것이 나의 찬송이요
This is my story, this is my song,

이것이 나의 간증일세
Praising my Savior all the day long;

나사는 동안 끊임없이
This is my story, this is my song,

구주를 찬송 하리로다 아멘
Praising my Savior all the day long. Amen.

(통 204)

거룩한 생활

예수를 나의 구주 삼고 288

Blessed assurance, Jesus is mine!

(Gal 갈 2:20)

F. J. Crosby, 1873

BLESSED ASSURANCE:9.10.9.9.REF.

P. P. Knapp, 1873

4

겸손

Humility

Key Expression & Word

- 겸손 humility – 5, 17 ↔ 교만 pride – 3
- 낮추다 humble – 1 ↔ 자만하다 become conceited – 15
- 겸손하다 humble oneself – 9, 19, 21, 22 ↔ 교만하다 exalt oneself – 9

① **Remember how the LORD your God led you all the way in the desert these forty years, to humble you and to test you in order to know what was in your heart, whether or not you would keep his commands.(DT 8:2)**
네 하나님 여호와께서 이 사십 년 동안에 네게 광야 길을 걷게 하신 것을 기억하라 이는 너를 낮추시며 너를 시험하사 네 마음이 어떠한지 그 명령을 지키는지 지키지 않는지 알려 하심이라(신 8:2)

② **Naked I came from my mother's womb, and naked I will depart. The LORD gave and the LORD has taken away; may the name of the LORD be praised.(JOB 1:21)**

- come naked 알몸으로 나오다 / 보어 도치, 원래는 I came naked, I will depart naked

내가 모태에서 알몸으로 나왔사온즉 또한 알몸이 그리로 돌아가올지라 주신 이도 여호와시요 거두신 이도 여호와시오니 여호와의 이름이 찬송을 받으실지니이다(욥 1:21)

③ **Better is one day in your courts than a thousand elsewhere; I would rather be a door keeper in the house of my God than dwell in the tents of the wicked.(PS 84:10)**

- your courts 주의 궁정 / a door keeper 문지기

주의 궁정에서의 한 날이 다른 곳에서의 천 날보다 나은즉 악인의 장막에 사는 것보다 내 하나님의 성전 문지기로 있는 것이 좋사오니 (시 84:10)

④ **Pride goes before destruction, a haughty spirit before a fall. (PR 16:18)**

□ haughty 거만한, 불손한

교만은 패망의 선봉이요 거만한 마음은 넘어짐의 앞잡이니라(잠 16:18)

⑤ **Humility and the fear of God bring wealth and honor and life. (PR 22:4)**

겸손과 여호와를 경외함의 보상은 재물과 영광과 생명이니라(잠 22:4)

⑥ **Do not boast about tomorrow, for you do not know what a day may bring forth.(PR 27:1)**

너는 내일 일을 자랑하지 말라 하루 동안에 무슨 일이 일어날는지 네가 알 수 없음이니라(잠 27:1)

⑦ **Be careful not to do your 'acts of righteousness' before men, to be seen by them. If you do, you will have no reward from your Father in heaven.(MT 6:1)**

□ to be seen by them 사람에게 보이려고

사람에게 보이려고 그들 앞에서 너희 의를 행하지 않도록 주의하라 그렇지 아니하면 하늘에 계신 너희 아버지께 상을 받지 못하느니라(마 6:1)

⑧ **Whoever wants to become great among you must be your servant, and whoever wants to be first must be your slave. (MT 20:26-27 / MK 10:43-44)**

너희 중에 누구든지 크고자 하는 자는 너희를 섬기는 자가 되고 너희 중에 누구든지 으뜸이 되고자 하는 자는 너희의 종이 되어야 하리라(마 20:26-27 / 막 10:43-44)

⑨ **Whoever exalts himself will be humbled, and whoever humbles himself will be exalted.(MT 23:12)**

누구든지 자기를 높이는 자는 낮아지고 누구든지 자기를 낮추는 자는 높아지리라(마 23:12)

⑩ **Watch out for the teachers of the law. They like to walk around in flowing robes and be greeted in the marketplaces, and have the most important seats in the synagogues and the places of honor at banquets.(MK 12:38-39)**

□ watch out for (three-word verb)삼가다, 경계하다 / in flowing robes 치렁치렁 흐르는 긴 예복을 입고

긴 옷을 입고 다니는 것과 시장에서 문안 받는 것과 회당의 높은 자리와 잔치의 윗자리를 원하는 서기관들을 삼가라(막 12:38-39)

KEY WORD • 4

⑪ **Whoever welcomes this little child in my name welcomes me; and whoever welcomes me welcomes the one who sent me. For he who is least among you all – he is the greatest.(LK 9:48)**
누구든지 내 이름으로 이 어린아이를 영접하면 곧 나를 영접함이요 또 누구든지 나를 영접하면 곧 나 보내신 이를 영접함이라 너희 모든 사람 중에 가장 작은 그이가 큰 자니라(눅 9:48)

⑫ **I tell you the truth, no servant is greater than his master, nor is a messenger greater than the one who sent him. Now that you know these things, you will be blessed if you do them. (JN 13:16-17)**

- messenger 보냄을 받은 자, 사자, 심부름꾼

내가 진실로 진실로 너희에게 이르노니 종이 상전보다 크지 못하고 보냄을 받은 자가 보낸 자보다 크지 못하니 너희가 이것을 알고 행하면 복이 있으리라(요 13:16-17)

⑬ **I planted the seed, Apollos watered it, but God made it grow. So neither he who plants nor he who waters is anything, but only God, who makes things grow.(1CO 3:6-7)**

- water ~에 물을 주다

나는 심었고 아볼로는 물을 주었으되 오직 하나님께서 자라나게 하셨나니 그런즉 심는 이나 물 주는 이는 아무것도 아니로되 오직 자라게 하시는 이는 하나님뿐이니라(고전 3:6-7)

⑭ **Let him who boasts boast in the Lord. For it is not the one who commends himself who is approved, but the one whom the Lord commends.(2CO 10:17-18)**

- commend 칭찬하다, 추천하다 / approve (옳다고) 인정하다, 승인하다
- it ~ that(who) 강조 용법: it is not A but B who is approved → it is not A(the one who commends himself) but B(the one whom the Lord commends) who is approved

자랑하는 자는 주 안에서 자랑할지니라 옳다 인정함을 받는 자는 자기를 칭찬하는 자가 아니요 오직 주께서 칭찬하시는 자니라(고후 10:17-18)

⑮ **To keep me from becoming conceited because of these surpassingly great revelation, there was given me a thorn in my flesh, a messenger of Satan, to torment me.(2CO 12:7)**

- there was given me a thorn, a messenger of Satan in my flesh 내 육체에 가시가(사탄의 사자)가 박혔다
- surpassingly 뛰어나게, 탁월하게 / revelation 계시, 폭로 / torment 몹시 괴롭히다

여러 계시를 받은 것이 지극히 크므로 너무 자만하지 않게 하시려고 내 육체에 가시 곧 사탄의 사자를 주셨으니 이는 나를 쳐서 너무 자만하지 않게 하려 하심이라(고후 12:7)

⑯ If anyone thinks he is something when he is nothing, he deceives himself. Each one should test his own actions. Then he can take pride in himself, without comparing himself to somebody else, for each one should carry his own load.(GAL 6:3-5)
만일 누가 아무것도 되지 못하고 된 줄로 생각하면 스스로 속임이라 각각 자기의 일을 살피라 그리하면 자랑할 것이 자기에게는 있어도 남에게는 있지 아니하리니 각각 자기의 짐을 질것이라(갈 6:3-5)

⑰ Do nothing out of selfish ambition or vain conceit, but in humility consider others better than yourselves. Each of you should look not only to your own interests, but also to the interests of others.(PHP 2:3-4)
아무 일에든지 다툼이나 허영으로 하지 말고 오직 겸손한 마음으로 각각 자기보다 남을 낫게 여기고 각각 자기의 일을 돌볼뿐더러 또한 각각 다른 사람들의 일을 돌보아 나의 기쁨을 충만하게 하라(빌 2:3-4)

⑱ Your attitude should be the same as that of Christ Jesus: Who, being in very nature God, did not consider equality with God something to be grasped, but made himself nothing, taking the very nature of a servant, being made in human likeness. (PHI 2:5-7)

▫ consider A(equality with God) (as) B(something to be grasped) A를 B로 여기다

너희 안에 이 마음을 품으라 곧 그리스도 예수의 마음이니 그는 근본 하나님의 본체시나 하나님과 동등 됨을 취할 것으로 여기지 아니하시고 오히려 자기를 비워 종의 형체를 가지사 사람들과 같이 되셨고 (빌 2:5-7)

⑲ Being found in appearance as a man, he humbled himself and became obedient to death – even death on a cross! Therefore God exalted him to the highest place and gave him the name that is above every name.(PHP 2:8-9)

▫ become obedient to death 죽기까지 복종하다

사람의 모양으로 나타나사 자기를 낮추시고 죽기까지 복종하셨으니 곧 십자가에 죽으심이라 이러므로 하나님이 그를 지극히 높여 모든 이름 위에 뛰어난 이름을 주사(빌 2:8-9)

⑳ **Let us fix our eyes on Jesus, the author and perfecter of our faith,** who for the joy set before him endured the cross, scorning its shame, and sat down at the right hand of the throne of God.(HEB 12:2)

- perfecter 온전하게 하시는 이 / scorn 경멸하다, scorning its shame 부끄러움을 개의치 않다

믿음의 주요 또 온전하게 하시는 이인 예수를 바라보자 그는 그 앞에 있는 즐거움을 위하여 십자가를 참으사 부끄러움을 개의치 아니하시더니 하나님 보좌 우편에 앉으셨느니라(히 12:2)

㉑ **Humble yourselves before the Lord,** and he will lift you up.(JAS 4:10)
주 앞에서 낮추라 그리하면 주께서 너희를 높이시리라(약 4:10)

㉒ **Humble yourselves, therefore, under God's mighty hand,** that he may lift you up in due time.(1PE 5:6)
그러므로 하나님의 능하신 손아래서 겸손하라 때가 되면 너희를 높이시리라(벧전 5:6)

† Golden Rule

- **Whoever exalts himself will be humbled, and whoever humbles himself will be exalted.(MT 23:12)**
누구든지 자기를 높이는 자는 낮아지고 누구든지 자기를 낮추는 자는 높아지리라(마 23:12)

† Word & ♬ Hymn

◯ **Let us fix our eyes on Jesus, the author and perfecter of our faith, who for the joy set before him endured the cross, scorning its shame, and sat down at the right hand of the throne of God.(HEB 12:2)**
믿음의 주요 또 온전하게 하시는 이인 예수를 바라보자 그는 그 앞에 있는 즐거움을 위하여 십자가를 참으사 부끄러움을 개의치 아니하시더니 하나님 보좌 우편에 앉으셨느니라(히 12:2)

겸손히 주를 섬길 때 212
O Master, let me walk with Thee

겸손히 주를 섬길 때
O Master, let me walk with Thee

괴로운 일이 많으나
In lowly path of service free;

▫ lowly path 초라한 길, lowly 초라한, 비천한
cf) low (높이가) 낮은

구주여 내게 힘 주사
Tell me Thy secret, help me bear

▫ bear 짊어지다, 감당하다

잘 감당 하게 하소서 아멘
The strain of toil, the fret of care. A–men

▫ strain 긴장 / toil 고생, 수고 / fret 불안, 초조

KEY WORD • 4

212 겸손히 주를 섬길 때

(통 347)

O Master, let me walk with Thee

(Heb 히 12:1)

헌신과 봉사

W. Gladden, 1879

보통으로

MARYTON: 8.8.8.8.

H. P. Smith, 1874

5

교제와 구제
Fellowship & Help

Key Expression & Word

▶ 교제/사귐 fellowship – 13/24 • 나누다 share O(사물) with 사람 – 22, 23

▶ 구제 giving – 8

• 구제하다 give to the needy – 7, 8 / give generously – 16

• 상(償) reward – 7, 9 • 갚다 reward – 5, 8

① **For six years you are to sow your fields and harvest the crops, but during the seventh year let the land lie unplowed and unused. Then the poor among your people may get food from it, and the wild animals may eat what they leave.(EX 23:10-11)**

ㅁ you are to sow 너는 씨를 뿌려야한다 / lie unplowed and unused 갈지 말고 묵혀 두다, plow 밭을 갈다

너는 여섯 해 동안은 너의 땅에 파종하여 그 소산을 거두고 일곱째 해에는 갈지 말고 묵혀 두어서 네 백성의 가난한 자들이 먹게 하라 그 남은 것은 들짐승이 먹으리라(출 23:10-11)

② **I was young and now I am old, yet I have never seen the righteous forsaken or their children begging bread. They are always generous and lend freely; their children will be blessed. (PS 37:25-26)**

ㅁ the righteous 의인(the + 형용사, 복수명사) / forsake–forsook–forsaken 저버리다 / beg bread 걸식하다

내가 어려서부터 늙기까지 의인이 버림을 당하거나 그의 자손이 걸식함을 보지 못하였도다 그는 종일토록 은혜를 베풀고 꾸어 주니 그의 자손이 복을 받는도다(시 37:25-26)

③ **Do not withhold good from those who deserve it, when it is in your power to act. Do not say to your neighbor, "Come back later; I'll give it tomorrow" – when you now have it with you.(PR 3:27-28)**

ㅁ withhold 아끼다, 주지 않고 두다

네 손이 선을 베풀 힘이 있거든 마땅히 받을 자에게 베풀기를 아끼지

말며 네게 있거든 이웃에게 이르기를 갔다가 다시오라 내일 주겠노라 하지 말며(잠 3:27-28)

④ A generous man will prosper; he who refreshes others will himself be refreshed.(PR 11:25)
구제를 좋아하는 자는 풍족하여질 것이요 남을 윤택하게 하는 자는 윤택하여지리라(잠 11:25)

⑤ He who is kind to the poor lends to the LORD, and he will reward him for what he has done.(PR 19:17)
가난한 자를 불쌍히 여기는 것은 여호와께 꾸어 드리는 것이니 그의 선행을 그에게 갚아 주시리라(잠 19:17)

⑥ If someone wants to sue you and take your tunic, let him have a cloak as well. If someone forces you to go one mile, go with him two miles. Give to the one who asks you, and do not turn away from the one who wants to borrow from you.(MT 5:40-42)
- turn away from 거절하다

또 너를 송사하여 속옷을 가지고자 하는 자에게 겉옷까지도 가지게 하며 또 누구든지 너로 억지로 오리를 가게 하거든 그 사람과 십리를 동행하고 네게 구하는 자에게 주며 네게 꾸고자 하는 자에게 거절하지 말라(마 5:40-42)

⑦ So when you give to the needy, do not announce it with trumpets, as the hypocrites do in the synagogues and on the street, to be honored by men. I tell you the truth, they have received their reward in full.(MT 6:2)
- be honored 영광 받다 ← honor ~에게 영광을 주다 / hypocrite 외식하는 자, 위선자 / synagogue 유대교 회당

그러므로 구제할 때에 외식하는 자가 사람에게서 영광을 받으려고 회당과 거리에서 하는 것 같이 너희 앞에 나팔을 불지 말라 진실로 너희에게 이르노니 그들은 자기 상을 이미 받았느니라(마 6:2)

⑧ When you give to the needy, do not let your left hand know what your right hand is doing, so that your giving may be in secret. Then your Father, who sees what is done in secret will reward you.(MT 6:3-4)
너는 구제할 때에 오른손이 하는 것을 왼손이 모르게 하여 네 구제함을 은밀하게 하라 은밀한 중에 보시는 너의 아버지께서 갚으시리라(마 6:3-4)

⑨ And if anyone gives even a cup of cold water to one of these little ones because he is my disciple, I will tell you the truth,

he will certainly not lose his reward.(MT 10:42)
또 누구든지 제자의 이름으로 이 작은 자중 하나에게 냉수 한 그릇이라도 주는 자는 내가 진실로 너희에게 이르노니 그 사람이 결단코 상을 잃지 아니하리라(마 10:42)

⑩ Love the Lord your God with all your heart and with all your soul and with all your mind and with all your strength. The second is this: Love your neighbor as yourself. There is no commandment greater than these.(MK 12:30-31)
네 마음을 다하고 목숨을 다하고 뜻을 다하고 힘을 다하여 주 너의 하나님을 사랑하라 하신 것이요 둘째는 이것이니 네 이웃을 네 자신과 같이 사랑하라 하신 것이라 이 보다 더 큰 계명이 없느니라(막 12:30-31)

⑪ Give to everyone who asks you, and if anyone takes what belongs to you, do not demand it back. Do to others as you would have them do to you.(LK 6:30-31)
네게 구하는 자에게 주며 네 것을 가져가는 자에게 다시 달라하지 말며 남에게 대접을 받고자 하는 대로 너희도 남을 대접하라(눅 6:30-31)

⑫ Give, and it will be given to you. A good measure, pressed down, shaken together and running over, will be poured into your lap. For with the measure you use, it will be measured to you.(LK 6:38)
주라 그리하면 너희에게 줄 것이니 곧 후히 되어 누르고 흔들어 넘치도록 하여 너희에게 안겨 주리라 너희의 헤아리는 그 헤아림으로 너희도 헤아림을 도로 받을 것이니라(눅 6:38)

⑬ They devoted themselves to the apostles' teaching and to the fellowship, to the breaking of bread and to prayer. Everyone was filled with awe, and many wonders and miraculous signs were done by the apostles.(AC 2:42-43)

□ devote oneself to ~에 전념하다 / be filled with ~으로 가득 차다

그들이 사도의 가르침을 받아 서로 교제하고 떡을 떼며 오로지 기도하기를 힘쓰니라 사람마다 두려워하는데 사도들로 말미암아 기사와 표적이 많이 나타나니(행 2:42-43)

⑭ Every day they continued to meet together in the temple courts. They broke bread in their homes and ate together with glad and sincere hearts, praising God and enjoying the favor of all the people. And the Lord added to their number daily those who were being saved.(AC 2:46-47)

□ break bread 떡을 나누다 / temple court 성전

KEY WORD • 5

날마다 마음을 같이 하여 성전에 모이기를 힘쓰고 집에서 떡을 떼며 기쁨과 순전한 마음으로 음식을 먹고 하나님을 찬미하며 또 온 백성에게 칭송을 받으니 주께서 구원받는 사람을 날마다 더하게 하시니라 **(행 2:46-47)**

⑮ **All the believers were one in heart and mind. No one claimed that any of his possessions was his own, but they shared everything they had. With great power the apostles continued to testify to the resurrection of the Lord Jesus and much grace was upon them all.(AC 4:32-33)**

믿는 무리가 한마음과 한 뜻이 되어 모든 물건을 서로 통용하고 자기 재물을 조금이라도 자기 것이라 하는 이가 하나도 없더라 사도들이 큰 권능으로 주 예수의 부활을 증언하니 무리가 큰 은혜를 받아 **(행 4:32-33)**

⑯ **We have different gifts, according to the grace given us. If a man's gift is prophesying, let him use it in proportion to his faith. if it is serving, let him serve; if it is teaching, let him teach; if it is encouraging, let him encourage; if it is contributing to the needs of others, let him give generously; if it is leadership, let him govern diligently; if it is showing mercy, let him do it cheerfully.(RO 12:6-8)**

우리에게 주신 은혜대로 받은 은사가 각각 다르니 혹 예언이면 예언의 분수대로, 혹 섬기는 일이면 섬기는 일로, 혹 가르치는 자면 가르치는 일로, 혹 위로하는 자면 위로하는 일로, 구제하는 자는 성실함으로, 다스리는 자는 부지런함으로, 긍휼을 베푸는 자는 즐거움으로 할 것이니라**(롬 12:6-8)**

⑰ **The body is a unit, though it is made up of many parts; and though all parts are many, they form one body. So it is with Christ.(1CO 12:12)**

□ be made up of (three-word verb) ~으로 이루어져있다, 구성되다

몸은 하나인데 많은 지체가 있고 몸의 지체가 많으나 한 몸임과 같이 그리스도도 그러하니라**(고전 12:12)**

⑱ **Now the body is not made up of one part but of many. If the foot should say, "Because I am not a hand, I do not belong to the body," it would not for that reason cease to be part of the body.(1CO 12:14-15)**

몸은 한 지체뿐만 아니요 여럿이니 만일 발이 이르되 나는 손이 아니니 몸에 붙지 아니하였다 할지라도 이로써 몸에 붙지 아니한 것이 아니요 **(고전 12:14-15)**

⑲ **If one part suffers, every part suffers with it; if one part is honored, every part rejoices with it. Now you are the body of the Christ, and each one of you is a part of it.(1CO 12:26-27)**

▫ rejoice 기뻐하다

만일 한 지체가 고통을 받으면 모든 지체가 함께 고통을 받고 한 지체가 영광을 얻으면 모든 지체가 함께 즐거워하느니라 너희는 그리스도의 몸이요 지체의 각 부분이라(고전 12:26-27)

⑳ **Consequently, you are no longer foreigners and aliens, but fellow citizens with God's people and members of God's household, built on the foundation of the apostles and prophets, with Christ Jesus himself as the chief cornerstone. (EPH 2:19-20)**

그러므로 이제부터 너희는 외인도 아니요 나그네도 아니요 오직 성도들과 동일한 시민이요 하나님의 권속이라 너희는 사도들과 선지자들의 터 위에 세우심을 입은 자라 그리스도 예수께서 친히 모퉁잇돌이 되셨느니라(엡 2:19-20)

㉑ **Make every effort to keep the unity of the Spirit through the bond of peace. There is one body and one Spirit – just as you were called to one hope when you were called – one Lord, one faith, one baptism; one God and Father of all, who is over all and through all and in all.(EPH 4:3-6)**

평안의 매는 줄로 성령이 하나 되게 하신 것을 힘써 지키라 몸이 하나요 성령도 한분이시니 이와 같이 너희가 부르심의 한 소망 안에서 부르심을 받았느니라 주도 한 분이시오 믿음도 하나요 세례도 하나요 하나님도 한 분이시니 곧 만유의 아버지시라 만유 위에 계시고 만유를 통일하시고 만유 가운데 계시도다(엡 4:3-6)

㉒ **Command them to do good, to be rich in good deeds, and to be generous and willing to share. In this way they will lay up treasure for themselves as a firm foundation for the coming age, so that they may take hold of the life that is truly life. (1TI 6:18-19)**

▫ lay up 저장하다, 저축하다

선을 행하고 선한 사업을 많이 하고 나누어 주기를 좋아하며 너그러운 자가 되게 하라 이것이 장래에 자기를 위하여 좋은 터를 쌓아 참된 생명을 취하는 것이니라(딤전 6:18-19)

㉓ **Through Jesus, therefore, let us continually offer to God a sacrifice of praise – the fruit of lips that confess his name. And**

do not forget to do good and to share with others, for with such sacrifices God is pleased.(HEB 13:15-16)
그러므로 우리는 예수로 말미암아 항상 찬송의 제사를 하나님께 드리자 이는 그 이름을 증언하는 입술의 열매니라 오직 선을 행함과 서로 나누어 주기를 잊지 말라 하나님은 이 같은 제사를 기뻐하시느니라 (히 13:15-16)

㉔ If we claim to have fellowship with him yet walk in the darkness, we lie and do not live by the truth. If we walk in the light, as he is in the light, we have fellowship with one another, and the blood of Jesus, his Son purifies us from all sin.(1JN 1:6-7)

□ claim to ~ 하다고 주장하다 / as he is in the light 그가 빛 가운데 계신 것같이

만일 우리가 하나님과 사귐이 있다 하고 어둠에 행하면 거짓말을 하고 진리를 행하지 아니함이거니와 그가 빛 가운데 계신 것같이 우리도 빛 가운데 행하면 우리가 서로 사귐이 있고 그 아들 예수의 피가 우리를 모든 죄에서 깨끗하게 하실 것이요(요일 1:6-7)

㉕ This is how we know what love is: Jesus Christ laid down his life for us. And we ought to lay down our lives for our brothers. If anyone has material possessions and sees his brother in need but has no pity on him, how can the love of God be in him? Dear children, let us not love with words or tongue but with actions and in truth.(1JN 3:16-18)

□ lay down one's life 목숨을 내버리다 / material possessions 재물 / in need 궁핍에 처한

그가 우리를 위하여 목숨을 버리셨으니 우리가 이로써 사랑을 알고 우리도 형제들을 위하여 목숨을 버리는 것이 마땅하니라 누가 이 세상의 재물을 가지고 형제의 궁핍함을 보고도 도와 줄 마음을 닫으면 하나님의 사랑이 어찌 그 속에 거하겠느냐 자녀들아 우리가 말과 혀로만 사랑하지 말고 행함과 진실함으로 하자(요일 3:16-18)

† Golden Rule

- When you give to the needy, do not let your left hand know what your right hand is doing, so that your giving may be in secret. Then your Father, who sees what is done in secret will reward you.(MT 6:3-4)
  너는 구제할 때에 오른손이 하는 것을 왼손이 모르게 하여 네 구제함을 은밀하게 하라 은밀한 중에 보시는 너의 아버지께서 갚으시리라 (마 6:3-4)

† Word & ♬ Hymn

○ **Every day they continued to meet together in the temple courts. They broke bread in their homes and ate together with glad and sincere hearts,(AC 2:46)**
날마다 마음을 같이 하여 성전에 모이기를 힘쓰고 집에서 떡을 떼며 기쁨과 순전한 마음으로 음식을 먹고(행 2:46)

사랑하는 주님 앞에 220
In one fraternal bond of love

사랑하는 주님 앞에
In one fraternal bond of love

ㅁ fraternal bond 형제의 끈

형제자매 한자리에
To Christ the Lord of love we sing

크신 은혜 생각하며
Think on that grace all grace above,

즐거운 찬송 부르네
And praise with joy our Lord and King!

내주 예수 본을 받아
As Jesus did, so, Lord, may we

모든 사람 내 몸같이
Love as ourself all those in need,

환난 구심 위로하고
Comfort who grieve, Even as He,

ㅁ Comfort who grieve ← Comfort those who grieve / Even as He, = just as He comforts me,

진심으로 사랑하세
And learn to love in heart and deed

(통 278)

성도의 교제

사랑하는 주님 앞에

220

In one fraternal bond of love

(Acts 행 2:46)

Shinsen Sambika, c. 1896

TOWNER: 8.8.8.8.D.

D. B. Towner, 1897

조금 느리게

6

교회와 예배
Church & Worship

Key Expression & Word

▶ 교회 church – 9, 17, 18, 21 / God's house – 2 / temple court – 13 God's temple – 16 / the body of Christ – 20 / the head of the body – 21

▶ 예배 worship – 14 • 예배하다 worship – 12
• 여호와께 예배드리다 worship the LORD – 4
• 안식일 the seventh day – 1 / the Sabbath day – 3

① **By the seventh day God had finished the work he had been doing; so on the seventh day he rested from all his work. And God blessed the seventh day and made it holy, because on it he rested from all the work of creating that he had done. (GE 2:2-3)**
하나님이 그가 하시던 일을 일곱째 날에 마치시니 그가 하시던 모든 일을 그치고 일곱째 날에 안식하시니라 하나님이 그 일곱째 날을 복되게 하사 거룩하게 하셨으니 이는 하나님이 그 창조하시며 만드시던 모든 일을 마치시고 그 날에 안식하셨음이니라(창 2:2-3)

②-1 **Early the next morning Jacob took the stone he had placed under his head and set it up as a pillar and poured oil on top of it. He called that place Bethel though the city used to be called Luzz.(GE 28:18-19)**

②-2 **This stone that I have set up as a pillar will be God's house, and of all that you give me I will give you a tenth.(GE 28:22)**

- pillar 기둥 / used to RV ~이었다(과거의 지속적 상태)
- a tenth 10분의 1 / of all that you give me I will give you a tenth ← I will give you a tenth of all that you give me

야곱이 아침에 일찍이 일어나 베개로 삼았던 돌을 가져다가 기둥으로 세우고 그 위에 기름을 붓고 그 곳의 이름을 벧엘이라 하였더라 이 성의 옛 이름은 루스더라(창 28:18-19)

내가 기둥으로 세운 이 돌이 하나님의 집이 될 것이요 하나님께서 내게 주신 모든 것에서 십분의 일을 내가 반드시 하나님께 드리겠나이다(창 28:22)

③-1 Remember the Sabbath day by keeping it holy.(EX 20:8)

③-2 For in six days the LORD made the heavens and the earth, the sea, and all that is in them, but he rested on the seventh day. Therefore the LORD blessed the Sabbath day and made it holy.(EX 20:11)

안식일을 기억하여 거룩하게 지키라(출 20:8)

이는 엿새 동안에 나 여호와가 하늘과 땅과 바다와 그 가운데 모든 것을 만들고 일곱째 날에 쉬었음이라 그러므로 나 여호와가 안식일을 복되게 하여 그날을 거룩하게 하였느니라(출 20:11)

④ Ascribe to the LORD the glory due to his name; worship the LORD in the splendor of his holiness.(PS 29:2)

▫ ascribe A to B A(the glory)를 B(the LORD)에게 돌리다

여호와께 그의 이름에 합당한 영광을 돌리며 거룩한 옷을 입고 여호와께 예배할지어다(시 29:2)

⑤ Glorious things are said of you, O city of God: Selah(PS 87:3)

하나님의 성이여 너를 가리켜 영광스럽다 말하는도다(셀라)(시 87:3)

⑥ This is the day the LORD has made; let us rejoice and be glad in it.(PS 118:24)

이 날은 여호와께서 정하신 것이라 이 날에 우리가 즐거워하고 기뻐하리로다(시 118:24)

⑦ Seek the LORD while he may be found; call on him while he is near.(ISA 55:6)

너희는 여호와를 만날 만한 때에 찾으라 가까이 계실 때에 그를 부르라(사 55:6)

⑧ "From one New Moon to another and from one Sabbath to another, all mankind will come and bow down before me," says the LORD.(ISA 66:23)

여호와가 말하노라 매월 초하루와 매 안식일에 모든 혈육이 내 앞에 나아와 예배하리라(사 66:23)

⑨ And I tell you that you are Peter, and on this rock I will build my church, and the gates of Hades will not overcome it. I will give you the keys of kingdom of heaven; whatever you bind on earth will be bound in heaven, and whatever you loose on earth will be loosed in heaven.(MT 16:18-19)

▫ the gates of Hades 하데스(황천, 지옥, 죽음)의 문

또 내가 네게 이르노니 너는 베드로라 내가 이 반석 위에 내 교회를 세우리니 음부의 권세가 이기지 못하리라 내가 천국의 열쇠를 네게 주리니 네가 땅에서 무엇이든지 매면 하늘에서도 매일 것이요 네가 땅에서 무엇이든지 풀면 하늘에서도 풀리리라(마 16:18-19)

⑩ For where two or three come together in my name, there am I with them.(MT 18:20)

두세 사람이 내 이름으로 모인 곳에는 나도 그들 중에 있느니라 (마 18:20)

⑪ Jesus entered the temple area and drove out all who were buying and selling there. He overturned the tables of the money changers and the benches of those selling doves. "It is written," he said to them, " 'My house will be called a house of prayer,' but you are making it a 'den of robbers.' "(MT 21:12-13)

▫ overturn 둘러엎다, 전복시키다 / a den of robbers 강도(도둑)의 소굴

예수께서 성전에 들어가사 성전 안에서 매매하는 모든 사람들을 내쫓으시며 돈 바꾸는 사람들의 상과 비둘기 파는 사람들의 의자를 둘러엎으시고 그들에게 이르시되 기록된 바 내 집은 기도하는 집이라 일컬음을 받으리라 하였거늘 너희는 강도의 소굴을 만드는도다(마 21:12-13)

⑫ God is spirit, and his worshipers must worship in spirit and in truth.(JN 4:24)

하나님은 영이시니 예배하는 자가 영과 진리로 예배할지니라(요 4:24)

⑬ Every day they continued to meet together in the temple courts. They broke bread in their homes and ate together with glad and sincere hearts, praising God and enjoying the favor of all the people. And the Lord added to their number daily those who were being saved.(AC 2:46-47)

▫ break bread 떡을 떼다 / temple court 성전

날마다 마음을 같이 하여 성전에 모이기를 힘쓰고 집에서 떡을 떼며 기쁨과 순전한 마음으로 음식을 먹고 하나님을 찬미하며 또 온 백성에게 칭송을 받으니 주께서 구원받는 사람을 날마다 더하게 하시니라 (행 2:46-47)

⑭ Therefore, I urge you, brothers, in view of God's mercy, to offer your bodies as living sacrifices, holy and pleasing to God

KEY WORD • 6

– this is your spiritual act of worship.(RO 12:1)
그러므로 형제들아 내가 하나님의 모든 자비하심으로 너희를 권하노니 너희 몸을 하나님이 기뻐하시는 거룩한 산 제물로 드리라 이는 너희가 드릴 영적 예배니라(롬 12:1)

⑮ The man who plants and the man who waters have one purpose, and each will be rewarded according to his own labor. For we are God's fellow workers; you are God's field, God's building. (1CO 3:8-9)
심는 이와 물주는 이는 한 가지이나 각각 자기가 일한 대로 자기의 상을 받으리라 우리는 하나님의 동역자들이요 너희는 하나님의 밭이요 하나님의 집이라(고전 3:8-9)

⑯ Don't you know that you yourselves are God's temple and that God's Spirit lives in you? If anyone destroys God's temple, God will destroy him; for God's temple is sacred, and you are that temple.(1CO 3:16-17)
너희는 너희가 하나님의 성전인 것과 하나님의 성령이 너희 안에 계시는 것을 알지 못하느냐 누구든지 하나님의 성전을 더럽히면 하나님이 그 사람을 멸하시리라 하나님의 성전은 거룩하니 너희도 그러하니라 (고전 3:16-17)

⑰ What then shall we say, brothers? When you come together, everyone has a hymn, or a word of instruction, a revelation, a tongue or an interpretation. All of these must be done for the strengthening of the church.(1CO 14:26)
그런즉 형제들아 어찌할까 너희가 모일 때에 각각 찬송시도 있으며 가르치는 말씀도 있으며 계시도 있으며 방언도 있으며 통역함도 있나니 모든 것을 덕을 세우기 위하여 하라(고전 14:26)

⑱ And God placed all things under his feet and appointed him to be head over everything for the church, which is his body, the fullness of him who fills everything in every way. (EPH 1:22-23)
또 만물을 그의 발아래에 복종하게 하시고 그를 만물 위에 교회의 머리로 삼으셨느니라 교회는 그의 몸이니 만물 안에서 만물을 충만하게 하시는 이의 충만함이니라(엡 1:22-23)

⑲ Consequently, you are no longer foreigners and aliens, but fellow citizens with God's people and members of God's household, built on the foundation of the apostles and prophets, with Christ Jesus himself as the chief cornerstone. (EPH 2:19-20)

▫ household 권속, 세대, 가족

그러므로 이제부터 너희는 외인도 아니요 나그네도 아니요 오직 성도들과 동일한 시민이요 하나님의 권속이라 너희는 사도들과 선지자들의 터 위에 세우심을 입은 자라 그리스도 예수께서 친히 모퉁잇돌이 되셨느니라(엡 2:19-20)

⑳ It was he who gave some to be apostles, some to be prophets, some to be evangelists and some to be pastors and teachers, to prepare God's people for works of services, so that the body of Christ may be built up.(EPH 4:11-12)

그가 어떤 사람은 사도로, 어떤 사람은 선지자로, 어떤 사람은 복음전하는 자로, 어떤 사람은 교사와 목사로 삼으셨으니 이는 성도를 온전하게 하여 봉사의 일을 하게하며 그리스도의 몸을 세우려 하심이라 (엡 4:11-12)

㉑ And he is the head of the body, the church; he is the beginning and the firstborn from among the dead, so that in everything he might have the supremacy.(COL 1:18)

그는 몸인 교회의 머리시라 그가 근본이시요 죽은 자들 가운데서 먼저 나신 이시니 이는 친히 만물의 으뜸이 되려 하심이요(골 1:18)

㉒ Through Jesus, therefore, let us continually offer to God a sacrifice of praise – the fruit of lips that confess his name. And do not forget to do good and to share with others, for with such sacrifices God is pleased.(HEB 13:15-16)

▫ a sacrifice of praise 찬송의 제사

그러므로 우리는 예수로 말미암아 항상 찬송의 제사를 하나님께 드리자 이는 그 이름을 증언하는 입술의 열매니라 오직 선을 행함과 서로 나누어 주기를 잊지 말라 하나님은 이 같은 제사를 기뻐하시느니라 (히 13:15-16)

† Golden Rule

- **God is spirit, and his worshipers must worship in spirit and in truth.(JN 4:24)**
  하나님은 영이시니 예배하는 자가 영과 진리로 예배할지니라 (요 4:24)

† Word & ♬Hymn

○ **Glorious things are said of you, O city of God: Selah(PS 87:3)**
하나님의 성이여 너를 가리켜 영광스럽다 말하는도다(셀라)(시 87:3)

시온성과 같은 교회 210
Glorious things of Thee are spoken

시온성과 같은 교회
Glorious things of Thee are spoken,

그의 영광 한없다
Zion, city of our God!

허락하신 말씀대로
He whose word cannot be broken,

주가 친히 세웠다
Formed thee for His own abode

- form thee 당신을 만들다
- abode 거처, 주거

반석위에 세운 교회
On the Rock of Ages founded,

- the Rock of Ages 예수, 만세반석 되신 주

흔들 자가 누구랴
What can shake thy sure repose?

- repose 평안, 평정

모든 원수 에워 싸도
With salvation's walls surrounded,

아무 근심 없도다 아멘
Thou may'st smile at all thy foes. Amen

- Thou may'st(mayest) = You may의 고어
- foe 적, 원수

210 시온성과 같은 교회

(통 245)

하나님 나라

J. Newton, 1779

Glorious things of Thee are spoken

(Ps 시 87:3)

AUSTRIAN HYMN: 8.7.8.7.D.

F. J. Haydn, 1797

보통으로

7

구원과 거듭남
Salvation & Born again

Key Expression & Word

▶ 구원(救援) salvation – 2, 12, 22, 23 • 구속자(救贖者) redeemer – 1
• 속전(贖錢) ransom – 3 • 속량(贖良) redemption – 14, 29, 32
• 구원하다 save – 9, 11, 33 / redeem – 3
• 속량(贖良)하다 redeem – 4, 26, 27 • 속(贖)하다 atone – 37
• 구원받다, 구원을 얻다 be saved – 7, 12, 13, 15, 16, 17, 18, 30
• 대속(代贖)받다 be redeemed – 34
▶ 거듭남 renewing – 19 • 다시 태어나다/거듭나다 be born again – 10/35

① **May the words of my mouth and the meditation of my heart be pleasing in your sight, O LORD, my Rock and my Redeemer. (PS 19:14)**

▫ redeemer 구속자(救贖者) / be pleasing 열납되다(기쁘게 받아들이다)

나의 반석이시오 나의 구속자이신 여호와여 내 입의 말과 마음의 묵상이 주님 앞에 열납되기를 원하나이다(시 19:14)

② **The LORD is my light and my salvation – whom shall I fear? The LORD is the stronghold of my life – of whom shall I be afraid?(PS 27:1)**

▫ fear 두려워하다 / be afraid of 무서워하다 / the stronghold of my life 내 생명의 능력

여호와는 나의 빛이요 나의 구원이시니 내가 누구를 두려워 하리요 여호와는 내 생명의 능력이시니 내가 누구를 무서워 하리요(시 27:1)

③ **No man can redeem the life of another or give to God a ransom for him – the ransom for a life is costly, no payment is ever enough – that he should live on forever and not see decay. (PS 49:7-9)**

▫ ransom 속전(贖錢), 속량(贖良)하는 값, 몸값 / costly 값이 비싼 / decay 썩음, 부패

아무도 자기의 형제를 구원하지 못하며 그를 위한 속전을 하나님께 바치지도 못할 것은 그들의 생명의 속량하는 값이 엄청나서 영원히 마련하지 못할 것임이니라 그가 영원히 살아서 죽음을 보지 않을 것인가(시 49:7-9)

④ Into your hands I commit my spirit; redeem me, O LORD, the God of truth.(PS 31:5)
내가 나의 영을 주의 손에 부탁하나이다 진리의 하나님 여호와여 나를 속량하셨나이다(시 31:5)

⑤ Surely it was for my benefit that I suffered such anguish. In your love you kept me from the pit of destruction; you have put all my sins behind your back.(ISA 38:17)
보옵소서 내게 큰 고통을 더하신 것은 내게 평안을 주려 하심이라 주께서 나의 영혼을 사랑하사 멸망의 구덩이에서 건지셨고 나의 모든 죄는 주의 등 뒤에 던지셨나이다(사 38:17)

⑥ But he was pierced for our transgressions, he was crushed for our iniquities; the punishment that brought us peace was upon him, and by his wounds we are healed.(ISH 53:5)
- transgression 위반, 파계 / crush 눌러서 뭉개다, 짓밟다
- iniquity 죄악 cf) inequity 불공정

그가 찔림은 우리의 허물 때문이요 그가 상함은 우리의 죄악 때문이라 그가 징계를 받음으로 우리는 평화를 누리고 그가 채찍을 맞음으로 우리는 나음을 받았도다(사 53:5)

⑦ Whoever believes and is baptized will be saved, but whoever does not believe will be condemned.(MK 16:16)
믿고 세례를 받은 사람은 구원을 얻을 것이요 믿지 않는 사람은 정죄를 받으리라(막 16:16)

⑧ New wine must be poured into new wineskins.(LK 5:38)
새 포도주는 새 부대에 넣어야 할 것이니라(눅 5:38)

⑨ For the Son of Man came to seek and to save what was lost.(LK 19:10)
인자가 온 것은 잃어버린 자를 찾아 구원하려 함이니라(눅 19:10)

⑩ I tell you the truth, no one can see the kingdom of God unless he is born again.(JN 3:3)
진실로 진실로 네게 이르노니 사람이 거듭나지 아니하면 하나님의 나라를 볼 수 없느니라(요 3:3)

⑪ For God did not send his Son into the world to condemn the world, but to save the world through him.(JN 3:17)
하나님이 그 아들을 세상에 보내신 것은 세상을 심판하려 하심이 아니요

KEY WORD • 7

그로 말미암아 세상이 구원을 받게 하려 하심이라(요 3:17)

⑫ **Salvation is found in no one else, for there is no other name under heaven given to men by which we must be saved. (AC 4:12)**

□ Salvation 구원 / be saved 구원을 얻다(구원 받다)

다른 이로서는 구원을 얻을 수 없나니 천하 인간에 구원을 얻을만한 다른 이름을 우리에게 주신 일이 없음이니라(행 4:12)

⑬ **Believe in the Lord Jesus, and you will be saved – you and your household.(AC 16:31)**

주 예수를 믿으라 그리하면 너와 네 집이 구원을 얻으리라(행 16:31)

⑭ **For all have sinned and fall short of the glory of God, and are justified freely by his grace through the redemption that came by Christ Jesus.(RO 3:23-24)**

□ fall short of ~에 못 미치다 / freely 값없이, 무료로, 공짜로

모든 사람이 죄를 범하였으매 하나님의 영광에 이르지 못하더니 그리스도 예수 안에 있는 속량으로 말미암아 하나님의 은혜로 값없이 의롭다 하심을 얻은 자 되었느니라(롬 3:23-24)

⑮ **But God demonstrates his own love for us in this: While we were still sinners, Christ died for us. Since we have now been justified by his blood, how much more shall we be saved from God's wrath through him!(RO 5:8-9)**

우리가 아직 죄인 되었을 때에 그리스도께서 우리를 위하여 죽으심으로 하나님께서 우리에 대한 자기의 사랑을 확증하셨느니라 그러면 이제 우리가 그의 피로 말미암아 의롭다 하심을 받았으니 더욱 그로 말미암아 진노하심에서 구원을 받을 것이니(롬 5:8-9)

⑯ **For if, when we were God's enemies, we were reconciled to him through the death of his son, how much more, having been reconciled, shall we be saved through his life!(RO 5:10)**

□ be reconciled to ~ 와 화해하다

곧 우리가 원수 되었을 때에 그의 아들의 죽으심으로 말미암아 하나님과 화목하게 되었은즉 화목하게 된 자로서는 더욱 그의 살아나심으로 말미암아 구원을 받을 것이니라(롬 5:10)

⑰ **For in this hope we were saved. But hope that is seen is no hope at all. Who hopes for what he already has?(RO 8:24)**

우리가 소망으로 구원을 얻었으매 보이는 소망이 소망이 아니니 보는

것을 누가 바라리오(롬 8:24)

⑱ That if you confess with your mouth, "Jesus is Lord," and believe in your heart that God raised him from the dead, you will be saved. For it is with your heart that you believe and are justified, and it is with your mouth that you confess and are saved. (RO 10:9-10)
네가 만일 네 입으로 예수를 주로 시인하며 또 하나님께서 그를 죽은 자 가운데서 살리신 것을 네 마음에 믿으면 구원을 받으리라 사람이 마음으로 믿어 의에 이르고 입으로 시인하여 구원에 이르느니라 (롬 10:9-10)

⑲ Do not conform any longer to the pattern of this world, but be transformed by the renewing of the mind. Then you will be able to test and approve what God's will is – his good, pleasing and perfect will.(RO 12:2)

- conform to (two-word verb) ~ 을 본받다, 따르다 / by the renewing of the mind 마음을 새롭게 함으로

너희는 이 세대를 본받지 말고 오직 마음을 새롭게 함으로 변화를 받아 하나님의 선하시고 기뻐하시고 온전하신 뜻이 무엇인지 분별하도록 하라(롬 12:2)

⑳ Do you not know that your body is a temple of the Holy Spirit, who is in you, whom you have received from God? You are not your own; you were bought at a price. Therefore honor God with your body.(1CO 6:19-20)
너희 몸은 너희가 하나님께로부터 받은바 너희 가운데 계신 성령의 전인 줄을 알지 못하느냐 너희는 너희 자신의 것이 아니라 값으로 산 것이 되었으니 그런즉 너희 몸으로 하나님께 영광을 돌리라 (고전 6:19-20)

㉑ Therefore, if anyone is in Christ, he is a new creation; the old has gone, the new has come.(2CO 5:17)
그런즉 누구든지 그리스도 안에 있으면 새로운 피조물이라 이전 것은 지나갔으니 보라 새것이 되었도다(고후 5:17)

㉒ As God's fellow workers we urge you not to receive God's grace in vain. For he says, "In the time of my favor I heard you, and in the day of salvation I helped you." I tell you, now is the time of God's favor, now is the day of salvation.(2CO 6:1-2)

KEY WORD • 7

우리가 하나님과 함께 일하는 자로서 너희에게 권하노니 하나님의 은혜를 헛되이 받지 말라 이르시되 내가 은혜를 베풀 때에 너에게 듣고 구원의 날에 너를 도왔다 하셨으니 보라 지금은 은혜 받을 만한 때요 보라 지금은 구원의 날이로다(고후 6:1-2)

㉓ **Godly sorrow brings repentance that leads to salvation and leaves no regret, but worldly sorrow brings death.(2CO 7:10)**
하나님의 뜻대로 하는 근심은 후회할 것이 없는 구원에 이르게 하는 회개를 이루는 것이요 세상 근심은 사망을 이루는 것이니라(고후 7:10)

㉔ **Grace and peace to you from God our Father and the Lord Jesus Christ, who gave himself for our sins to rescue us from the present evil age, according to the will of our God and Father, to whom be glory for ever and ever. Amen.(GAL 1:3-5)**

- Grace and peace to you ← Grace and peace be to you (기원문)은혜와 평강이 있기를 기원한다
- to whom be glory ← to whom glory be (기원문)영광이 있을 지어다

우리 하나님 아버지와 주 예수 그리스도로부터 은혜와 평강이 있기를 원하노라 그리스도께서 하나님 곧 우리 아버지의 뜻을 따라 이 악한 세대에서 우리를 건지시려고 우리 죄를 대속하기 위하여 자기 몸을 주셨으니 영광이 그에게 세세토록 있을지어다 아멘(갈 1:3-5)

㉕ **I have been crucified with Christ and I no longer live, but Christ lives in me.(GAL 2:20)**
내가 그리스도와 함께 십자가에 못박혔나니 그런즉 이제는 내가 산 것이 아니요 오직 내 안에 그리스도께서 사신 것이라(갈 2:20)

㉖ **Christ redeemed us from the curse of the law by becoming a curse for us, for it is written: "Cursed is everyone who is hung on a tree." He redeemed us in order that the blessing given to Abraham might come to the Gentiles through Christ Jesus, so that by faith we might receive the promise of the Spirit.(GAL 3:13-14)**

- redeem 속량(구속)하다 / be hung 매달리다 hang, hung, hung

그리스도께서 우리를 위하여 저주를 받은 바 되사 율법의 저주에서 우리를 속량하셨으니 기록된바 나무에 달린 자마다 저주아래에 있는 자라 하였음이라 이는 그리스도 예수 안에서 아브라함의 복이 이방인에게 미치게 하고 또 우리로 하여금 믿음으로 말미암아 성령의 약속을 받게 하려 함이라(갈 3:13-14)

㉗ But when the time had fully come, God sent his Son, born of a woman, born under law, to redeem under law, that we might receive the full rights of sons.(GAL 4:4-5)
때가 차매 하나님이 그 아들을 보내사 여자에게서 나게 하시고 율법아래에 나게 하신 것은 율법아래에 있는 자들을 속량하시고 우리로 아들의 명분을 얻게 하려 하심이라(갈 4:4-5)

㉘ Neither circumcision nor uncircumcision means anything; what counts is a new creation.(GAL 6:15)
할례나 무할례가 아무 것도 아니로되 오직 새로 지으심을 받는 것만이 중요하니라(GAL 6:15)

㉙ In him we have redemption through his blood, the forgiveness of sins, in accordance with the riches of God's grace that he lavished on us with all wisdom and understanding.(EPH 1:7-8)
▫ redemption 속량, 구속 / lavish 아낌없이 주다
우리는 그리스도 안에서 그의 은혜의 풍성함을 따라 그의 피로 말미암아 속량 곧 죄 사함을 받았느니라 이는 그가 모든 지혜와 총명을 우리에게 넘치게 하사(엡 1:7-8)

㉚ For it is by grace you have been saved through faith – and this not from yourselves, it is the gift of God – not by works, so that no one can boast.(EPH 2:8-9)
너희는 그 은혜에 의하여 믿음으로 말미암아 구원을 받았으니 이것은 너희에게서 난 것이 아니요 하나님의 선물이라 행위에서 난 것이 아니니 이는 누구든지 자랑하지 못하게 함이라(엡 2:8-9)

㉛ You were taught, with regard to your former way of life, to put off your old self, which is being corrupted by its deceitful desires; to be made new in the attitude of your minds; and to put on the new self, created to be like God in true righteousness and holiness.(EPH 4:22-24)
▫ put off ~ 을 벗다 ↔ put on ~ 을 입다, 신다, 차다, 띠다
너희는 유혹의 욕심을 따라 썩어져 가는 구습을 따르는 옛 사람을 벗어 버리고 오직 너희의 심령이 새롭게 되어 하나님을 따라 의와 진리의 거룩함으로 지으심을 받은 새 사람을 입으라(엡 4:22-24)

㉜ For he has rescued us from the domination of darkness and brought us into the kingdom of the Son he loves, in whom we have redemption, the forgiveness of sins.(COL 1:13-14)

KEY WORD • 7

그가 우리를 흑암의 권세에서 건져내사 그의 사랑의 아들의 나라로 옮기셨으니 그 아들 안에서 우리가 속량 곧 죄 사함을 얻었도다 (골 1:13-14)

㉝ **My dear brothers, take note of this: Everyone should be quick to listen, slow to speak and slow to become angry, for man's anger does not bring about the righteous life that God desires. Therefore, get rid of all moral filth and the evil that is so prevalent and humbly accept the word planted in you, which can save you.(JAS 1:19-21)**

내 사랑하는 형제들아 너희가 알지니 사람마다 듣기는 속히 하고 말하기는 더디 하며 성내기도 더디 하라 사람이 성내는 것이 하나님의 의를 이루지 못함이라 그러므로 모든 더러운 것과 넘치는 악을 내버리고 너희 영혼을 능히 구원할 바 마음에 심어진 말씀을 온유함으로 받으라 (약 1:19-21)

㉞ **For you know that it was not with perishable things such as silver or gold that you were redeemed from the empty way of life handed down to you from your forefathers, but with the precious blood of Christ, a lamb without blemish or defect. (1PE 1:18-19)**

▫ it ~ that 강조 용법, 강조하는 말은 not with perishable ~ but with the precious ~ / blemish 흠, 결점 = defect

너희가 알거니와 너희 조상이 물려준 헛된 행실에서 대속함을 받은 것은 은이나 금같이 없어질 것으로 된 것이 아니요 오직 흠 없고 점 없는 어린 양 같은 그리스도의 보배로운 피로 된 것이니라 (벧전 1:18-19)

㉟ **For you have been born again, not of perishable seed, but of imperishable, through the living and enduring word of God. (1PE 1:23)**

▫ be born again of ~로 거듭나다 / living and enduring 살아 있고 항상 있는

너희가 거듭난 것은 썩어질 씨로 된 것이 아니요 썩지 아니할 씨로 된 것이니 살아 있고 항상 있는 하나님의 말씀으로 되었느니라 (벧전 1:23)

㊱ **He himself bore our sins in his body on the tree, so that we might die to sins and live for righteousness; by his wounds you have been healed. For you were like sheep going astray,** but now you have returned to the Shepherd and Overseer of your souls.(1PE 2:24-25)

▫ bear one's sins ~ 죄를 담당하다, 떠 맡다

친히 나무에 달려 그 몸으로 우리 죄를 담당하셨으니 이는 우리로 죄에 대하여 죽고 의에 대하여 살게 하려하심이라 그가 채찍에 맞음으로 너희는 나음을 얻었나니 너희가 전에는 양과 같이 길을 잃었더니 이제는 너희 영혼의 목자와 감독되신 이에게 돌아왔느니라(벧전 2:24-25)

㊲ This is how God showed his love among us: He sent his one and only Son into the world that we might live through him. This is love: not that we loved God, but that he loved us and sent his Son as an atoning sacrifice for our sins.(1JN 4:9-10)

▫ atone 죄를 속하다, an atoning sacrifice 화목제물

하나님의 사랑이 우리에게 이렇게 나타난바 되었으니 하나님이 자기의 독생자를 세상에 보내심은 그로 말미암아 우리를 살리려 하심이라 사랑은 여기 있으니 우리가 하나님을 사랑한 것이 아니요 하나님이 우리를 사랑하사 우리 죄를 속하기 위하여 화목 제물로 그 아들을 보내셨음이라(요일 4:9-10)

KEY WORD • 7

† Golden Rule

● **Whoever believes and is baptized will be saved, but whoever does not believe will be condemned.(MK 16:16)**
믿고 세례를 받은 사람은 구원을 얻을 것이요 믿지 않는 사람은 정죄를 받으리라(막 16:16)

† Word & ♬ Hymn

○ **For he has rescued us from the domination of darkness and brought us into the kingdom of the Son he loves, in whom we have redemption, the forgiveness of sins.(COL 1:13-14)** 그가 우리를 흑암의 권세에서 건져내사 그의 사랑의 아들의 나라로 옮기셨으니 그 아들 안에서 우리가 속량 곧 죄 사함을 얻었도다 (골 1:13-14)

나 속죄함을 받은 후 283
I have a song I love to sing

나 속죄함을 받은 후
I have a song I love to sing,

다 헤아릴 수 없어서
Of my redeemer, Savior, King,

나 속죄 받은 후
Since I have been redeemed,

주를 찬미하겠네
I will glory in His name,

□ glory in ~을 찬미하다, 기뻐하다

주의 이름 찬미하겠네
I will glory in my Savior's name.

한없는 기쁨을
Since I have been redeemed,

늘 찬송 합니다
Since I have been redeemed.

나 속죄 받은 후
Since I have been redeemed,

나 속죄 받은 후
Since I have been redeemed,

283 나 속죄함을 받은 후

(통 183)
거듭남

E. O. Excell, 1884

I have a song I love to sing

(Col 골 1:14)

OTHELO: 8.6.8.6.REF.
E. O. Excell, 1884

8

권능과 치유

Power & Healing

Key Expression & Word

▶ 권능 power – 19 • 권능을 받다 receive power – 17
• 새 힘을 얻다 renew one's strength – 1
• 권능/권세/능력을 주시다
give authority/right/strength/power – 13/14/23, 25

▶ 치료 healing – 3 • 병을 고치다 heal/cure – 4, 5/11, make O well – 5, 26
• 병이 낫다 be healed – 6, 7

① **Even youths grow tired and weary, and young men stumble and fall; but those who hope in the LORD will renew their strength. They will soar on wings like eagles; they will run and not grow weary, they will walk and not be faint. (ISA 40:30-31)**

▫ grow tired and weary 피곤하며 곤비하다 / stumble and fall 넘어지며 자빠지다 / soar on wings 날개치며 오르다

소년이라도 피곤하며 곤비하며 장정이라도 넘어지며 쓰러지되 오직 여호와를 앙망하는 자는 새 힘을 얻으리니 독수리가 날개치며 올라감 같을 것이요 달음박질하여도 곤비하지 아니하겠고 걸어가도 피곤하지 아니하리로다(사 40:30-31)

② **All who rage against you will surely be ashamed and disgraced; those who oppose you will be as nothing and perish. Though you search for your enemies, you will not find them. Those who wage war against you will be as nothing at all. (ISA 41:11-12)**

▫ rage against 격노하다 / wage war against ~에 대항해 전쟁을 벌이다

보라 네게 노하던 자들이 수치와 욕을 당할 것이요 너와 다투는 자들이 아무것도 아닌 것 같이 될 것이며 멸망할 것이라 네가 찾아도 너와 싸우던 자들을 만나지 못할 것이요 너를 치는 자들은 아무것도 아닌 것 같고 허무한 것 같이 되리니(사 41:11-12)

③ **"But for you who revere my name, the sun of righteousness will rise with healing in its wings. And you will go out and leap like calves released from the stall. Then you will trample down the wicked; they will be ashes under the soles of your feet on the day when I do these things," says the LORD Almighty.(MAL 4:2-3)**

▫ revere 공경하다 / stall 외양간 / trample down 짓밟다 / sole 발바닥 / leap 껑충 뛰다 cf) reap 거두다, 수확하다

내 이름을 경외하는 너희에게는 공의로운 해가 떠올라서 치료하는 광선을 비추리니 너희가 나가서 외양간에서 나온 송아지같이 뛰리라 또 너희가 악인을 밟을 것이니 그들이 내가 정한 날에 너희 발바닥 밑에 재와 같으리라 만군의 여호와의 말이니라(말 4:2-3)

④ **Jesus went throughout Galilee, teaching in their synagogues, preaching the good news of the kingdom, and healing every disease and sickness among the people.(MT 4:23)**

예수께서 온 갈릴리에 두루 다니사 그들의 회당에서 가르치시며 천국 복음을 전파하시며 **백성중의 모든 병과 모든 약한 것을 고치시니** (마 4:23)

⑤ **Jesus left there and went along the Sea of Galilee, Then he went up on a mountainside and sat down. Great crowds came to him, bringing the lame, the blind, the crippled, the mute and many others, and laid them at his feet; and he healed them. The people were amazed when they saw the mute speaking, the crippled made well, the lame walking, the blind seeing. (MT 15:29-31)**

▫ saw the crippled(O) made well(O.C) ; (목적어와 목적보어는 수동관계) 장애인이 온전하게 되고

예수께서 거기서 떠나사 갈릴리 호숫가에 이르러 산에 올라가 거기 앉으시니 큰 무리가 다리 저는 사람과 장애인과 맹인과 말 못하는 사람과 기타 여럿을 데리고 와서 예수의 발 앞에 앉히매 **고쳐 주시니** 말 못하는 사람이 말하고 장애인이 온전하게 되고 다리 저는 사람이 걸으며 맹인이 보는 것을 보고 놀랍게 여겨(마 15:29-31)

⑥ **He looked around at them in anger and, deeply distressed at their stubborn hearts, said to the man, "Stretch out your hand." He stretched it out, and his hand was completely healed. (MK 3:5)**

KEY WORD • 8

그들의 마음이 완악함을 탄식하사 노하심으로 그들을 둘러보시고 그 사람에게 이르시되 네 손을 내밀라 하시니 내밀매 그 손이 회복되었더라(막 3:5)

⑦ And wherever he went – into villages, towns or countryside – they placed the sick in the marketplaces. They begged him to let them touch even the edge of his cloak, and all who touched him were healed.(MK 6:56)
아무데나 예수께서 들어가시는 지방이나 도시나 마을에서 병자를 시장에 두고 예수께 그 옷 가에라도 손을 대게하시기를 간구하니 손을 대는 자는 다 성함을 얻으니라(막 6:56)

⑧ At this, the man's ears were opened, his tongue was loosened and he began to speak plainly. Jesus commanded them not to tell anyone. But the more he did so, the more they kept talking about it.(MK 7:35-36)
그의 귀가 열리고 혀가 맺힌 것이 곧 풀려 말이 분명하여 졌더라 예수께서 그들에게 경고하사 아무에게도 이르지 말라 하시되 경고하실수록 그들이 더욱 멀리 전파하니(막 7:35-36)

⑨ " 'If you can'?" said Jesus. "Everything is possible for him who believes."(MK 9:23)
예수께서 이르시되 할 수 있거든이 무슨 말이냐 믿는 자에게는 능치 못할 일이 없느니라(막 9:23)

⑩ And these signs will accompany those who believe: In my name they will drive out demons; they will speak in new tongues; they will pick up snakes with their hands; and when they drink deadly poison, it will not hurt them at all; they will place their hands on sick people, and they will get well.(MK 16:17-18)
믿는 자들에게는 이런 표적이 따르리니 곧 그들이 내 이름으로 귀신을 쫓아내며 새 방언을 말하며 뱀을 집어 올리며 무슨 독을 마실지라도 해를 받지 아니하며 병든 사람에게 손을 얹은즉 나으리라(막 16:17-18)

⑪ At that very time Jesus cured many who had diseases, sickness and evil spirits, and gave sight to many who were blind. (LK 7:21)
마침 그 때에 예수께서 질병과 고통과 및 악귀들린 자를 많이 고치시며 또 많은 맹인을 보게 하신지라(눅 7:21)

⑫ And a woman was there who had been subject to bleeding for twelve years but no one could heal her. She came up behind him and touched the edge of his cloak, and immediately her bleeding stopped.(LK 8:43-44)

□ be subject to ~을 겪다, 받다

이에 열두 해를 혈루증으로 앓는 중에 아무에게도 고침을 받지 못하던 여자가 예수의 뒤로 와서 그의 옷 가에 손을 대니 혈루증이 즉시 그쳤더라(눅 8:43-44)

⑬ I have given you authority to trample on snakes and scorpions and to overcome all the power of enemy; nothing will harm you.(LK 10:19)

내가 너희에게 뱀과 전갈을 밟으며 원수의 모든 능력을 제어할 권능 주었으니 너희를 해칠 자가 결코 없으리라(눅 10:19)

⑭ Yet to all who received him, to those who believed in his name, he gave the right to become children of God – children born not of natural descent, nor of human decision or a husband's will, but born of God.(JN 1:12-13)

□ descent 가계, 혈통, 하강

영접하는 자 곧 그 이름을 믿는 자들에게는 하나님의 자녀가 되는 권세를 주셨으니 이는 혈통으로나 육정으로나 사람의 뜻으로 나지 아니하고 오직 하나님께로부터 난 자들이니라(요 1:12-13)

⑮ "While I am in the world, I am the light of the world." Having said this, he spit on the ground, made some mud with the saliva, and put it on the man's eyes. "Go," he told him, "wash in the Pool of Siloam"(this word means Sent). So the man went and washed, and came home seeing.(JN 9:5-7)

□ spit, spit, spit / spit, spat, spat 침을 뱉다 / saliva 침, 타액

내가 세상에 있는 동안에는 세상의 빛이로라 이 말씀을 하시고 땅에 침을 뱉어 진흙을 이겨 그의 눈에 바르시고 이르시되 실로암 못에 가서 씻으라 하시니(실로암은 번역하면 보냄을 받았다는 뜻이라)이에 가서 씻고 밝은 눈으로 왔더라(요 9:5-7)

⑯ When he had said this, Jesus called in a loud voice, "Lazarus, come out!" The dead man came out, his hands and feet wrapped with strips of linen, and a cloth around his face. Jesus said to them, "Take off the grave clothes and let him go." (JN 11:43-44)

ㅁ grave clothes 시체에게 입히는 옷, 수의(壽衣)

이 말씀을 하시고 큰 소리로 나사로야 나오라 부르시니 죽은 자가 수족을 베로 동인 채로 나오는데 그 얼굴은 수건에 싸였더라 예수께서 이르시되 풀어 놓아 다니게 하라 하시니라(요 11:43-44)

⑰ **It is not for you to know the times or the dates the Father has set by his own authority. But you will receive power when the Holy Spirit comes on you; and you will be my witnesses in Jerusalem, and in all Judea and Samaria, and to the ends of the earth.(AC 1:7-8)**

ㅁ by his own authority 자기의 권한에 / witness 증인

때와 시기는 아버지께서 자기의 권한에 두셨으니 너희가 알 바 아니요 오직 성령이 너희에게 임하시면 너희가 권능을 받고 예루살렘과 온 유대와 사마리아와 땅 끝까지 이르러 내 증인이 되리라(행 1:7-8)

⑱ **When all the people saw him walking and praising God, they recognized him as the same man who used to sit begging at the temple gate called Beautiful, and they were filled with wonder and amazement at what had happened to him. (AC 3:9-10)**

ㅁ the temple gate called Beautiful 성전 미문

모든 백성이 그 걷는 것과 하나님을 찬송함을 보고 그가 본래 성전 미문에 앉아 구걸하던 사람인줄 알고 그에게 일어난 일로 인하여 심히 놀랍게 여기며 놀라니라(행 3:9-10)

⑲ **All the believers were one in heart and mind. No one claimed that any of his possessions was his own, but they shared everything they had. With great power the apostles continued to testify to the resurrection of the Lord Jesus and much grace was upon them all.(AC 4:32-33)**

ㅁ testify to ~을 증언하다 / resurrection 부활

믿는 무리가 한마음과 한 뜻이 되어 모든 물건을 서로 통용하고 자기 재물을 조금이라도 자기 것이라 하는 이가 하나도 없더라 사도들이 큰 권능으로 주 예수의 부활을 증언하니 무리가 큰 은혜를 받아 (행 4:32-33)

⑳ **Finally Paul became so troubled that he turned around and said to the spirit, "In the name of Jesus Christ I command you to come out of her!" At that moment the spirit left her. When the owners of the slave girl realized that their hope of** making money was gone, they seized Paul and Silas and dragged them into the market place to face the authorities.(AC 16:18-19)

ㅁ face the authorities 관리들을 대면시키다

바울이 심히 괴로워하여 돌이켜 그 귀신에게 이르되 예수 그리스도의 이름으로 내가 네게 명하노니 그에게서 나오라 하니 귀신이 즉시 나오니라 여종의 주인들은 자기 수익의 소망이 끊어진 것을 보고 바울과 실라를 붙잡아 장터로 관리들에게 끌어 갔다가(AC 16:18-19)

㉑ Everyone must submit himself to the governing authorities, for there is no authority except that which God has established. The authorities that exist have been established by God. (RO 13:1)

각 사람은 위에 있는 권세들에게 복종하라 권세는 하나님으로부터 나지 않음이 없나니 모든 권세는 다 하나님께서 정하신 바라(롬 13:1)

㉒ Finally, be strong in the Lord and in his mighty power. Put on the full armor of God so that you can take your stand against the devil's schemes.(EPH 6:10-11)

ㅁ take one's stand against ~ 와 맞서다, 대적하다

끝으로 너희가 주 안에서와 그 힘의 능력으로 강건하여지고 마귀의 간계를 능히 대적하기 위하여 하나님의 전신 갑주를 입으라 (엡 6:10-11)

㉓ I can do everything through him who gives me strength. (PHP 4:13)

내게 능력 주시는 자 안에서 내가 모든 것을 할 수 있느니라(빌 4:13)

㉔ Do not neglect your gift, which was given you through a prophetic message when the body of elders laid their hands on you. Be diligent in these matters; give yourself wholly to them, so that everyone may see your progress.(1TI 4:14-15)

ㅁ the body of elders 장로들의 모임

네 속에 있는 은사 곧 장로의 회에서 안수 받을 때에 예언을 통하여 받은 것을 가볍게 여기지 말며 이 모든 일에 전심전력하여 너의 성숙함을 모든 사람에게 나타나게 하라(딤전 4:14-15)

㉕ God did not give us a spirit of timidity, but a spirit of power, of love and of self-discipline.(2TI 1:7)

ㅁ timidity 겁, 소심 cf) timid 겁 많은 / self-discipline 근신, 자기 훈련

하나님이 우리에게 주신 것은 두려워하는 마음이 아니요 오직 능력과

사랑과 근신하는 마음이니(딤후 1:7)

㉖ **The prayer offered in faith will make the sick person well; the Lord will raise him up. If he has sinned, he will be forgiven. Therefore confess your sins to each other and pray for each other so that you may be healed. The prayer of a righteous man is powerful and active.(JAS 5:15-16)**

- make the sick person well ~병든 자들을 건강하게(형용사)만들다
- The prayer offered in faith 믿음의 기도, offered는 과거분사로 The prayer 수식 / the prayer of a righteous man 의인의 간구

믿음의 기도는 병든 자를 구원하리니 주께서 그를 일으키시리라 혹시 죄를 범하였을지라도 사하심을 받으리라 그러므로 너희 죄를 서로 고하며 병 낫기를 위하여 서로 기도하라 의인의 간구는 역사하는 힘이 많으니라(약 5:15-16)

† Golden Rule

○ **I can do everything through him who gives me strength. (PHP 4:13)**
내게 능력 주시는 자 안에서 내가 모든 것을 할 수 있느니라 (빌 4:13)

† Word & ♬ Hymn

○ **but those who hope in the LORD will renew their strength. They will soar on wings like eagles; they will run and not grow weary, they will walk and not be faint.(ISA 40:31)**
오직 여호와를 앙망하는 자는 새 힘을 얻으리니 독수리가 날개치며 올라감 같을 것이요 달음박질하여도 곤비하지 아니하겠고 걸어가도 피곤하지 아니하리로다(사 40:31)

주를 앙모하는 자 354
They that wait upon the Lord

주를 앙모하는 자
They that wait upon the Lord,
▫ wait upon ~을 모시다, 받들다

올라가 올라가
Shall mount up, Shall mount up,

독수리 같이
Like eagles in flight

모든 싸움 이기고
Fears and follies cast away
▫ cast away 근심, 걱정을 떨쳐버리다

근심걱정 벗은 후
They shall conquer in the fray
▫ fray 싸움, 소동

올라가 올라가
Mounting up, mounting up!

독수리 같이
Like eagles their might

주 앙모하는 자
Who wait upon the Lord,

주 앙모하는 자
Who wait upon the Lord,

주 앙모 하는 자
Who wait upon the Lord,

늘 강건하리라
In strength shall be restor'd!

KEY WORD • 8

354 주를 앙모하는 자

(통 394)

They that wait upon the Lord

(Isa 사 40:31)

신정 찬송가, 1931

분투와 승리

MOUNTING UP: 7.6.5.7.7.6.5.REF.

신정 찬송가, 1931

9

근면
Diligence

Key Expression & Word
- 부지런한 diligent – 4, 5 ↔ 게으른 lazy – 4, 15 / idle – 22
- 깨어 있다 stay awake – 8 / keep watch – 12, 13 / be alert – 21, 24
- 준비하다 be ready – 12 • 근신하다 be self-controlled – 21, 24

① **The LORD God took the man and put him in the garden of Eden to work it and take care of it.(GE 3:15)**

□ work 경작하다, 경영하다

여호와 하나님이 그 사람을 이끌어 에덴동산에 두어 그것을 경작하며 지키게 하시고(창 3:15)

② **By the sweat of your brow you will eat your food until you return to the ground, since from it you were taken; for dust you are and to dust you will return.(GE 3:19)**

네가 흙으로 돌아갈 때까지 얼굴에 땀을 흘려야 먹을 것을 먹으리니 네가 그것에서 취함을 입었음이라 너는 흙이니 흙으로 돌아갈 것이니라(창 3:19)

③ **Those who sow in tears will reap with songs of joy. He who goes out weeping, carrying seed to sow, will return with songs of joy, carrying sheaves with him.(PS 126:5-6)**

□ sow in tears 눈물을 흘리며 씨를 뿌리다 / sheaf 곡식의 단 pl. sheaves

눈물을 흘리며 씨를 뿌리는 자는 기쁨으로 거두리로다 울며 씨를 뿌리러 나가는 자는 반드시 기쁨으로 그 곡식 단을 가지고 돌아오리로다(시 126:5-6)

④ **Lazy hands make a man poor, but diligent hands bring wealth.(PR 10:4)**

손을 게으르게 놀리는 자는 가난하게 되고 손이 부지런한 자는 부하게 되느니라(잠 10:4)

⑤ **Diligent hands will rule, but laziness ends in slave labor.(PR 12:24)**

부지런한 자의 손은 사람을 다스리게 되어도 게으른 자는 부림을 받느니라(잠 12:24)

⑥ **One who is slack in his work is brother to one who destroys.(PR 18:9)**

▫ be slack in ~ 을 게을리 하다

자기 일을 게을리 하는 자는 패가하는 자의 형제니라(잠 18:9)

⑦ **The sluggard buries his hand in the dish; he will not even bring it back to his mouth.(PR 19:24)**

▫ The sluggard 게으른 자

게으른 자는 자기의 손을 그릇에 넣고서도 입으로 올리기를 괴로워하느니라(잠 19:24)

⑧ **Do not love sleep or you will grow poor; stay awake and you will have food to spare.(PR 20:13)**

너는 잠자기를 좋아하지 말라 네가 빈궁하게 될까 두려우니라 네 눈을 뜨라 그리하면 양식에 족하리라(잠 20:13)

⑨ **A little sleep, a little slumber, a little folding of the hands to rest – and poverty will come on you like a bandit and scarcity like an armed man.(PR 24:33-34)**

▫ slumber 졸음, 졸다 / fold 접다 / bandit 도둑, 강도 / scarcity 부족, 결핍 scarcity 다음에 'will come on you' 생략

네가 좀 더 자자, 좀 더 졸자, 손을 모으고 좀 더 누워 있자 하니 네 빈궁이 강도같이 오며 네 곤핍이 군사같이 이르리라(잠 24:33-34)

⑩ **Whatever your hand finds to do, do it with all your might. for in the grave, where you are going, there is neither working nor planning nor knowledge nor wisdom.(ECC 9:10)**

네 손이 일을 얻는 대로 힘을 다하여 할지어다 네가 장차 들어갈 스올에는 일도 없고 계획도 없고 지식도 없고 지혜도 없음이니라(전 9:10)

⑪ **Then he said to his disciples, "The harvest is plentiful but the workers are few. Ask the Lord of harvest, therefore, to send out workers into his harvest field."(MT 9:37-38)**

이에 제자들에게 이르시되 추수할 것은 많되 일꾼이 적으니 그러므로 추수하는 주인에게 청하여 추수할 일꾼들을 보내주소서 하라 하시니라(마 9:37-38)

⑫ **If the owner of the house had known at what time of night the thief was coming, he would have kept watch and would**

not have let his house be broken into. So you also must be ready, because the Son of Man will come at an hour when you do not expect him.(MT 24:43-44)
만일 집 주인이 도둑이 어느 시각에 올 줄 알았더라면 깨어 있어 그 집을 뚫지 못하게 하였으리라 이러므로 너희도 준비하고 있으라 생각하지 않은 때에 인자가 오리라(마 24:43-44)

⑬ Therefore keep watch, because you do not know the day or the hour.(MT 25:13)

□ keep watch 깨어 있다

그러므로 깨어 있어라 너희는 그 날과 그 때를 알지 못하느니라(마 25:13)

⑭ The man who had received five talents brought the other five. 'Master,' he said, 'you entrusted me with five talents. See, I have gained five more.' "His master replied, 'Well done, good and faithful servant! You have been faithful with a few things: I will put you in charge of many things. Come and share your master's happiness!' "(MT 25:20-21)
또 다섯 달란트를 받았던 자는 다섯 달란트를 더 가지고 와서 이르되 주인이여 내게 다섯 달란트를 주셨는데 보소서 내가 또 다섯 달란트를 남겼나이다 그 주인이 이르되 잘하였도다 착하고 충성된 종아 네가 적은 일에 충성하였으매 내가 많은 것을 네게 맡기리니 네 주인의 즐거움에 참여할 지어다(마 25:20-21)

⑮ "Then the man who had received the one talent came. 'Master,' he said, 'I knew that you are a hard man, harvesting where you have not sown and gathering where you have not scattered seed. So I was afraid and went out and hid your talent in the ground. See, here is what belongs to you.' His master replied, 'You wicked, lazy servant! So you knew that I harvest where I have not sown and gather where I have not scattered seed?' "(MT 25:24-26)
한 달란트 받은 자는 와서 이르되 주인이여 당신은 굳은 사람이라 심지 않은 데서 거두고 헤치지 않은 데서 모으는 줄을 내가 알았으므로 두려워하여 나가서 당신의 달란트를 땅에 감추어 두었었나이다 보소서 당신의 것을 가지셨나이다 그 주인이 대답하여 이르되 악하고 게으른 종아 나는 심지 않은 데서 거두고 헤치지 않은 데서 모으는 줄로 네가 알았느냐(마 25:24-26)

⑯ **Jesus said to them, "My Father is always at his work to this very day, and I, too, am working."(JN 5:17)**
예수께서 그들에게 이르시되 내 아버지께서 이제까지 일하시니 나도 일한다(요 5:17)

⑰ **As long as it is day, we must do the work of him who sent me. Night is coming, when no one can work.(JN 9:4)**
때가 아직 낮이매 나를 보내신 이의 일을 우리가 하여야 하리라 밤이 오리니 그때는 아무도 일 할 수 없느니라(요 9:4)

⑱ **Whoever sows sparingly will also reap sparingly, and whoever sows generously will also reap generously.(2CO 9:6)**

□ sparingly 적게, 부족하게 ↔ generously 많이, 풍족하게

적게 심는 자는 적게 거두고 많이 심는 자는 많이 거둔다(고후 9:6)

⑲ **Slaves, obey your earthly masters with respect and fear, and with sincerity of heart, just as you would obey Christ. Obey them not only to win their favor when their eye is on you, but like slaves of Christ, doing the will of God from your heart. Serve wholeheartedly, as if you were serving the Lord, not men. (EPH 6:5-7)**

□ not only to win their favor when their eye is on you: 눈가림만 하여 사람을 기쁘게 하는 자처럼 하지 말고

종들아 두려워하고 떨며 성실한 마음으로 육체의 상전에게 순종하기를 그리스도께 하듯 하라 눈가림만 하여 사람을 기쁘게 하는 자처럼 하지 말고 그리스도의 종들처럼 마음으로 하나님의 뜻을 행하고 기쁜 마음으로 섬기기를 주께 하듯 하고 사람들에게 하듯 하지 말라(엡 6:5-7)

⑳ **Whatever you do, work at it with all your heart, as working for the Lord, not for men, since you know that you will receive an inheritance from the Lord as a reward.(COL 3:23-24)**
무슨 일을 하든지 마음을 다하여 주께 하듯 하고 사람에게 하듯 하지 말라 이는 유업의 상을 주께 받을 줄 앎이니(골 3:23-24)

㉑ **You are all sons of the light and sons of the day. We do not belong to the night or to the darkness. So then, let us not be like others, who are asleep, but let us be alert and self-controlled.(1TH 5:5-6)**
너희는 다 빛의 아들이요 낮의 아들이라 우리가 밤이나 어두움에 속하지 아니하나니 그러므로 우리는 다른 이들과 같이 자지 말고 오직 깨어

정신을 차릴지라(살전 5:5-6)

㉒ **In the name of the Lord Jesus Christ, we command you, brothers, to keep away from every brother who is idle and does not live according to the teaching you received from us. (2TH 3:6)**

ㅁ keep away from ~ 로부터 떠나다

형제들아 우리 주 예수 그리스도의 이름으로 너희를 명하노니 게으르게 행하고 우리에게서 받은 전통대로 행하지 아니하는 모든 형제에게서 떠나라(살후 3:6)

㉓ **If a man will not work, he shall not eat.(2TH 3:10)**
누구든지 일하기 싫어하거든 먹지도 말게 하라(살후 3:10)

㉔ **Be self-controlled and alert. Your enemy the devil prowls around like a roaring lion looking for someone to devour. Resist him, standing firm in the faith, because you know that your brothers throughout the world are undergoing the same kind of sufferings.(1PE 5:8-9)**

ㅁ prowl around 배회하다 / roar 으르렁거리다 / devour 게걸스럽게 먹다

근신하라 깨어라 너희 대적 마귀가 우는 사자같이 두루 다니며 삼킬 자를 찾나니 너희는 믿음을 굳건하게 하여 그를 대적하라 이는 세상에 있는 너희 형제들도 동일한 고난을 당하는 줄 앎이라(벧전 5:8-9)

† Golden Rule

○ **If a man will not work, he shall not eat.(2TH 3:10)**
누구든지 일하기 싫어하거든 먹지도 말게 하라(살후 3:10)

† Word & ♬ Hymn

● **Then he said to his disciples, "The harvest is plentiful but the workers are few."(MT 9:37)**
이에 제자들에게 이르시되 추수할 것은 많되 일꾼이 적으니(마 9:37)

넓은 들에 익은 곡식 589
Far and near the fields are teeming

넓은 들에 익은 곡식
Far and near the fields are teeming
- Far and near 여기 저기에
- teem 충만하다, 넘치다 teeming 넘치는

어디든지 태양빛에
Far and near their gold is gleaming
- gleam 빛나다, 번쩍이다 gleaming 빛나는
- ripened = ripe 익은

무르익은 곡식들은
Lord of harvest, send forth reapers!
- send forth 파견하다, 보내다 / reaper 추숫꾼

때가 지나 가기 전에
Send them now the sheaves to gather,
- the sheaves to gather 거둬들일 단들

황금물결 뒤치며
With the waves of ripened grain;
- ripened = ripe 익은

향기 진동 하도다
O'er the sunny slope and plain.
- slope 경사지 / plain 평야

낫을 기다리는데
Hear us, Lord to Thee we cry;

어서 추수 합시다 아 멘
Ere the harvest time pass by. Amen
- ere = before의 시어, 고어

(통 308)

감사절

넓은 들에 익은 곡식

589

Far and near the fields are teeming

(Mt 마 9:37)

J. O. Thompson, 1885

REAPERS: 8.7.8.7.REF.

J. B. O. Clemm, 1885

보통으로

10

기도와 간구

Prayer & Petition

Key Expression & Word

▶ 기도 prayer – 6, 8, 12, 14, 16, 19, 24, 25

- 기도하다 pray – 1, 4, 5, 14, 17, 20 • 간절히 기도하다 pray earnestly – 13
- 기도하다 pray, " ~ " – 9 / pray that S V – 26

▶ 간구 petition – 19

- 간구하다 plead (with God) to RV – 18
- 구하다 ask – 3, 7, 12, 15, 21, 22, 23
- 하나님께 구하다 beg God – 10 / beg God to RV – 11

① **I prayed for this child, and the LORD has granted me what I asked of him. So now I give him to the LORD. For his whole life he will be given over to the LORD.(1SA 1:27-28)**

□ give over O to ~에게 ~을 맡기다

이 아이를 위하여 내가 기도하였더니 내가 구하여 기도한 바를 여호와께서 내게 허락하신지라 그러므로 나도 그를 여호와께 드리되 그의 평생을 여호와께 드리나이다(삼상 1:27-28)

② **Create in me a pure heart, O God, and renew a steadfast spirit within me. Do not cast me from your presence or take your Holy Spirit from me. Restore to me the joy of your salvation and grant me a willing spirit, to sustain me.(PS 51:10-12)**

□ cast 내던지다 / grant 사람 + 사물; ~에게 ~을 허락하다

하나님이여 내 속에 정한 마음을 창조하시고 내 안에 정직한 영을 새롭게 하소서 나를 주 앞에서 쫓아내지 마시며 주의 성령을 내게서 거두지 마소서 주의 구원의 즐거움을 내게 회복시켜 주시고 자원하는 심령을 주사 나를 붙드소서(시 51:10-12)

③ **Two things I ask of you, O LORD; do not refuse me before I die: Keep falsehood and lies far from me; give me neither poverty nor riches, but give me only my daily bread.(PR 30:7-8)**

□ ask 사물 of 사람 ~을 ~에게 구하다 / falsehood and lies 헛된 것과 거짓말

내가 두 가지 일을 주께 구하였사오니 내가 죽기 전에 내게 거절하지 마시옵소서 곧 헛된 것과 거짓말을 내게서 멀리 하옵시며 나를 가난하게도 마옵시고 부하게도 마옵시고 오직 필요한 양식으로 나를 먹이시옵소서(잠 30:7-8)

④ **When you pray,** go into your room, close the door and pray to your Father, who is unseen. Then your Father, who sees what is done in secret, will reward you.(MT 6:6)
너는 기도할 때에 네 골방에 들어가 문을 닫고 은밀한 중에 계신 네 아버지께 기도하라 은밀한 중에 보시는 네 아버지께서 갚으시리라(마 6:6)

⑤ **When you pray,** do not keep on babbling like pagans, for they think they will be heard because of their many words.(MT 6:7)

▫ keep on ~ing 계속해서 ~ 하다 / babble 중언부언(떠듬거리며) 말하다 / pagan 이방인, 이교도

기도할 때에 이방인과 같이 중언부언 하지 말라 그들은 말을 많이 하여야 들으실 줄 생각하느니라(마 6:7)

⑥ **The Lord's Prayer**(MT 6:9-13)
Our Father in heaven,
Hallowed be your name.
Your Kingdom come.
Your will be done on earth, as it is in heaven.
Give us today our daily bread.
Forgive us our debts, as we also have forgiven our debtors.
And lead us not into temptation,
but deliver us from the evil one.
(For yours is the kingdom and the power and the glory, for ever, Amen.)

주기도문(마 6:9-13)
하늘에 계신 우리 아버지여,
이름이 거룩히 여김을 받으시오며,
나라가 임하시오며,
뜻이 하늘에서 이루어진 것같이 땅에서도 이루어지이다.
오늘 우리에게 일용할 양식을 주시옵고,
우리가 우리에게 죄 지은 자를 사하여 준 것같이

우리 죄를 사하여 주시옵고,
우리를 시험에 들게 하지 마시옵고,
다만 악에서 구하시옵소서.
나라와 권능과 영광이 아버지께 영원히 있사옵나이다. 아멘.

⑦ **Ask, and it will be given to you; Seek and you will find; Knock and the door will be opened to you. For everyone who asks receives; he who seeks finds; and to him who knocks, the door will be opened. Which of you, if his son asks for bread, will give him a stone? Or if he asks for a fish, will give him a snake? If you, then, though you are evil, know how to give good gifts to your children, how much more will your Father in heaven give good gifts to those who ask him!(MT 7:7-11)**

구하라 그리하면 너희에게 주실 것이요 찾으라 그리하면 찾아낼 것이요 문을 두드리라 그리하면 너희에게 열릴 것이니 구하는 이마다 받을 것이요 찾는 이는 찾아낼 것이요 두드리는 이에게는 열릴것이니라 너희 중에 누가 아들이 떡을 달라 하는데 돌을 주며 생선을 달라 하는데 뱀을 줄 사람이 있겠느냐 너희가 악한 자라도 좋은 것을 자식에게 줄 줄 알거든 하물며 하늘에 계신 너희 아버지께서 구하는 자에게 좋은 것으로 주시지 않겠느냐(마 7:7-11)

⑧ **If you believe, you will receive whatever you ask for in prayer. (MT 21:22)**

너희가 기도할 때에 무엇이든지 믿고 구하는 것은 다 받으리라 (마 21:22)

⑨ **Going a little farther, he fell with his face to the ground and prayed, "My Father, if it is possible, may this cup be taken from me. Yet not as I will, but as you will."(MT 26:39)**

□ with his face to the ground 얼굴을 땅에 대시고 / will 원하다, 바라다

조금 나아가사 얼굴을 땅에 대시고 엎드려 기도하여 이르시되 내 아버지여 만일 할 만하시거든 이 잔을 내게서 지나가게 하옵소서 그러나 나의 원대로 마옵시고 아버지의 원대로 하옵소서(마 26:39)

⑩ **A man with leprosy came to him and begged him on his knees, "If you are willing, you can make me clean." Filled with compassion, Jesus reached out his hand and touched the man. "I am willing," he said. "Be clean!" Immediately the leprosy left him and he was cured.(MK 1:40-42)**

한 나병환자가 예수께 와서 꿇어 엎드려 간구하여 이르되 원하시면 저를 깨끗하게 하실 수 있나이다 예수께서 불쌍히 여기사 손을 내밀어 그에게 대시며 이르시되 내가 원하노니 깨끗함을 받으라 하시니 곧 나병이 그 사람에게서 떠나가고 깨끗하여진지라(MK 1:40-42)

⑪ **And wherever he went – into villages, towns or countryside – they placed the sick in the marketplaces. They begged him to let them touch even the edge of his cloak, and all who touched him were healed.(MK 6:56)**
아무데나 예수께서 들어가시는 지방이나 도시나 마을에서 병자를 시장에 두고 예수께 그의 옷 가에라도 손을 대게 하시기를 간구하니 손을 대는 자는 다 성함을 얻었느니라(막 6:56)

⑫ **Whatever you ask for in prayer, believe that you have received it and it will be yours.(MK 11:24)**
무엇이든지 기도하고 구하는 것은 받은 줄로 믿으라 그리하면 너희에게 그대로 되리라(막 11:24)

⑬ **Being in anguish, he prayed more earnestly, and his sweat was like drops of blood falling to the ground.(LK 22:44)**
- pray earnestly 간절히 기도하다

예수께서 힘쓰고 애써 더욱 간절히 기도하시니 땀이 땅에 떨어지는 핏방울같이 되더라(눅 22:44)

⑭ **When he rose from prayer and went back to the disciples, he found them asleep, exhausted from sorrow. "Why are you sleeping?" he asked them. "Get up and pray so that you will not fall into temptation."(LK 22:45-46)**
기도 후에 일어나 제자들에게 가서 슬픔으로 인하여 잠든 것을 보시고 이르시되 어찌하여 자느냐 시험에 들지 않게 일어나 기도하라 하시니라(눅 22:45-46)

⑮ **And I will do whatever you ask in my name, so that the Son may bring glory to the Father. You may ask me for anything in my name, and I will do it.(JN 14:13-14)**
너희가 내 이름으로 무엇을 구하든지 내가 시행하리니 이는 아버지로 하여금 아들을 인하여 영광을 얻으시게 하려 함이라 내 이름으로 무엇이든지 내게 구하면 내가 행하리라(요 14:13-14)

⑯ Then they returned to Jerusalem from the hill called the Mount of Olives, a Sabbath day's walk from the city. When they arrived, they went upstairs to the room where they were staying. Those present were Peter, John, James and Andrew; Philip and Thomas, Bartholomew and Matthew; James son of Alphaeus and Simon the Zealot, and Judas son of James. They all joined together constantly in prayer, along with the women and Mary the mother of Jesus, and with his brothers.(AC 1:12-14)
제자들이 감람원이라 하는 산으로부터 예루살렘에 돌아오니 이 산은 예루살렘에서 가까워 안식일에 가기 알맞은 길이라 들어가 그들이 유하는 다락방으로 올라가니 베드로, 요한, 야고보, 안드레와 빌립, 도마와 바돌로매, 마태와 및 알패오의 아들 야고보, 셀롯인 시몬, 야고보의 아들 유다가 다 거기 있어 여자들과 예수의 어머니 마리아와 예수의 아우들과 더불어 마음을 같이하여 오로지 기도에 힘쓰더라(행 1:12-14)

⑰ Peter sent them all out of the room; then he got down on his knees and prayed. Turning toward the dead woman, he said, "Tabitha, get up." She opened her eyes, and seeing Peter she sat up. He took her by the hand and helped her to her feet. Then he called the believers and the widows and presented her to them alive.(AC 9:40-41)
베드로가 사람을 다 내보내고 무릎을 꿇고 기도하고 돌이켜 시체를 향하여 이르되 다비다야 일어나라 하니 그가 눈을 떠 베드로를 알아보고 일어나 앉는지라 베드로가 손을 내밀어 일으키고 성도들과 과부들을 불러 들여 그가 살아난 것을 보이니(행 9:40-41)

⑱ Three times I pleaded with the Lord to take it away from me. But he said to me, "My grace is sufficient for you, for my power is made perfect in weakness." Therefore I will boast all the more gladly about my weakness, so that Christ's power may rest on me.(2CO 12:8-9)

□ plead with O to 부정사 ~에게 ~해달라고 간청하다

이것이 내게서 떠나가게 하기 위하여 내가 세 번 주께 간구하였더니 나에게 이르시기를 나의 은혜가 네게 족 하도다 이는 내 능력이 약한 데서 온전하여짐이라 하신지라 그러므로 도리어 크게 기뻐함으로 나의 여러 약한 것들에 대하여 자랑하리니 이는 그리스도의 능력이 내게 머물게 하려 함이라(2CO 12:8-9)

⑲ **Do not be anxious about anything, but in everything, by prayer and petition, with thanksgiving, present your requests to God. And the peace of God, which transcends all understanding, will guard your hearts and minds in Christ Jesus.(PHP 4:6-7)**
아무것도 염려하지 말고 다만 모든 일에 기도와 간구로, 너희 구할 것을 감사함으로 하나님께 아뢰라 그리하면 모든 지각에 뛰어난 하나님의 평강이 그리스도 예수 안에서 너희 마음과 생각을 지키시리라 (빌 4:6-7)

⑳ **Be joyful always; pray continually; give thanks in all circumstances, for this is God's will for you in Christ Jesus. (1TH 5:16-18)**
항상 기뻐하라 쉬지 말고 기도하라 범사에 감사하라 이는 그리스도 예수 안에서 너희를 향하신 하나님의 뜻이니라(살전 5:16-18)

㉑ **If any of you lacks wisdom, he should ask God, who gives generously to all without finding fault, and it will be given to him.(JAS 1:5)**
□ give generously 후히 주시다
너희 중에 누구든지 지혜가 부족하거든 모든 사람에게 후히 주시고 꾸짖지 아니하시는 하나님께 구하라 그리하면 주시리라(약 1:5)

㉒ **But when he asks, he must believe and not doubt, because he who doubts is like a wave of the sea, blown and tossed by the wind. That man should not think he will receive anything from the Lord.(JAS 1:6-7)**
오직 믿음으로 구하고 조금도 의심하지 말라 의심하는 자는 바람에 밀려 요동하는 바다물결 같으니 이런 사람은 무엇이든지 주께 얻기를 생각하지 말라(약 1:6-7)

㉓ **When you ask, you do not receive, because you ask with wrong motives, that you may spend what you get on your pleasures. (JAS 4:3)**
□ spend A(what you get) on B(your pleasures) A(시간, 노력)를 B에 쓰다
구하여도 받지 못하는 것은 정욕으로 쓰려고 잘못 구하기 때문이라 (약 4:3)

㉔ **The prayer offered in faith will make the sick person well; the Lord will raise him up. If he has sinned, he will be forgiven. Therefore confess your sins to each other and pray for each**

other so that you may be healed. The prayer of a righteous man is powerful and active.(JAS 5:15-16)

- make the sick person well: ~병든자들을 건강하게(형용사)만들다
- The prayer offered in faith 믿음의 기도 ; offered는 과거분사로 The prayer 수식
- the prayer of a righteous man 의인의 간구

믿음의 기도는 병든 자를 구원하리니 주께서 그를 일으키시리라 혹시 죄를 범하였을지라도 사하심을 받으리라 그러므로 너희 죄를 서로 고하며 병 낫기를 위하여 서로 기도하라 의인의 간구는 역사하는 힘이 많으니라(약 5:15-16)

㉕ **The end of the world is coming soon. Therefore, be earnest and disciplined in your prayers.(1PE 4:7)**
만물의 마지막이 가까왔으니 그러므로 너희는 정신을 차리고 근신하여 기도하라(벧전 4:7)

㉖ **Dear friend, I pray that you may enjoy good health and that all may go well with you, even as your soul is getting along well.(3JN 1:3)**

- get along well, go well with ~ 잘되다 / enjoy good health 강건하다

사랑하는 자여 네 영혼이 잘 됨같이 네가 범사에 잘되고 강건하기를 내가 간구하노라(요삼 1:3)

† Golden Rule

- **Ask, and it will be given to you; Seek and you will find; Knock and the door will be opened to you.(MT 7:7)**
  구하라 그리하면 너희에게 주실 것이요 찾으라 그리하면 찾아낼 것이요 문을 두드리라 그리하면 너희에게 열릴 것이니(마 7:7)

† Word & ♬ Hymn

○ **They all joined together constantly in prayer, along with the women and Mary the mother of Jesus, and with his brothers. (AC 1:14)**
여자들과 예수의 어머니 마리아와 예수의 아우들과 더불어 마음을 같이 하여 오로지 기도에 힘쓰더라(행 1:14)

내 기도하는 그 시간 364
Sweet hour of prayer

내 기도하는 그 시간
Sweet hour of prayer, sweet hour of prayer,

그 때가 가장 즐겁다
That calls me from a world of care
- calls me 나를 부른다
- a world of care 세상 근심

이 세상 근심 걱정에
And bids me at my Father's throne,
- bids me at my Father's throne 나를 아버지 보좌에 오라 명한다

얽매인 나를 부르사
Make all my wants and wishes known!
- Make O known! ~을 들어 주소서!(기도문)

내 진정 소원 수 앞에
In seasons of distress and grief,
- in seasons of ~ 할 때마다

날날이 바로 아뢰이
My soul has often found relief,

큰 불행 당해 슬플 때
And oft escaped the tempter's snare,
- oft = often / tempter's snare 사탄의 덫

나 위로 받게 하시네
By Thy return, sweet hour of prayer.
- by Thy return 하나님의 응답을 받는 즉시

KEY WORD • 10

(통 482)

기도와 간구

364 내 기도하는 그 시간

Sweet hour of prayer

(Ac 행 1:14)

W. W. Walford, c. 1845

SWEET HOUR: 8.8.8.8.D.

W. B. Bradbury, 1861

11

미래와 소망
Future & Hope

Key Expression & Word

- 소망 hope – 9, 11, 12 • 소망하다 hope for – 11 / hope that – 15
- 소망을 두다 put hope in – 3 • 앙망하다(믿다) hope in (God) – 5

① **When he reached a certain place, he stopped for the night because the sun had set. Taking one of the stones there, he put it under his head and lay down to sleep. He had a dream in which he saw a stairway resting on the earth, with its top reaching to heaven, and the angels of God were ascending and descending on it. There above it stood the LORD, and he said: "I am the LORD, the God of your father Abraham and the God of Isaac. I will give you and your descendants the land on which you are lying."(GE 28:11-13)**

□ ~ saw a stairway resting on the earth 사닥다리가 땅 위에 섰는데

한 곳에 이르러는 해가 진지라 거기서 유숙하려고 그 곳의 한 돌을 가져다가 베개로 삼고 거기 누워 자더니 꿈에 본즉 사닥다리가 땅 위에 섰는데 그 꼭대기가 하늘에 닿았고 또 본즉 하나님의 사자들이 그 위에서 오르락내리락하고 또 본즉 여호와께서 그 위에 서서 이르시되 나는 여호와니 너희 조부 아브라함의 하나님이요 이삭의 하나님이라 네가 누워있는 땅을 너와 네 자손에게 주리니(창 28:11-13)

② **For his anger lasts only a moment, but his favor lasts a life time; weeping may remain for a night, but rejoicing comes in the morning.(PS 30:5)**

□ last 지속하다 / weeping 울음, weep 울다 / rejoicing 기쁨, rejoice 기뻐하다

그의 노염은 잠깐이요 그의 은총은 평생이로다 저녁에는 울음이 깃들지라도 아침에는 기쁨이 오리로다(시 30:5)

③ **Why are you downcast, O my soul? Why so disturbed within me? Put your hope in God, for I will yet praise him, my Savior and my God.(PS 42:5-6)**

▫ downcast 기가 꺾인

내 영혼아 네가 어찌하여 낙심하며 어찌하여 내 속에서 불안해 하는가 너는 하나님께 소망을 두라 그가 나타나 도우심으로 말미암아 내가 여전히 찬송하리로다(시 42:5-6)

④ **When calamity comes, the wicked are brought down, but even in death the righteous have a refuge.(PR 14:32)**

▫ bring down 넘어뜨리다, 떨어뜨리다 / calamity 재난, 불행 / refuge 피난처

악인은 그의 환란에 엎드러져도 의인은 그의 죽음에도 소망이 있느니라(잠 14:32)

⑤ **Even youths grow tired and weary, and young men stumble and fall; but those who hope in the LORD will renew their strength. They will soar on wings like eagles; they will run and not grow weary, they will walk and not be faint. (ISA 40:30-31)**

▫ grow tired and weary 피곤하며 곤비하다 / stumble and fall 넘어지며 자빠지다 / soar on wings 날개치며 오르다

소년이라도 피곤하며 곤비하며 장정이라도 넘어지며 쓰러지되 오직 여호와를 앙망하는 자는 새 힘을 얻으리니 독수리가 날개치며 올라감 같을 것이요 달음박질하여도 곤비하지 아니하겠고 걸어가도 피곤하지 아니하리로다(사 40:30-31)

⑥ **Do not store up for yourselves treasures on earth, where moth and rust destroy, and where thieves break in and steal. But store up for yourselves treasures in heaven, where moth and rust do not destroy, and where thieves do not break in and steal.(MT 6:19-20)**

너희를 위하여 보물을 땅에 쌓아 두지 말라 거기는 좀과 동록이 해하며 도둑이 구멍을 뚫고 도둑질하느니라 오직 너희를 위하여 보물을 하늘에 쌓아 두라 거기는 좀이나 동록이 해하지 못하며 도둑이 구멍을 뚫지도 못하고 도둑질도 못하느니라(마 6:19-20)

⑦ **I have given you authority to trample on snakes and scorpions and to overcome all the power of enemy; nothing will harm you. However, do not rejoice that the spirits submit to you, but rejoice that your names are written in heaven.(LK 10:19-20)**

▫ rejoice that ~을 기뻐하다 / to trample ~ and to overcome이 명사 authority를 수식, trample on 짓밟다

내가 너희에게 뱀과 전갈을 밟으며 원수의 모든 능력을 제어할 권능

주었으니 너희를 해칠 자가 결코 없으리라 그러나 귀신들이 너희에게 항복하는 것으로 기뻐하지 말고 너희 이름이 하늘에 기록된 것으로 기뻐하라 하시니라(눅 10:19-20)

⑧ **Now is your time of grief, but I will see you again and you will rejoice, and no one will take away your joy.(JN 16:22)**
지금은 너희가 근심하나 내가 다시 너희를 보리니 너희 마음이 기쁠 것이요 너희 기쁨을 빼앗을 자가 없으리라(요 16:22)

⑨ **Not only so, but we also rejoice in our sufferings, because we know that suffering produces perseverance; perseverance, character; and character, hope.(RO 5:3-4)**
다만 이뿐 아니라 우리가 환난 중에도 즐거워하나니 이는 환난은 인내를 인내는 연단을 연단은 소망을 이루는 줄 앎이로다(롬 5:3-4)

⑩ **Now if we are children, then we are heirs – heirs of God and co-heirs with Christ, if indeed we share in his sufferings in order that we may also share in his glory. I consider that our present sufferings are not worth comparing with the glory that will be revealed in us.(RO 8:17-18)**
자녀이면 또한 상속자 곧 하나님의 상속자요 그리스도와 함께한 상속자니 우리가 그와 함께 영광을 받기위하여 고난도 함께 받아야 할 것이니라 생각건대 현재의 고난은 장차 우리에게 나타날 영광과 비교할 수 없도다(롬 8:17-18)

⑪ **For in this hope we were saved. But hope that is seen is no hope at all. Who hopes for what he already has? But if we hope for what we do not yet have, we wait for it patiently. (RO 8:24-25)**
우리가 소망으로 구원을 얻었으매 보이는 소망이 소망이 아니니 보는 것을 누가 바라리요 만일 우리가 보지 못하는 것을 바라면 참음으로 기다릴지니라(롬 8:24-25)

⑫ **If only for this life we have hope in Christ, we are to be pitied more than all men. But Christ has indeed been raised from the dead, the firstfruits of those who have fallen asleep. (1CO 15:19-20)**

- only for this life we have hope ← we have hope only for this life
- be pitied more 더욱 불쌍하다 / firstfruits 첫 열매 / fall asleep 잠자다

만일 그리스도 안에서 우리가 바라는 것이 다만 이 세상의 삶뿐이면

모든 사람 가운데 우리가 더욱 불쌍한 자이리라 그러나 이제 그리스도께서 죽은 자 가운데서 다시 살아나사 잠자는 자들의 첫 열매가 되셨도다(고전 15:19-20)

⑬ **But thanks be to God! He gives us the victory through our Lord Jesus Christ. Therefore, my dear brothers, stand firm. Let nothing move you. Always give yourself fully to the work of the Lord, because you know that your labor in the Lord is not in vain.(1CO 15:57-58)**

- Let nothing move you : 아무것도(nothing) 너를 움직이지 못하게(move you)하라 / give oneself to ~에 전념하다

우리 주 예수 그리스도로 말미암아 우리에게 승리를 주시는 하나님께 감사하노니 그러므로 내 사랑하는 형제들아 견고하며 흔들리지 말며 항상 주의 일에 더욱 힘쓰는 자들이 되라 이는 너희 수고가 주 안에서 헛되지 않은 줄을 앎이니라(고전 15:57-58)

⑭ **So we fix our eyes not on what is seen, but on what is unseen. For what is seen is temporary but what is unseen is eternal. (2CO 4:18)**

우리가 주목하는 것은 보이는 것이 아니요 보이지 않는 것이니 보이는 것은 잠깐이요 보이지 않는 것은 영원함이라(고후 4:18)

⑮ **I eagerly expect and hope that I will in no way be ashamed, but will have sufficient courage so that now as always Christ will be exalted in my body, whether by life or by death. For to me, to live is Christ and to die is gain.(PHP 1:20-21)**

- now as always 항상 그렇듯이 지금도

나의 간절한 기대와 소망을 따라 아무 일에든지 부끄럽지 아니하고 지금도 전과 같이 온전히 담대하여 살든지 죽든지 내 몸에서 그리스도가 존귀하게 되게 하려 하나니 이는 내게 사는 것이 그리스도니 죽는 것도 유익함이라(빌 1:20-21)

⑯ **Do everything without complaining or arguing, so that you may become blameless and pure, children of God without fault in a crooked and depraved generation, in which you shine like stars in the universe as you hold out the word of life – in order that I may boast on the day of Christ that I did not run or labor for nothing.(PHP 2:14-16)**

- crook 구부리다, 굴곡시키다 / deprave 타락시키다, 부패시키다 / hold out 제공하다

모든 일을 원망과 시비가 없이 하라 이는 너희가 흠이 없고 순전하여 어그러지고 거스르는 세대 가운데서 하나님의 흠 없는 자녀로 세상에서 그들 가운데 빛들로 나타내며 생명의 말씀을 밝혀 나의 달음질이 헛되지 아니하고 수고도 헛되지 아니함으로 그리스도의 날에 내가 자랑할 것이 있게 하려 함이라(빌 2:14-16)

⑰ **But our citizenship is in heaven. And we eagerly await a Savior from there, the Lord Jesus Christ, who, by the power that enables him to bring everything under his control, will transform our lowly bodies so that they will be like his glorious body.(PHP 3:20-21)**

▫ citizenship 시민권, 국적 / transform (형태, 성질)변형시키다

그러나 우리의 시민권은 하늘나라에 있는지라 거기로부터 구원하는 자 곧 주 예수 그리스도를 기다리노니 그는 만물을 자기에게 복종하게 하실 수 있는 자의 역사로 우리의 낮은 몸을 자기 영광의 몸의 형체와 같이 변하게 하시리라(빌 3:20-21)

⑱ **Set your minds on things above, not on earthly things. (COL 3:2)**

위의 것을 생각하고 땅의 것을 생각하지 말라(골 3:2)

⑲ **I have fought the good fight, I have finished the race, I have kept the faith. Now there is in store for me the crown of righteousness, which the Lord, the righteous judge, will award to me on that day and not only to me, but also to all who have longed for his appearing.(2TI 4:7-8)**

▫ be in store for ~을 위해 예비하다 / not only to me, but also to all 나에게 뿐만 아니라 모두에게

나는 선한 싸움을 싸우고 나의 달려갈 길을 마치고 믿음을 지켰으니 이제 후로는 나를 위하여 의의 면류관이 예비되었으므로 주 곧 의로우신 재판장이 그 날에 내게 주실 것이며 내게만 아니라 주의 나타나심을 사모하는 모든 자에게도니라(딤후 4:7-8)

⑳ **Just as man is destined to die once, and after that to face judgment, so Christ was sacrificed once to take away the sins of many people; and he will appear a second time, not to bear sin, but to bring salvation to those who are waiting for him. (HEB 9:27-28)**

▫ bear sin 죄를 받다

한번 죽는 것은 사람에게 정해진 것이요 그 후에는 심판이 있으리니 이와 같이 그리스도도 많은 사람의 죄를 담당하시려고 단번에 드리신 바 되셨고 구원에 이르게 하기 위하여 죄와 상관없이 자기를 바라는 자들에게 두 번째 나타나시리라(히 9:27-28)

㉑ **Let us fix our eyes on Jesus, the author and perfecter of our faith, who for the joy set before him endured the cross, scorning its shame, and sat down at the right hand of the throne of God.(HEB 12:2)**

□ perfecter 온전하게 하시는 이, 완성자 / scorn 개의치 아니하다, 경멸하다

믿음의 주요 또 온전하게 하시는 이인 예수를 바라보자 그는 그 앞에 있는 즐거움을 위하여 십자가를 참으사 부끄러움을 개의치 아니하시더니 하나님 보좌 우편에 앉으셨느니라(히 12:2)

㉒ **Blessed is the man who perseveres under trial, because when he has stood the test, he will receive the crown of life that God has promised to those who love him.(JAS 1:12)**

□ stand the test 시련을 견디다, 참다

시험을 참는 자는 복이 있나니 이는 시련을 견디어 낸 자가 주께서 자기를 사랑하는 자들에게 약속하신 생명의 면류관을 얻을 것이기 때문이라(약 1:12)

† Golden Rule

○ **So we fix our eyes not on what is seen, but on what is unseen. For what is seen is temporary but what is unseen is eternal.(2CO 4:18)**

우리가 주목하는 것은 보이는 것이 아니요 보이지 않는 것이니 보이는 것은 잠깐이요 보이지 않는 것은 영원함이라(고후 4:18)

† Word & ♬ Hymn

○ **When he reached a certain place, he stopped for the night because the sun had set. Taking one of the stones there, he put it under his head and lay down to sleep.(GE 28:11)**
한 곳에 이르러는 해가 진지라 거기서 유숙하려고 그 곳의 한 돌을 가져다가 베개로 삼고 거기 누워 자더니(창 28:11)

주여 지난 밤 내 꿈에 490
There is a dream that I dream

주여 지난 밤 내 꿈에 뵈었으니
There is a dream that I dream, of my Savior divine,
▫ dream of ~에 대한 꿈을 꾸다

그 꿈 이루어 주옵소서
And I know that my dream will come true;
▫ come true 이루어지다, 실현되다

밤과 아침의 계시로 보여주사
At the morn, in the night comes the vision of light,

항상 은혜를 주옵소서
With a promises eternally new.

나의 놀라운 꿈 정녕 나 믿기는
O this wonderful dream is a secret of grace,

장차 큰 은혜 받을 표니
And I would that this secret you knew;
▫ I would that = I wish 가정법, 여러분이 이 비밀을 안다면 좋을 텐데, this secret you knew ← you knew this secret

나의 놀라운 꿈 정녕 이루어져
For I dream that last I shall look on His face
▫ last = at last 마침내
▫ look on His face 그의 얼굴을 바라보다

주님 얼굴을 뵈오리라
And I know that my dream will come true.

(통 542)

미래와 소망

주여 지난밤 내 꿈에 490

There's a dream that I dream

(Ge 창 28:11)

J. B. Pounds(1861-1921)

MY WONDERFUL DREAM: 12.9.12.9.REF.

C. H. Gabriel(1856-1932)

조금 느리게

12
믿음
Faith

Key Expression & Word

- 믿음 faith – 3, 5, 6, 7, 8, 24~41 ↔ 믿음 없음 unbelief – 9
- 믿다 believe in – 9, 11, 12, 13, 14, 16, 21, 23 / trust in – 1
  believe O – 15, 18 / believe that – 4, 10, 22
- 맡기다 commit O to – 1, 2

① **Commit your way to the LORD; trust in him and he will do this: He will make your righteousness shine like the dawn, the justice of your cause like the noonday sun.(PS 37:5-6)**

□ noonday = noon 정오의, 한낮의 / cause 대의, 주장, the justice of cause 공의

네 길을 여호와께 맡기라 그를 의지하면 그가 이루시고 네 의를 빛같이 나타내시며 네 공의를 정오의 빛같이 하시리로다(시 37:5-6)

② **Commit to the LORD whatever you do, and your plans will succeed.(PR 16:3)**

너의 행사를 여호와께 맡기라 그리하면 네가 경영하는 것이 이루어지리라(잠 16:3)

③ **If that is how God clothes the grass of the field, which is here today and tomorrow is thrown into the fire, will he not much more clothe you, O you of little faith?(MT 6:30)**

오늘 있다가 내일 아궁이에 던져지는 들풀도 하나님이 이렇게 입히시거든 하물며 너희 일까보냐 믿음이 작은 자들아(마 6:30)

④ **Then Jesus said to the centurion, "Go! It will be done just as you believed it would." And his servant was healed at that very hour.(MT 8:13)**

예수께서 백부장에게 이르시되 가라 네 믿은 대로 될 지어다 하시니 그 즉시 하인이 나으니라(마 8:13)

⑤ **Just then a woman who had been subject to bleeding for twelve years came up behind him and touched the edge of his cloak. She said to herself, "If I only touch his cloak, I will be healed."**

Jesus turned and saw her. "Take heart, daughter," he said, "your faith has healed you." And the woman was healed from that moment.(MT 9:20-22)

▫ be subject to ~을 당하다, 받다

열두 해 동안이나 혈루증으로 앓는 여자가 예수의 뒤로 와서 그 겉옷 가를 만지니 이는 제 마음에 그 겉옷만 만져도 구원을 받겠다 함이라 예수께서 돌이켜 그를 보시며 이르시되 딸아 안심하라 네 믿음이 너를 구원하였다 하시니 여자가 그 즉시 구원을 받으니라(마 9:20-22)

⑥ The disciples went and woke him, saying, "Lord, save us! We are going to drown!" He replied, "You of little faith, why are you so afraid?" Then he got up and rebuked the winds and the waves, and it was completely calm.(MT 9:25-26)
그 제자들이 나아와 깨우며 이르되 주여 구원하소서 우리가 죽겠나이다 예수께서 이르시되 어찌하여 무서워하느냐 이 믿음이 작은 자들아 하시고 곧 일어나사 바람과 바다를 꾸짖으시니 아주 잔잔하게 되거늘(마 9:25-26)

⑦ Then he touched their eyes and said, "According to your faith will it be done to you"; and their sight was restored. Jesus warned them sternly, "See that no one knows about this."(MT 9:29-30)
이에 예수께서 저희 눈을 만지시며 이르시되 너희 믿음대로 되라 하신대 그 눈들이 밝아진지라 예수께서 엄히 경계하시되 삼가 아무에게도 알게 하지 말라(마 9:29-30)

⑧ I tell you the truth, if you have faith as small as a mustard seed, you can say to this mountain, 'Move from here to there' and it will move. Nothing will be impossible for you.(MT 17:20)
진실로 너희에게 이르노니 만일 너희에게 믿음이 겨자씨 한 알 만큼만 있어도 이 산을 명하여 여기서 저기로 옮겨지라 하면 옮겨질 것이요 또 너희가 못 할 것이 없으리라(마 17:20)

⑨ " 'If you can'?" said Jesus. "Everything is possible for him who believes." Immediately the boy's father exclaimed, "I do believe; help me overcome my unbelief!"(MK 9:23-24)
예수께서 이르시되 할 수 있거든이 무슨 말이냐 믿는 자에게는 능히 하지 못할 일이 없느니라 하시니 곧 그 아이의 아버지가 소리를 질러 이르되 내가 믿나이다 나의 믿음 없는 것을 도와 주소서 하더라(막 9:23-24)

⑩ **I tell you the truth, if anyone says to this mountain, 'Go, throw yourself into the sea,' and does not doubt in his heart but believes that what he says will happen, it will be done for him. Whatever you ask for in prayer, believe that you have received it and it will be yours.(MK 11:23-24)**

▫ Whatever you ask for in prayer(목적어 도치) 무엇이든지 기도하고 구하는 것

내가 진실로 너희에게 이르노니 누구든지 이 산더러 들리어 바다에 던져지라 하며 그 말하는 것이 이루어질 줄 믿고 마음에 의심하지 아니하면 그대로 되리라 그러므로 내가 너희에게 말하노니 무엇이든지 기도하고 구하는 것은 받은 줄로 믿으라 그리하면 너희에게 그대로 되리라(막 11:23-24)

⑪ **Whoever believes and is baptized will be saved, but whoever does not believe will be condemned.(MK 16:16)**

믿고 세례를 받은 사람은 구원을 얻을 것이요 믿지 않는 사람은 정죄를 받으리라(막 16:16)

⑫ **Yet to all who received him, to those who believed in his name, he gave the right to become children of God – children born not of natural descent, nor of human decision or a husband's will, but born of God.(JN 1:12-13)**

▫ be born not of A, but of B : A 로서가 아니라 B 로서 태어나다.

▫ natural descent 혈통, 상속, 유전

영접하는 자 곧 그 이름을 믿는 자들에게는 하나님의 자녀가 되는 권세를 주셨으니 이는 혈통으로나 육정으로나 사람의 뜻으로 나지 아니하고 오직 하나님께로부터 난 자들이니라(요 1:12-13)

⑬ **God so loved the world that he gave his one and only Son, that whoever believes in him shall not perish but have eternal life.(JN 3:16)**

하나님이 세상을 이처럼 사랑하사 독생자를 주셨으니 이는 그를 믿는 자마다 멸망하지 않고 영생을 얻게 하려 하심이라(요 3:16)

⑭ **Whoever believes in him is not condemned, but whoever does not believe stands condemned already because he has not believed in the name of God's one and only Son.(JN 3:18)**

그를 믿는 자는 심판을 받지 아니하는 것이요 믿지 아니하는 자는 하나님의 독생자의 이름을 믿지 아니하므로 벌써 심판을 받은 것이니라(요 3:18)

⑮ **I tell you the truth, whoever hears my word and believes him who sent me has eternal life and will not be condemned; he has crossed over from death to life.(JN 5:24)**

- whoever believes him who sent me 나 보내신 이를 믿는 자
- will not be condemned 심판을 받지 않는다

내가 진실로 진실로 너희에게 이르노니 **내말을 듣고 또 나 보내신 이를 믿는 자는 영생을 얻었고** 심판에 이르지 아니하나니 사망에서 생명으로 옮겼느니라(요 5:24)

⑯ **Then they asked him, "What must we do to do the works God requires?" Jesus answered, "The work of God is this: to believe in the one he has sent."(JN 6:28-29)**

그들이 묻되 우리가 어떻게 하여야 하나님의 일을 하오리이까 예수께서 대답하여 이르시되 **하나님께서 보내신 이를 믿는 것이 하나님의 일이니라**(요 6:28-29)

⑰ **Whoever believes in me, as the Scripture has said, streams of living water will flow from within him.(JN 7:38)**

나를 믿는 자는 성경에 이름과 같이 그 배에서 생수의 강이 흘러나오리라(요 7:38)

⑱ **I am the resurrection and the life. He who believes in me will live, even though he dies; and whoever lives and believes in me will never die. Do you believe this?(JN 11:25-26)**

나는 부활이요 생명이니 나를 믿는 자는 죽어도 살겠고 무릇 살아서 나를 믿는 자는 영원히 죽지 아니하리니 **이것을 네가 믿느냐**
(요 11:25-26)

⑲ **I tell you the truth, whoever accepts anyone I send accepts me; and whoever accepts me accepts the one who sent me. (JN 13:20)**

내가 진실로 진실로 너희에게 이르노니 내가 보낸 자를 영접하는 자는 나를 영접하는 것이요 **나를 영접하는 자는 나를 보내신 이를 영접하는 것이니라**(요 13:20)

⑳ **Remain in me, and I will remain in you. No branch can bear fruit by itself; it must remain in the vine. Neither can you bear fruit unless you remain in me.(JN 15:4)**

내 안에 거하라 나도 너희 안에 거하리라 가지가 포도나무에 붙어 있지 아니하면 절로 과실을 맺을 수 없음같이 너도 내 안에 있지 아니하면

그러하리라(요 15:4)

㉑ Then he said to Thomas, "Put your finger here; see my hands. Reach out your hand and put it into my side. Stop doubting and believe."(JN 20:27)

□ my side 내 옆구리 / Stop doubting 의심을 멈추다. doubting은 목적어

도마에게 이르시되 네 손가락을 이리 내밀어 내 손을 보고 네 손을 내밀어 내 옆구리에 넣어보라 그리하여 믿음 없는 자가 되지 말고 믿는 자가 되라(요 20:27)

㉒ Jesus did many miraculous signs in the presence of his disciples, which are not recorded in this book. But these are written that you may believe that Jesus is the Christ, the Son of God, and that by believing you may have life in his name.(JN 20:30-31)
예수께서 제자들 앞에서 이 책에 기록되지 아니한 다른 표적도 많이 행하셨으나 오직 이것을 기록함은 너희로 예수께서 하나님의 아들 그리스도이심을 믿게 하려 함이요 또 너희로 믿고 그 이름을 힘입어 생명을 얻게 하려 함이라(요 20:30-31)

㉓ Believe in the Lord Jesus, and you will be saved – you and your household.(AC 16:31)
주 예수를 믿으라 그리하면 너와 네 집이 구원을 얻으리라(행 16:31)

㉔ The righteous will live by faith.(RO 1:17)
오직 의인은 믿음으로 말미암아 살리라(롬 1:17)

㉕ For we maintain that a man is justified by faith apart from observing the law.(RO 3:28)
그러므로 사람이 의롭다 하심을 얻은 것은 율법의 행위에 있지 않고 믿음으로 되는 줄 우리가 인정하노라(롬 3:28)

㉖ Consequently, faith comes from hearing the message, and the message is heard through the word of Christ.(RO 10:17)
그러므로 믿음은 들음에서 나며 들음은 그리스도의 말씀으로 말미암았느니라(롬 10:17)

㉗ We live by faith, not by sight.(2CO 5:7)
이는 우리가 믿음으로 행하고 보는 것으로 행하지 아니함이로라 (고후 5:7)

㉘ I have been crucified with Christ and I no longer live, but Christ lives in me. The life I live in the body, I live by faith

in the Son of God, who loved me and gave himself for me. (GAL 2:20)
내가 그리스도와 함께 십자가에 못박혔나니 그런즉 이제는 내가 산 것이 아니요 오직 내 안에 그리스도께서 사신 것이라 이제 내가 육체가 운데 사는 것은 나를 사랑하사 나를 위하여 자기 몸을 버리신 하나님의 아들을 믿는 믿음 안에서 사는 것이라(갈 2:20)

㉙ Clearly no one is justified before God by the law, because, "The righteous will live by faith."(GAL 3:11)
또 하나님 앞에서 아무도 율법으로 말미암아 의롭게 되지 못할 것이 분명하니 이는 의인은 믿음으로 살리라 하였음이라(갈 3:11)

㉚ You are all sons of God through faith in Christ Jesus. (GAL 3:26)
너희가 다 믿음으로 말미암아 그리스도 예수 안에서 하나님의 아들이 되었으니(갈 3:26)

㉛ For it is by grace you have been saved through faith – and this not from yourselves, it is the gift of God – not by works, so that no one can boast.(EPH 2:8-9)
너희는 그 은혜에 의하여 믿음으로 말미암아 구원을 받았으니 이것은 너희에게서 난 것이 아니요 하나님의 선물이라 행위에서 난 것이 아니니 이는 누구든지 자랑하지 못하게 함이라(엡 2:8-9)

㉜ Fight the good fight of the faith. Take hold of the eternal life to which you were called when you made your good confession in the presence of many witnesses.(1TI 6:12)

- confession 고백, 자백 / in the presence of ~의 면전에서

믿음의 선한 싸움을 싸우라 영생을 취하라 이를 위하여 네가 부르심을 받았고 많은 증인 앞에서 선한 증언을 하였도다(딤전 6:12)

㉝ Let us draw near to God with a sincere heart in full assurance of faith, having our heart sprinkled to cleanse us from a guilty conscience and having our bodies washed with pure water. (HEB 10:22)

- draw near to ~에게 가까이 나아가다
- sprinkle O with ~ 에 ~을 흩뿌리다, have O sprinkled ~ 이(O) 뿌림을 받다, 적셔지다

우리가 마음에 뿌림을 받아 악한 양심으로부터 벗어나고 몸은 맑은 물로 씻음을 받았으니 참 마음과 온전한 믿음으로 하나님께 나아가자

(히 10:22)

㉞ Now faith is being sure of what we hope for and certain of what we do not see.(HEB 11:1)
믿음은 바라는 것들의 실상이요 보이지 않는 것들의 증거니(히 11:1)

㉟ By faith we understand that the universe was formed at God's command, so that what is seen was not made out of what was visible.(HEB 11:3)
믿음으로 모든 세계가 하나님의 말씀으로 지어진 줄을 우리가 아나니 보이는 것은 나타난 것으로 말미암아 된 것이 아니니라(히 11:3)

㊱ And without faith it is impossible to please God, because anyone who comes to him must believe that he exists and that he rewards those who earnestly seek him.(HEB 11:6)
믿음이 없이는 하나님을 기쁘시게 하지 못하나니 하나님께 나아가는 자는 반드시 그가 계신 것과 또한 그가 자기를 찾는 자들에게 상주시는 이심을 믿어야 할지니라(히 11:6)

㊲ By faith Abraham, even though he was past age – and Sarah herself was barren – was enabled to become a father because he considered him faithful who had made the promise. And so from this one man, and he as good as dead, came descendants as numerous as the stars in the sky and as countless as the sand on seashore.(HEB 11:11-12)
믿음으로 사라 자신도 나이가 많아 단산하였으나 잉태할 수 있는 힘을 얻었으니 이는 약속하신 이를 미쁘신 줄 알았음이라 이러므로 죽은 자와 같은 한 사람으로 말미암아 하늘의 허다한 별과 또 해변의 무수한 모래와 같이 많은 후손이 생육하였느니라(히 11:11-12)

㊳ Consider it pure joy, my brothers, whenever you face trials of many kinds, because you know that the testing of your faith develops perseverance. Perseverance must finish its work so that you may be mature and complete, not lacking anything. If any of you lacks wisdom, he should ask God, who gives generously to all without finding fault, and it will be given to him. But when he asks, he must believe and not doubt, because he who doubts is like a wave of the sea, blown and tossed by the wind. (JAS 1:2-6)

□ develop perseverance 인내심을 기르다 / tossed 요동하는, toss (배를) 뒤 흔들다

내 형제들아 너희가 여러 가지 시험을 당하거든 온전히 기쁘게 여기라 이는 너희 믿음의 시련이 인내를 만들어 내는 줄 너희가 앎이라 인내를 온전히 이루라 이는 너희로 온전하고 구비하여 조금도 부족함이 없게 하려 함이라 너희 중에 누구든지 지혜가 부족하거든 모든 사람에게 후히 주시고 꾸짖지 아니하시는 하나님께 구하라 그리하면 주시리라 오직 믿음으로 구하고 조금도 의심하지 말라 의심하는 자는 바람에 밀려 요동하는 바다물결 같으니(약 1:2-6)

㊴ **What good is it, my brothers, if a man claims to have faith but has no deeds? Can such faith save him?(JAS 2:14)**
내 형제들아 만일 사람이 믿음이 있노라 하고 행함이 없으면 무슨 유익이 있으리요 그 믿음이 능히 자기를 구원하겠느냐(약 2:14)

㊵ **As the body without the spirit is dead, so faith without deeds is dead.(JAS 2:26)**
▫ deed 행함, 행위, 행동
영혼 없는 몸이 죽은 것같이 행함이 없는 믿음은 죽은 것이니라 (약 2:26)

㊶ **For everyone born of God overcomes the world. This is the victory that has overcome the world, even our faith. Who is it that overcomes the world? Only he who believes that Jesus is the Son of God.(1JN 5:4-5)**
▫ who is it that ~ it that 강조용법, 강조하는 말은 who
무릇 하나님께로부터 난 자마다 세상을 이기느니라 세상을 이기는 승리는 이것이니 우리의 믿음이니라 예수께서 하나님의 아들이심을 믿는 자가 아니면 세상을 이기는 자가 누구냐(요일 5:4-5)

† Golden Rule

○ **Now faith is being sure of what we hope for and certain of what we do not see.(HEB 11:1)**
믿음은 바라는 것들의 실상이요 보이지 않는 것들의 증거니 (히 11:1)

† Word & ♬ Hymn

○ **Let us draw near to God with a sincere heart in full assurance of faith, having our heart sprinkled to cleanse us from a guilty conscience and having our bodies washed with pure water. (HEB 10:22)**
우리가 마음에 뿌림을 받아 악한 양심으로부터 벗어나고 몸은 맑은 물로 씻음을 받았으니 참 마음과 온전한 믿음으로 하나님께 나아가자 **(히 10:22)**

주의 음성을 내가 들으니 540
I am Thine, O Lord, I have heard Thy voice

주의 음성을 내가 들으니
I am Thine, O Lord, I have heard Thy voice,

▫ thou, thy, thee, thine = you, your, you, yours

사랑한단 말 일세
And it told Thy love to me;

믿는 맘으로 주께 가오니
But I long to rise in the arms of faith,

▫ long to RV ~하기를 간절히 바라다

나를 영접 하소서
And be closer drawn to Thee.

▫ draw 끌어당기다

내가 매일 십자가 앞에
Draw me nearer, nearer, blessed Lord,

더 가까이 가오니
To the cross where Thou hast died;

▫ thou hast died = you have died

구세주의 흘린 보배 피로써
Draw me nearer, nearer, blessed Lord,

나를 정케 하소서 아멘
To Thy precious, bleeding side. Amen.

▫ bleeding side 피흘리는 옆구리

(통 219) **주의 음성을 내가 들으니** **540**

I am Thine, O Lord, I have heard Thy voice

(Heb 히 10:22)

믿음과 확신

F. J. Crosby, 1875

I AM THINE: 10.7.10.7.REF.

W. H. Doane, 1875

보통으로

13

부르심과 영접

Call & Reception

Key Expression & Word

▶ 부르심 calling – 17 • 부르다 call – 5, 9, 19
• 부름 받다 be called – 18, 20, 21, 22
▶ 영접하다 receive – 7, 12 / accept – 15
• 시인하다 acknowledge – 6, 23

① **I will instruct you and teach you in the way you should go; I will counsel you and watch over you.(PS 32:8)**

□ instruct 가르치다(= teach) / counsel 조언하다, 충고하다(= advise)

내가 네 갈 길을 가르쳐 보이고 너를 주목하여 훈계하리로다(시 32:8)

② **I took you from the ends of the earth, from its farthest corners I called you. I said, 'You are my servant'; I have chosen you and have not rejected you.(ISA 41:9)**

내가 땅 끝에서부터 너를 붙들며 땅 모퉁이에서부터 너를 부르고 네게 이르기를 너는 나의 종이라 내가 너를 택하고 싫어하며 버리지 아니하였다 하였노라(사 41:9)

③ **We all, like sheep, have gone astray, each of us has turned to his own way; and the LORD has laid on him the iniquity of us all.(ISA 53:6)**

□ iniquity 죄악 cf) inequity 불공평 / lay ⓞ on ~을 ~위에 놓다(맡기다)

우리는 다 양 같아서 그릇 행하여 각기 제 길로 갔거늘 여호와께서는 우리 모두의 죄악을 그에게 담당시키셨도다(사 53:6)

④ **"Come, follow me," Jesus said, "and I will make you fishers of men." At once they left their net and followed him. (MT 4:19-20)**

말씀하시되 나를 따라오라 내가 너희를 사람을 낚는 어부가 되게 하리라 하시니 그들이 곧 그물을 버려두고 예수를 따르니라(마 4:19-20)

⑤ **But go and learn what this means; 'I desire mercy, not sacrifice.'**

For I have not come to call the righteous, but sinners. (MT 9:13)
너희는 가서 내가 긍휼을 원하고 제사를 원하지 아니하노라 하신 뜻이 무엇인지 배우라 나는 의인을 부르러 온 것이 아니요 죄인을 부르러 왔노라(마 9:13)

⑥ Whoever acknowledges me before men, I will also acknowledges him before my Father in heaven. But whoever disowns me before men, I will disown him before my Father in heaven. (MT 10:32-33)
누구든지 사람 앞에서 나를 시인하면 나도 하늘에 계신 내 아버지 앞에서 그를 시인할 것이요 누구든지 사람 앞에서 나를 부인하면 나도 하늘에 계신 내 아버지 앞에서 그를 부인하리라(마 10:32-33)

⑦ He who receives you receives me, and he who receives me receives the one who sent me.(MT 10:40)
너희를 영접하는 자는 나를 영접하는 것이요 나를 영접하는 자는 나를 보내신 이를 영접하는 것이니라(마 10:40)

⑧ Come to me, all you who are weary and burdened, and I will give you rest.(MT 11:28)
수고하고 무거운 짐 진 자들아 다 내게로 오라 내가 너희를 쉬게 하리라(마 11:28)

⑨ Jesus stopped and said, "Call him." So they called to the blind man, "Cheer up! On your feet! He's calling you." Throwing his cloak aside, he jumped to his feet and came to Jesus. "What do you want me to do for you?" Jesus asked him. The bline man said, "Rabbi, I want to see."(MK 10:49-51)
예수께서 머물러 서서 그를 부르라 하시니 그들이 맹인을 부르며 이르되 안심하고 일어나라 그가 너를 부르신다 하매 맹인이 겉옷을 내버리고 뛰어 일어나 예수께 나아오거늘 예수께서 말씀하여 이르시되 네게 무엇을 하여 주기를 원하느냐 맹인이 이르되 선생님이여 보기를 원하나이다(막 10:49-51)

⑩ Make every effort to enter through the narrow door, because many, I tell you, will try to enter and will not be able to. (LK 13:24)
좁은 문으로 들어가기를 힘쓰라 내가 너희에게 이르노니 들어가기를 구하여도 못하는 자가 많으리라(눅 13:24)

⑪ So he got up and went to his father. "But while he was still a long way off, his father saw him and was filled with compassion for him; he ran to his son, threw his arms around him and kissed him."(LK 15:20)

□ compassion 측은히 여김, 동정 cf) confession 고백, 자백

이에 일어나서 아버지께로 돌아 가니라 아직도 거리가 먼데 아버지가 그를 보고 측은히 여겨 달려가 목을 안고 입을 맞추니(눅 15:20)

⑫ Yet to all who received him, to those who believed in his name, he gave the right to become children of God – children born not of natural descent, nor of human decision or a husband's will, but born of God.(JN 1:12-13)

영접하는 자 곧 그 이름을 믿는 자들에게는 하나님의 자녀가 되는 권세를 주셨으니 이는 혈통으로나 육정으로나 사람의 뜻으로 나지 아니하고 오직 하나님께로부터 난 자들이니라(요 1:12-13)

⑬ Whoever drinks the water I give him will never thirst. Indeed, the water I give him will become in him a spring of water welling up to eternal life.(JN 4:14)

내가 주는 물을 마시는 자는 영원히 목마르지 아니하리니 내가 주는 물은 그 속에서 영생하도록 솟아나는 샘물이 되리라(요 4:14)

⑭ All that the Father gives me will come to me, and whoever comes to me I will never drive away.(JN 6:37)

아버지께서 내게 주시는 자는 다 내게로 올 것이요 내게 오는 자는 내가 결코 내 쫓지 아니하리라(요 6:37)

⑮ I tell you the truth, whoever accepts anyone I send accepts me; and whoever accepts me accepts the one who sent me.(JN 13:20)

내가 진실로 진실로 너희에게 이르노니 내가 보낸 자를 영접하는 자는 나를 영접하는 것이요 나를 영접하는 자는 나를 보내신 이를 영접하는 것이니라(요 13:20)

⑯ As God's fellow workers we urge you not to receive God's grace in vain. For he says, "In the time of my favor I heard you, and in the day of salvation I helped you." I tell you, now is the time of God's favor, now is the day of salvation.(2CO 6:1-2)

우리가 하나님과 함께 일하는 자로서 너희에게 권하노니 하나님의 은혜를 헛되이 받지 말라 이르시되 내가 은혜를 베풀 때에 너에게 듣고 구원의 날에 너를 도왔다 하셨으니 보라 지금은 은혜 받을 만한 때요

보라 지금은 구원의 날이로다(고후 6:1-2)

⑰ **As the prisoner for the Lord, then, I urge you to live a life worthy of the calling you have received. Be completely humble and gentle; be patient, bearing with one another in love. (EPH 4:1-2)**
그러므로 주 안에서 갇힌 내가 너희를 권하노니 너희가 부르심을 받은 일에 합당하게 행하여 모든 겸손과 온유로 하고 오래 참음으로 사랑 가운데서 서로 용납하고(엡 4:1-2)

⑱ **Make every effort to keep the unity of the Spirit through the bond of peace. There is one body and one Spirit – just as you were called to one hope when you were called – one Lord, one faith, one baptism; one God and Father of all, who is over all and through all and in all.(EPH 4:3-6)**
평안의 매는 줄로 성령이 하나 되게 하신 것을 힘써 지키라 몸이 하나요 성령도 한분이시니 이와 같이 너희가 부르심의 한 소망 안에서 부르심을 받았느니라 주도 한 분이시오 믿음도 하나요 세례도 하나요 하나님도 한 분이시니 곧 만유의 아버지시라 만유 위에 계시고 만유를 통일하시고 만유 가운데 계시도다(엡 4:3-6)

⑲ **I press on toward the goal to win the prize for which God has called me heavenward in Christ Jesus.(PHP 3:14)**
▫ press on toward 달려가다, 쫓아가다 / heavenward 하늘 쪽으로, 하늘을 향해
푯대를 향하여 그리스도 예수 안에서 하나님이 위에서 부르신 부름의 상을 위하여 달려가노라(빌 3:14)

⑳ **Let the peace of Christ rule in your hearts, since as members of one body you were called to peace. And be thankful. (COL 3:15)**
그리스도의 평강이 너희 마음을 주장하게 하라 너희는 평강을 위하여 한 몸으로 부르심을 받았나니 너희는 또한 감사하는 자가 되라(골 3:15)

㉑ **Fight the good fight of the faith. Take hold of the eternal life to which you were called when you made your good confession in the presence of many witnesses.(1TI 6:12)**
▫ take hold of = hold 붙들다, 취하다
믿음의 선한 싸움을 싸우라 영생을 취하라 이를 위하여 네가 부르심을 받았고 많은 증인 앞에서 선한 증언을 하였도다(딤전 6:12)

㉒ **But how is it to your credit if you receive a beating for doing wrong and endure it? But if you suffer for doing good and**

you endure it, this is commandable before God. To this you were called, because Christ suffered for you, leaving you an example, that you should follow in his steps.(1PE 2:20-21)
죄가 있어 매를 맞고 참으면 무슨 칭찬이 있으리요 그러나 선을 행함으로 고난을 받고 참으면 이는 하나님 앞에 아름다우니라 이를 위하여 너희가 부르심을 받았으니 그리스도도 너희를 위하여 고난을 받으사 너희에게 본을 끼쳐 그 자취를 따라오게 하려 하셨느니라
(벧전 2:20-21)

㉓ This is how you can recognize the Spirit of God; Every spirit that acknowledges that Jesus Christ has come in the flesh is from God, but every spirit that does not acknowledge Jesus is not from God. This is the spirit of antichrist, which you have heard is coming and even now is already in the world. (1JN 4:2-3)
이로써 너희가 하나님의 영을 알지니 곧 예수 그리스도께서 육체로 오신 것을 시인하는 영마다 하나님께 속한 것이요 예수를 시인하지 아니하는 영마다 하나님께 속한 것이 아니니 이것이 곧 적그리스도의 영이니라 오리라 한 말을 너희가 들었거니와 지금 벌써 세상에 있느니라
(요일 4:2-3)

㉔ Here I am! I stand at the door and knock. If anyone hears my voice and opens the door, I will come in and eat with him, and he with me.(REV 3:20)

□ he with me는 he will eat with me 에서 will eat 가 생략

볼지어다 내가 문밖에 서서 두드리노니 누구든지 내 음성을 듣고 문을 열면 내가 그에게로 들어가 그와 더불어 먹고 그는 나와 더불어 먹으리라(계 3:20)

† Golden Rule

○ Yet to all who received him, to those who believed in his name, he gave the right to become children of God – children born not of natural descent, nor of human decision or a husband's will, but born of God.(JN 1:12-13)
영접하는 자 곧 그 이름을 믿는 자들에게는 하나님의 자녀가 되는 권세를 주셨으니 이는 혈통으로나 육정으로나 사람의 뜻으로 나지 아니하고 오직 하나님께로부터 난 자들이니라(요 1:12-13)

† Word & ♬ Hymn

● **Come to me, all you who are weary and burdened, and I will give you rest.(MT 11:28)**
수고하고 무거운 짐 진 자들아 다 내게로 오라 내가 너희를 쉬게 하리라 (마 11:28)

너 예수께 조용히 나가 539
Go, carry thy burden to Jesus

너 예수께 조용히 나가
Go, carry thy burden to Jesus,
▫ thy = your

주 십자가 사랑을 믿어
Where Calvary's cross is uplifted,
▫ Calvary's cross 갈보리의 십자가
▫ uplift 들어 올리다 = lift up

주 예수께 조용히 나가
O, steal away softly to Jesus,
▫ steal away 몰래 가버리다

늘 은밀히 보시는 주님
Thy Father, who seeth in secret,
▫ seeth, see의 3인칭 단수 현재형 sees

네 모든 짐 내려놓고
And lay down thy load at his feet,
▫ lay down 내려놓다 / load 무거운 짐 = burden cf) road 길

죄 사함을 너 받으라
Find pardon and comforting sweet.
▫ comfort 위로하다

네 마음을 쏟아노라
To him let thy heart be outpourd
▫ outpour 흘러나오게 하다

큰 은혜를 베푸시리
Shall give thee a gracious reward.
▫ thee = you

539 너 예수께 조용히 나가 (통 483)

Go, carry thy burden to Jesus

(Mt 마 11:28)

부르심과 영접

E. E. Hewitt(1851-1920)

O STEAL AWAY: 9.8.9.8.REF.

W. J. Kirkpatrick(1838-1921)

14

부활과 재림

Resurrection & Second coming

Key Expression & Word

▶ 부활 resurrection – 6, 14, 17

• (다시) 살아나다 rise – 3, 4, 20, 21 / be raised – 15, 16, 17, 18, 19

▶ 재림하다 come – 21, 23, 24, 25 / come back – 7, 13

appear a second time – 22

① **Therefore keep watch, because you do not know on what day your Lord will come.(MT 24:42)**
그러므로 깨어 있으라 어느 날에 너희 주가 임할는지 너희가 알지 못함이니라(마 24:42)

② **Therefore keep watch, because you do not know the day or the hour.(MT 25:13)**
그런즉 깨어 있으라 너희는 그 날과 그 때를 알지 못하느니라(마 25:13)

③ **The angel said to the women, "Do not be afraid, for I know that you are looking for Jesus, who was crucified. He is not here; he has risen, just as he said. Come and see the place where he lay."(MT 28:5-6)**
천사가 여자들에게 말하여 이르되 너희는 무서워하지 말라 십자가에 못 박히신 예수를 너희가 찾는 줄을 내가 아노라 그가 여기 계시지 않고 그가 말씀하시던 대로 살아나셨느니라 와서 그가 누우셨던 곳을 보라(마 28:5-6)

④ **He has risen from the dead and is going ahead of you into Galilee. There you will see him.(MT 28:7)**
그가 죽은 자 가운데서 살아나셨고 너희보다 먼저 갈릴리로 가시나니 거기서 너희가 뵈오리라(마 28:7)

⑤ **Why are you troubled, and why do doubts rise in your minds? Look at my hands and my feet. It is I myself! Touch me and see: a ghost does not have flesh and bones, as you see I have.**

(LK 24:38-39)
어찌하여 두려워하며 어찌하여 마음에 의심이 일어나느냐 내 손과 발을 보고 나인 줄 알라 또 나를 만져 보라 영은 살과 뼈가 없으되 너희 보는 바와 같이 나는 있느니라(눅 24:38-39)

⑥ **I am the resurrection and the life. He who believes in me will live, even though he dies; and whoever lives and believes in me will never die.(JN 11:25-26)**
나는 부활이요 생명이니 나를 믿는 사람은 죽어도 살겠고 무릇 살아서 나를 믿는 자는 영원히 죽지 아니하리니(요 11:25-26)

⑦ **And if I go and prepare a place for you, I will come back and take you to be with me that you also may be where I am. You know the way to the place where I am going.(JN 14:3-4)**
▫ the place where I am going 내가 가는 곳, where는 관계부사
가서 너희를 위하여 거처를 예비하면 내가 다시 와서 너희를 내게로 영접하여 나 있는 곳에 너희도 있게 하리라 내가 어디로 가는지 그 길을 너희가 아느니라(요 14:3-4)

⑧ **Now is your time of grief, but I will see you again and you will rejoice, and no one will take away your joy.(JN 16:22)**
▫ rejoice 마음이 기쁘다 / take away: 빼앗다
지금은 너희가 근심하나 내가 다시 너희를 보리니 너희 마음이 기쁠 것이요 너희 기쁨을 빼앗을 자가 없으리라(요 16:22)

⑨ **Early on the first day of the week, while it was still dark, Mary Magdalene went to the tomb and saw that the stone had been removed from the entrance. So she came running to Simon Peter and the other disciple, the one Jesus loved, and said, "They have taken the Lord out of the tomb, and we don't know where they have put him!" So Peter and the other disciple started for the tomb. Both were running, but the other disciple outran Peter and reached the tomb first. He bent over and looked in at the strips of linen lying there but did not go in.(JN 20:1-5)**
안식 후 첫날 아직 어두울 때에 막달라 마리아가 무덤에 와서 돌이 무덤에서 옮겨진 것을 보고 시몬 베드로와 예수께서 사랑하시던 그 다른 제자에게 달려가서 말하되 사람들이 주님을 무덤에서 가져다가 어디 두었는지 우리가 알지 못하겠다 하니 베드로와 그 다른 제자가 나가서 무덤으로 갈새 둘이 같이 달음질 하더니 그 다른 제자가 베드로보다 더 빨리 달려가서 먼저 무덤에 이르러 구부려 세마포 놓인 것을

보았으나 들어가지는 아니하였더니(요 20:1-5)

⑩ **"Woman," he said, "why are you crying? Who is it you are looking for?" Thinking he was the gardener, she said, "Sir, if you have carried him away, tell me where you have put him, and I will get him." Jesus said to her, "Mary." She turned toward him and cried out in Armaic, "Rabboni!"(which means Teacher). Jesus said, "Do not hold on to me, for I have not yet returned to the Father. Go instead to my brothers and tell them, 'I am returning to my Father and your Father, to my God and your God.'" Mary Magdalene went to the disciples with the news: "I have seen the Lord!" And she told them that he had said these things to her.(JN 20:15-18)**

▫ Who is it you are looking for? ← Who is it that you are looking for?

예수께서 이르시되 여자여 어찌하여 울며 누구를 찾느냐 하시니 마리아는 그가 동산지기인 줄 알고 이르되 당신이 옮겼거든 어디 두었는지 내게 이르소서 그리하면 내가 가져가리이다 예수께서 마리아야 하시거늘 마리아가 돌이켜 히브리말로 랍오니 하니(이는 선생님이라는 말이라) 예수께서 이르시되 나를 붙들지 말라 내가 아직 아버지께로 올라가지 아니하였노라 너는 내 형제들에게 가서 이르되 내가 내 아버지 곧 너희 아버지, 내 하나님 곧 너희 하나님께로 올라간다 하라 하시니 막달라 마리아가 가서 제자들에게 내가 주를 보았다 하고 또 주께서 자기에게 이렇게 말씀하셨다 이르니라(요 20:15-18)

⑪ **On the first day of the week, when the disciples were together, with the doors locked for fear of Jews, Jesus came and stood among them and said, "Peace be with you." After he said this, he showed his hands and side. The disciples were overjoyed when they saw the Lord.(JN 20:19-20)**

▫ with the doors locked 문들을 잠그고

이날 곧 안식 후 첫날 저녁 때에 제자들이 유대인들을 두려워하여 모인 곳의 문들을 닫았더니 예수께서 오사 가운데 서서 이르시되 평강이 있을지어다 이 말씀을 하시고 손과 옆구리를 보이시니 제자들이 주를 보고 기뻐하더라(요 20:19-20)

⑫ **Early in the morning, Jesus stood on the shore, but the disciples did not realize that it was Jesus. He called out to them, "Friends, Haven't you any fish?" "No," they answered. He said, "Throw your net on the right side of the boat and you will find some."**

When they did, they were not able to haul the net in because of the large number of fish.(JN 21:4-6)

ㅁ haul O in 끌어당기다

날이 새어갈 때에 예수께서 바닷가에 서셨으나 제자들이 예수이신 줄 알지 못하는지라 예수께서 이르시되 얘들아 너희에게 고기가 있느냐 대답하되 없나이다 이르시되 그물을 배 오른편에 던지라 그리하면 잡으리라 하시니 이에 던졌더니 물고기가 많아 그물을 들 수 없더라 (요 21:4-6)

⑬ After he said this, he was taken up before their very eyes, and a cloud hid him from their sight. They were looking intently up into the sky as he was going, when suddenly two men dressed in white stood beside them. "Men of Galilee," they said, "why do you stand here looking into the sky? This same Jesus, who has been taken from you into heaven, will come back in the same way you have seen him go into heaven."(AC 1:9-11)

이 말씀을 마치시고 그들이 보는데 올려져 가시니 구름이 그를 가리어 보이지 않게 하더라 올라가실 때에 제자들이 자세히 하늘을 쳐다보고 있는데 흰 옷 입은 두 사람이 그들 곁에 서서 이르되 갈릴리 사람들아 어찌하여 서서 하늘을 쳐다보느냐 너희 가운데서 하늘로 올려 지신 이 예수는 하늘로 가심을 본 그대로 오시리라(행 1:9-11)

⑭ All the believers were one in heart and mind. No one claimed that any of his possessions was his own, but they shared everything they had. With great power the apostles continued to testify to the resurrection of the Lord Jesus and much grace was upon them all.(AC 4:32-33)

ㅁ testify to ~을 증언하다

믿는 무리가 한마음과 한 뜻이 되어 모든 물건을 서로 통용하고 자기 재물을 조금이라도 자기 것이라 하는 이가 하나도 없더라 사도들이 큰 권능으로 주 예수의 부활을 증언하니 무리가 큰 은혜를 받아 (행 4:32-33)

⑮ He was delivered over to death for our sins and was raised to life for our justification.(RO 4:25)

예수는 우리가 범죄 한 것 때문에 내줌이 되고 또한 우리를 의롭다 하시기 위하여 살아나셨느니라(롬 4:25)

⑯ For what I received I passed on to you as of first importance: that Christ died for our sins according to the Scriptures, that

KEY WORD • 14

he was buried, that he was raised on the third day according to the Scriptures, and that he appeared to Peter, and then to the Twelve.(1CO 15:3-5)

▫ what I received I passed on 목적어 도치 ← I passed on what I received

내가 받은 것을 먼저 너희에게 전하였노니 이는 성경대로 그리스도께서 우리 죄를 위하여 죽으시고 장사 지낸 바 되셨다가 성경대로 사흘 만에 다시 살아나사 게바에게 보이시고 후에 열두 제자에게와(고전 15:3-5)

⑰ If there is no resurrection of the dead, then not even Christ has been raised. And if Christ has not been raised, our preaching is useless and so is your faith.(1CO 15:13-14)

만일 죽은 자의 부활이 없으면 그리스도도 다시 살아나지 못하셨으리라 그리스도께서 만일 다시 살아나지 못하셨으면 우리가 전파하는 것도 헛것이요 또 너희 믿음도 헛것이며(고전 15:13-14)

⑱ And if Christ has not been raised, your faith is futile; you are still in your sins. Then those also who have fallen asleep in Christ are lost. If only for this life we have hope in Christ, we are to be pitied more than all men.(CO1 15:17-19)

▫ futile 헛된, 쓸모없는 / be pitied more 더욱 불쌍하다

그리스도께서 다시 살아나신 일이 없으면 너희의 믿음도 헛되고 너희가 여전히 죄 가운데 있을 것이요 또한 그리스도 안에서 잠자는 자도 망하였으리니 만일 그리스도 안에서 우리가 바라는 것이 이 세상의 삶뿐이면 모든 사람 가운데 우리가 더욱 불쌍한 자이리라(고전 15:17-19)

⑲ But Christ has indeed been raised from the dead, the firstfruits of those who have fallen asleep.(1CO 15:20)

그러나 이제 그리스도께서 죽은 자 가운데서 다시 살아나사 잠자는 자들의 첫 열매가 되셨도다(고전 15:20)

⑳ We believe that Jesus died and rose again and so we believe that God will bring with Jesus those who have fallen asleep in him.(1TH 4:14)

우리가 예수께서 죽으셨다가 다시 살아나심을 믿을진대 이와 같이 예수 안에서 자는 자들도 하나님이 그와 함께 데리고 오시리라(살전 4:14)

㉑ For the Lord himself will come down from heaven, with a loud command, with the voice of the archangel and with the trumpet call of God, and the dead in Christ will rise first.(1TH 4:16)

▫ archangel 천사장, 대천사

주께서 호령과 천사장의 소리와 하나님의 나팔소리로 친히 하늘로 부터

강림하시리니 그리스도 안에서 죽은 자들이 먼저 일어나고(살전 4:16)

㉒ **Just as man is destined to die once, and after that to face judgment, so Christ was sacrificed once to take away the sins of many people; and he will appear a second time, not to bear sin, but to bring salvation to those who are waiting for him.(HEB 9:27-28)**

▫ be destined to RV ~할 운명이다

한번 죽는 것은 사람에게 정해진 것이요 그 후에는 심판이 있으리니 이와 같이 그리스도도 많은 사람의 죄를 담당하시려고 단번에 드리신 바 되셨고 구원에 이르게 하기 위하여 죄와 상관없이 자기를 바라는 자들에게 두 번째 나타나시리라(히 9:27-28)

㉓ **Look, he is coming with the clouds, and every eye will see him, even those who pierced him; and all the people of the earth will mourn because of him. So shall it be! Amen. (REV 1:7)**

▫ mourn 애곡하다, 애통해하다

볼지어다 그가 구름을 타고 오시리라 각 사람의 눈이 그를 보겠고 그를 찌른 자들도 볼 것이요 땅에 있는 모든 족속이 그로 말미암아 애곡하리니 그러하리라 아멘(계 1:7)

㉔ **Behold, I am coming soon! My reward is with me, and I will give to everyone according to what he has done.(REV 22:12)**

보라 내가 속히 오리니 내가 줄 상이 내게 있어 각 사람에게 그가 행한 대로 갚아 주리라(계 22:12)

㉕ **He who testifies to these things says, "Yes, I am coming soon." Amen. Come, Lord Jesus.(REV 22:20)**

이것들을 증언하신 이가 이르시되 내가 진실로 속히 오리라 하시거늘 아멘 주 예수여 오시옵소서(계 22:20)

† Golden Rule

- **I am the resurrection and the life. He who believes in me will live, even though he dies; and whoever lives and believes in me will never die.(JN 11:25-26)**

  나는 부활이요 생명이니 나를 믿는 사람은 죽어도 살겠고 무릇 살아서 나를 믿는 자는 영원히 죽지 아니하리니(요 11:25-26)

† Word & ♬ Hymn

○ **Mary Magdalene went to the disciples with the news: "I have seen the Lord!" And she told them that he had said these things to her.(JN 20:18)**
막달라 마리아가 가서 제자들에게 내가 주를 보았다 하고 또 주께서 자기에게 이렇게 말씀하셨다 이르니라(요 20:18)

저 장미꽃 위에 이슬 442
I come to the garden alone

저 장미꽃 위에 이슬
I come to the garden alone,

아직 맺혀 있는 그 때에
While the dew is still on the roses,

귀에 은은히 소리 들리니
And the voice I hear, Falling on my ear,

주 음성 분명하다
The Son of God discloses.

▫ disclose (감춰진 것을) 나타내다. disclose의 목적어는 the voice

주님 나와 동행을 하면서
And He walks with me, and He talks with me,

나를 친구 삼으셨네
And He tells me I am His own;

우리 서로 받은 그 기쁨은
And the joy we share as we tarry there,

▫ tarry 머무르다. 묵다

알 사람이 없도다
None other has ever known.

(통 499)

주와 동행

저 장미꽃 위에 이슬

442

C. A. Miles, 1912

I come to the garden alone

(Jn 요 20:18)

IN THE GARDEN: 8.9.10.7.REF.

C. A. Miles, 1912

15

사랑
Love

Key Expression & Word

- 서로 뜨겁게 사랑하다 love each other/one another deeply – 22/23

① For as high as the heavens are the earth, so great is his love for those who fear him; as far as the east is from the west, so far has he removed our transgressions from us.(PS 103:11-12)
이는 하늘이 땅에서 높음같이 그를 경외하는 자에게 그의 인자하심이 크심이로다 동이 서에서 먼 것같이 우리의 죄과를 우리에게서 멀리 옮기셨으며(시 103:11-12)

② Love your enemies and pray for those who persecute you. (MT 5:44)
너희 원수를 사랑하며 너희를 핍박하는 자를 위하여 기도하라(마 5:44)

③ A bruised reed he will not break, and a smoldering wick he will not snuff out, till he leads justice to victory.(MT 12:20)
▫ bruise 타박상을 입히다 / smolder 연기나다 / snuff out 양초를 끄다 / wick 심지
상한 갈대를 꺾지 아니하며 꺼져가는 심지를 끄지 아니하기를 심판하여 이길 때까지 하리니(마 12:20)

④ Love the Lord your God with all your heart and with all your soul and with all your mind. This is the first and greatest commandment. And the second is like it: Love your neighbor as yourself. All the Law and the Prophets hang on these two commandments.(MT 22:37-40)
네 마음을 다하고 목숨을 다하고 뜻을 다하여 주 너의 하나님을 사랑하라 하셨으니 이것이 크고 첫째 되는 계명이요 둘째도 그와 같으니 네 이웃을 네 자신과 같이 사랑하라 하셨으니 이 두 계명이 온 율법과 선지자의 강령이니라(마 22:37-40)

⑤ Love the Lord your God with all your heart and with all your soul and with all your mind and with all your strength. The

second is this: Love your neighbor as yourself. There is no commandment greater than these.(MK 12:30-31)
네 마음을 다하고 목숨을 다하고 뜻을 다하고 힘을 다하여 주 너의 하나님을 사랑하라 하신 것이요 둘째는 이것이니 네 이웃을 네 자신과 같이 사랑하라 하신 것이라 이 보다 더 큰 계명이 없느니라(막 12:30-31)

⑥ I tell you who hear me: Love your enemies, do good to those who hates you, bless those who curse you, pray for those who mistreat you.(LK 6:27-28)
너희 듣는 자에게 내가 이르노니 너희 원수를 사랑하며 너희를 미워하는 자를 선대하며 너희를 저주하는 자를 위하여 축복하며 너희를 모욕하는 자를 위하여 기도하라(눅 6:27-28)

⑦ God so loved the world that he gave his one and only Son, that whoever believes in him shall not perish but have eternal life.(JN 3:16)
하나님이 세상을 이처럼 사랑하사 독생자를 주셨으니 이는 그를 믿는 자마다 멸망하지 않고 영생을 얻게 하려 하심이라(요 3:16)

⑧ Jesus knew that the time had come for him to leave this world and go to the Father. Having loved his own who were in the world, he now showed them the full extent of his love.(JN 13:1)

□ Having loved his own~ (완료 분사 구문)자기 사람들을 사랑하시되

예수께서 자기가 세상을 떠나 아버지께로 돌아가실 때가 이른 줄 아시고 세상에 있는 자기 사람들을 사랑하시되 끝까지 사랑하시니라(요 13:1)

⑨ A new command I give you: Love one another. As I have loved you, so you must love one another.(JN 13:34)
새 계명을 너희에게 주노니 서로 사랑하라 내가 너희를 사랑한 것같이 너희도 서로 사랑하라(요 13:34)

⑩ Whoever has my commands and obeys them, he is the one who loves me. He who loves me will be loved by my Father, and I too will love him and show myself to him.(JN 14:21)
나의 계명을 가지고 지키는 자라야 나를 사랑하는 자니 나를 사랑하는 자는 내 아버지께 사랑을 받을 것이요 나도 그를 사랑하여 그에게 나를 나타내리라(요 14:21)

⑪ As the Father has loved me, so have I loved you. Now remain in my love.(JN 15:9)

아버지께서 나를 사랑하신 것 같이 나도 너희를 사랑하였으니 나의 사랑 안에 거하라(요 15:9)

⑫ But God demonstrates his own love for us in this: While we were still sinners, Christ died for us. Since we have now been justified by his blood, how much more shall we be saved from God's wrath through him!(RO 5:8-9)
우리가 아직 죄인 되었을 때에 그리스도께서 우리를 위하여 죽으심으로 하나님께서 우리에 대한 자기의 사랑을 확증하셨느니라 그러면 이제 우리가 그의 피로 말미암아 의롭다 하심을 받았으니 더욱 그로 말미암아 진노하심에서 구원을 받을 것이니(롬 5:8-9)

⑬ He who did not spare his own Son, but gave him up for us all – how will he not also, along with him, graciously give us all things?(RO 8:32)
자기 아들을 아끼지 아니하시고 우리 모든 사람을 위하여 내주신 이가 어찌 그 아들과 함께 모든 것을 우리에게 주시지 아니하겠느냐(롬 8:32)

⑭ For I am convinced that neither death nor life, neither angels nor demons, neither the present nor the future, nor any powers, neither height nor depth, nor anything else in all creation, will be able to separate us from the love of God that is in Christ Jesus our Lord.(RO 8:38-39)
내가 확신하노니 사망이나 생명이나 천사들이나 권세자들이나 현재 일이나 장래일이나 높음이나 깊음이나 다른 어떤 피조물이라도 우리를 우리 주 그리스도 예수 안에 있는 하나님의 사랑에서 끊을 수 없으리라(롬 8:38-39)

⑮ Let no debt remain outstanding, except the continuing debt to love one another, for he who loves his fellowman has fulfilled the law.(RO 13:8)
피차 사랑의 빚 외에는 아무에게든지 아무 빚도 지지 말라 남을 사랑하는 자는 율법을 다 이루었느니라(롬 13:8)

⑯ Love does not harm to its neighbor. Therefore love is the fulfillment of the law.(RO 13:10)
사랑은 이웃에게 악을 행하지 아니하나니 그러므로 사랑은 율법의 완성이니라(롬 13:10)

⑰ If I speak in the tongues of men and of angels, but have not love, I am only a resounding gong or a clanging cymbal.(1CO 13:1)

▫ resound 소리가 울리다 / gong 징, 종 / clang 뎅그렁 울리다

내가 사람의 방언과 천사의 말을 할지라도 사랑이 없으면 소리 나는 구리와 울리는 꽹과리가 되고(고전 13:1)

⑱ If I have the prophecy and can fathom all mysteries and all knowledge, and if I have a faith that can move mountains, but have not love, I am nothing.(1CO 13:2)

내가 예언하는 능력이 있어 모든 비밀과 지식을 알고 또 산을 옮길 만한 모든 믿음이 있을지라도 사랑이 없으면 내가 아무것도 아니요(고전 13:2)

⑲ If I give all I possess to the poor and surrender my body to the flames, but have not love, I gain nothing.(1CO 13:3)

내가 내게 있는 모든 것으로 구제하고 또 내 몸을 불사르게 내 줄지라도 사랑이 없으면 내게 아무 유익이 없느니라(고전 13:3)

⑳-1 Love is patient, love is kind. It does not envy, it does not boast, it is not proud.(1CO 13:4)

⑳-2 It always protects, always trusts, always hopes, always perseveres.(1CO 13:7)

사랑은 오래 참고 사랑은 온유하며 투기하는 자가 되지 아니하며 사랑은 자랑하지 아니하며 교만하지 아니하며(고전 13:4)

모든 것을 참으며 모든 것을 믿으며 모든 것을 바라며 모든 것을 견디느니라(고전 13:7)

㉑ And now these three remains: faith, hope and love. But the greatest of these is love.(1CO 13:13)

그런즉 믿음, 소망, 사랑, 이 세 가지는 항상 있을 것인데 그 중의 제일은 사랑이라(고전 13:13)

㉒ Now that you have purified yourselves by obeying the truth so that you have sincere love for your brothers, love one another deeply, from the heart. For you have been born again, not of perishable seed, but of imperishable, through the living and enduring word of God.(1PE 1:22-23)

너희가 진리를 순종함으로 너희 영혼을 깨끗하게 하여 거짓이 없이 형제를 사랑하기에 이르렀으니 마음으로 뜨겁게 서로 사랑하라 너희가

거듭난 것은 썩어질 씨로 된 것이 아니요 썩지 아니할 씨로 된 것이니 살아있고 항상 있는 하나님의 말씀으로 되었느니라(벧전 1:22-23)

㉓ **Above all, love each other deeply, because love covers over a multitude of sins. Offer hospitality to one another without grumbling. Each one should use whatever gift he has received to serve others, faithfully administering God's grace in its various forms.(1PE 4:8-10)**

- whatever gift he has received = any gift that he has received
- administering God's grace 하나님의 은혜를 베풀면서, administer 베풀다

무엇보다도 뜨겁게 서로 사랑할지니 사랑은 허다한 죄를 덮느니라 서로 대접하기를 원망 없이 하고 각각 은사를 받은 대로 하나님의 여러 가지 은혜를 맡은 선한 청지기같이 서로 봉사하라(벧전 4:8-10)

㉔ **Do not love the world or anything in the world. If anyone loves the world, the love of the Father is not in him.(1JN 2:15)**

이 세상이나 세상에 있는 것들을 사랑치 말라 누구든지 세상을 사랑하면 아버지의 사랑이 그 속에 있지 아니하니(요일 2:15)

㉕ **Dear friends, let us love one another, for love comes from God. Everyone who loves has been born of God and knows God. Whoever does not love does not know God, because God is love.(1JN 4:7-8)**

사랑하는 자들아 우리가 서로 사랑하자 사랑은 하나님께 속한 것이니 사랑하는 자마다 하나님께로 나서 하나님을 알고 사랑하지 아니하는 자는 하나님을 알지 못하나니 하나님은 사랑이심이라(요일 4:7-8)

㉖ **This is love: not that we loved God, but that he loved us and sent his Son as an atoning sacrifice for our sins.(1JN 4:10)**

- atone 화해하다, 화해시키다, 죄를 속하다, an atoning sacrifice 화목 제물

사랑은 여기 있으니 우리가 하나님을 사랑한 것이 아니요 오직 하나님이 우리를 사랑하사 우리 죄를 위하여 화목 제물로 그 아들을 보내셨음이니라(요일 4:10)

㉗ **Dear friends, since God so loved us, we also ought to love one another.(1JN 4:11)**

- ought to ~ 하는 것이 마땅하다

사랑하는 자들아 하나님이 이같이 우리를 사랑하셨은즉 우리도 서로 사랑하는 것이 마땅하도다(요일 4:11)

㉘ And so we know and rely on the love God has for us. God is love. Whoever lives in love lives in God, and God in him.(1JN 4:16)
하나님이 우리를 사랑하시는 사랑을 우리가 알고 믿었노니 하나님은 사랑이시라 사랑 안에 거하는 자는 하나님 안에 거하고 하나님도 그 안에 거하시느니라(요일 4:16)

㉙ There is no fear in love. But perfect love drives out fear, because fear has to do with punishment. The one who fears is not made perfect in love.(1JN 4:18)

- drive out 내쫓다

사랑 안에 두려움이 없고 온전한 사랑이 두려움을 내어 쫓나니 두려움에는 형벌이 있음이라 두려워하는 자는 사랑 안에서 온전히 이루지 못하였느니라(요일 4:18)

㉚ If anyone says, "I love God," yet hates his brother, he is a liar. For anyone who does not love his brother, whom he has seen, cannot love God, whom he has not seen.(1JN 4:20)

- his brother, whom he has seen 그가 보는 형제 / God, whom he has not seen 그가 (눈으로)보지 못하는 하나님
- a liar 거짓말하는 자, lie 거짓말하다

누구든지 하나님을 사랑하노라 하고 그 형제를 미워하면 이는 거짓말하는 자니 보는 바 그 형제를 사랑하지 아니하는 자는 보지 못하는 바 하나님을 사랑할 수 없느니라(요일 4:20)

† Golden Rule

● A new command I give you: Love one another. As I have loved you, so you must love one another.(JN 13:34)
새 계명을 너희에게 주노니 서로 사랑하라 내가 너희를 사랑한 것같이 너희도 서로 사랑하라(요 13:34)

† Word & ♬ Hymn

● **God so loved the world that he gave his one and only Son, that whoever believes in him shall not perish but have eternal life.(JN 3:16)**
하나님이 세상을 이처럼 사랑하사 독생자를 주셨으니 이는 그를 믿는 자마다 멸망하지 않고 영생을 얻게 하려 하심이라(요 3:16)

그 크신 하나님의 사랑 304
The love of God is greater far

그 크신 하나님의 사랑
The love of God is greater far
▫ greater far ← far greater, far는 비교급 강조

말로다 형용 못하네
Than tongue or pen can ever tell

저 높고 높은 별을 넘어
It goes beyond the highest star,

이 낮고 낮은 땅위에
And reaches to the lowest hell;
▫ reach to ~에 이르다, 미치다, 여기서 reach는 자동사

죄 범한 영혼 구하려
The guilty pair, bowed down with care,
▫ The guilty pair 아담과 이브 즉 죄 많은 우리 인간을 가리킴/ be bowed down with care 근심 걱정으로 풀이 죽다, 여기서는 be가 생략된 분사

그 아들 보내사
God gave His Son to win;
▫ to win의 목적어는 The guilty pair

화목제물 삼으시고
His erring child He reconciled,
▫ erring 죄를 범한 / reconciled의 목적어는 His erring child

죄 용서 하셨네
And pardoned from His sin.

하나님 크신 사랑은
Oh love of God, how rich and pure!

측량 다 못하네
How measureless and strong!

영원히 변치 않는 사랑
It shall forevermore endure,
▫ It는 'The saints' ~' 를 가리킨다. forevermore는 forever의 강조 / endure 지속되다, 여기서는 자동사

성도여 찬양하세
The saints' and angels' song

304 그 크신 하나님의 사랑

(통 404)

The love of God is greater far

(Jn 요 3:16)

F. M. Lehman, 1917

은혜와 사랑

THE LOVE OF GOD: IRREG.
F. M. Lehman, 1917

보통으로

후렴
G D A7 D
하나님크 신사랑은 측량다못 하 네
Oh love of God, how rich and pure! How meas-ure-less and strong!
G D A7 D
영원히변 치않는사 랑성도여찬 양 하 세
It shall for-ev-er more en-dure, The saints' and an-gels' song.

16
생명과 영생
Life & Eternal life

Key Expression & Word

▶ 생명 life – 1, 11, 15, 17, 20, 25, 26, 29
- 목숨 life – 3, 4 / soul – 5, 6

▶ 영생 eternal life – 9, 10, 13, 18, 19, 22
- 영생에 들어가다 enter life/the kingdom of God – 7
- 영생을 얻다 have eternal life – 9, 11, 12 영생하다 live forever – 14, 27

① **You have made known to me the path of life; you will fill me with joy in your presence, with eternal pleasures at your right hand.(PS 16:11)**
주께서 생명의 길을 내게 보이시리니 주의 앞에는 충만한 기쁨이 있고 주의 오른쪽에는 영원한 즐거움이 있나이다(시 16:11)

② **The LORD is my shepherd, I shall not be in want. He makes me lie down in green pastures, he leads me beside quiet waters. he restores my soul. He guides me in paths of righteousness for his name's sake. Even though I walk through the valley of the shadow of death, I will fear no evil, for you are with me; your rod and your staff, they comfort me. You prepare a table before me in the presence of my enemies. You anoint my head with oil; my cup overflows. Surely goodness and love will follow me all the days of my life, and I will dwell in the house of the LORD forever.(PS 23:1-6)**
여호와는 나의 목자시니 내게 부족함이 없으리로다 그가 나를 푸른 풀밭에 누이시며 쉴만한 물가로 인도하시는도다 내 영혼을 소생시키시고 자기 이름을 위하여 의의 길로 인도하시는도다 내가 사망의 음침한 골짜기로 다닐지라도 해를 두려워하지 않을 것은 주께서 나와 함께 하심이라 주의 지팡이와 막대기가 나를 안위하시나이다 주께서 내 원수의 목전에서 내게 상을 차려 주시고 기름을 내 머리에 부으셨으니 내

잔이 넘치나이다 내 평생에 선하심과 인자하심이 반드시 나를 따르리니 내가 여호와의 집에 영원히 살리로다(시 23:1-6)

③ **Therefore I tell you, do not worry about your life, what you will eat or drink; or about your body, what you will wear. Is not life more important than food, and the body more important than clothes?(MT 6:25)**

ㅁ what you will eat 무엇을 먹을까

그러므로 내가 너희에게 이르노니 목숨을 위하여 무엇을 먹을까 무엇을 마실까 몸을 위하여 무엇을 입을까 염려하지 말라 목숨이 음식보다 중하지 아니하며 몸이 의복보다 중하지 아니하냐(마 6:25)

④ **Whoever wants to save his life will lose it, but whoever loses his life for me will find it.(MT 16:25-26)**

누구든지 제 목숨을 구원하고자 하면 잃을 것이요 누구든지 나를 위하여 제 목숨을 잃으면 찾으리라(마 16:25-26)

⑤ **Love the Lord your God with all your heart and with all your soul and with all your mind. This is the first and greatest commandment.(MT 22:37-38)**

ㅁ heart, soul, mind의 의미를 강조하기 위해 '(and) with all your~ '라는 똑같은 말 반복 사용

네 마음을 다하고 목숨을 다하고 뜻을 다하여 주 너의 하나님을 사랑하라 하셨으니 이것이 크고 첫째 되는 계명이요(마 22:37-38)

⑥ **What good is it for a man to gain the whole world, yet forfeit his soul? Or what can a man give in exchange for his soul? (MK 8:36-37)**

ㅁ What good is it ~ ? 무엇이 유익하리요 / forfeit one's soul 목숨을 잃다

사람이 만일 온 천하를 얻고도 제 목숨을 잃으면 무엇이 유익하리요 사람이 무엇을 주고 제 목숨을 바꾸겠느냐(막 8:36-37)

⑦ **If your hand causes you to sin, cut it off. It is better for you to enter life maimed than with two hands to go into hell, where the fire never goes out. If your foot causes you to sin, cut it off. It is better for you to enter life crippled than to have two feet and be thrown into hell. If your eye causes you to sin, pluck it out. It is better for you to enter the kingdom of God with one eye than to have two eyes and be thrown into hell. (MK 9:43-47)**

- to enter life maimed 장애인으로 영생에 들어가는 것
- with two hands to go into hell 두 손을 가지고 지옥에 들어가는 것

만일 네 손이 너를 범죄하게 하거든 찍어 버리라 장애인으로 영생에 들어가는 것이 두 손을 가지고 지옥 곧 꺼지지 않는 불에 들어가는 것보다 나으니라 만일 네 발이 너를 범죄하게 하거든 찍어 버리라 다리 저는 자로 영생에 들어가는 것이 두 발을 가지고 지옥에 던져지는 것보다 나으니라 만일 네 눈이 너를 범죄하게 하거든 빼어 버리라 한 눈으로 하나님 나라에 들어가는 것이 두 눈을 가지고 지옥에 던져지는 것보다 나으니라(막 9:43-47)

⑧ **Then he said to them, "Watch out! Be on your guard against all kinds of greed; a man's life does not consist in the abundance of his possession."(LK 12:15)**

- watch out 삼가다, 경계하다

그들에게 이르시되 삼가 모든 탐심을 물리치라 사람의 생명이 그 소유의 넉넉한데 있지 아니하리라(눅12:15)

⑨ **God so loved the world that he gave his one and only Son, that whoever believes in him shall not perish but have eternal life.(JN 3:16)**

하나님이 세상을 이처럼 사랑하사 독생자를 주셨으니 이는 그를 믿는 자마다 멸망하지 않고 영생을 얻게 하려 하심이라(요 3:16)

⑩ **Everyone who drinks this water will be thirsty again, but whoever drinks the water I give him will never thirst. Indeed, the water I give him become in him a spring of water welling up to eternal life.(JN 4:13-14)**

이 물을 먹는 자마다 다시 목마르려니와 내가 주는 물을 먹는 자는 영원히 목마르지 아니하리니 내가 주는 물은 그 속에서 영생하도록 솟아나는 샘물이 되리라(요 4:13-14)

⑪ **I tell you the truth, whoever hears my word and believes him who sent me has eternal life and will not be condemned; he has crossed over from death to life.(JN 5:24)**

- whoever believes him who sent me 나 보내신 이를 믿는 자
- will not be condemned 심판을 받지 않는다

내가 진실로 진실로 너희에게 이르노니 내말을 듣고 또 나 보내신 이를 믿는 자는 영생을 얻었고 심판에 이르지 아니하나니 사망에서 생명으로 옮겼느니라(요 5:24)

⑫ **You diligently study the Scriptures because you think that by them you possess eternal life. These are the Scriptures that**

KEY WORD • 16

testify about me.(JN 5:39)
너희가 성경에서 영생을 얻은 줄 생각하고 성경을 연구하거니와 이 성경이 곧 내게 대하여 증언하는 것이로다(요 5:39)

⑬ **Do not work for food that spoils, but for food that endures to eternal life, which the Son of Man will give you. On him God the Father has placed his seal of approval.(JN 6:27)**

- place his seal of approval on 하나님께서 승인하시다, seal of approval 승인의 봉인, 인장

썩을 양식을 위하여 일하지 말고 영생하도록 있는 양식을 위하여 하라 이 양식은 인자가 너희에게 주리니 인자는 아버지 하나님께서 인치신 자니라(요 6:27)

⑭ **I am the living bread that came down from heaven. If anyone eats of this bread, he will live forever. This bread is my flesh, which I will give for the life of the world.(JN 6:51)**
나는 하늘에서 내려온 살아있는 떡이니 사람이 이 떡을 먹으면 영생하리라 내가 줄 떡은 곧 세상의 생명을 위한 내 살이니라(요 6:51)

⑮ **I am the resurrection and the life. He who believes in me will live, even though he dies; and whoever lives and believes in me will never die.(JN 11:25-26)**
나는 부활이요 생명이니 나를 믿는 사람은 죽어도 살겠고 무릇 살아서 나를 믿는 자는 영원히 죽지 아니하리니(요 11:25-26)

⑯ **I am the way and the truth and the life. No one comes to the Father except through me.(JN 14:6)**
내가 곧 길이요 진리요 생명이니 나로 말미암지 않고는 아버지께로 올 자가 없느니라(요 14:6)

⑰ **But these are written that you may believe that Jesus is the Christ, the Son of God, and that by believing you may have life in his name.(JN 20:31)**
오직 이것을 기록함은 너희로 예수께서 하나님의 아들 그리스도이심을 믿게 하려 함이요 또 너희로 믿고 그 이름을 힘입어 생명을 얻게 하려 함이라(요 20:31)

⑱ **God will give to each person according to what he has done. To those who by persistence in doing good seek glory, honor, and immortality, he will give eternal life.(RO 2:6-7)**
하나님께서 각 사람에게 그 행한 대로 보응하시되 참고 선을 행하여

영광과 존귀와 썩지 아니함을 구하는 자에게는 영생으로 하시고 (롬 2:6-7)

⑲ **But now that you have been set free from sin and have become slaves to God, the benefit you reap leads to holiness, and the result is eternal life. For the wages of sin is death, but the gift of God is eternal life in Christ Jesus our Lord.(RO 6:22-23)**
그러나 이제는 너희가 죄로부터 해방되고 하나님께 종이 되어 거룩함에 이르는 열매를 맺었으니 그 마지막은 영생이라 죄의 삯은 사망이요 하나님의 은사는 그리스도 예수 우리 주 안에 있는 영생이니라 (롬 6:22-23)

⑳ **Those who live according to the sinful nature have their minds set on what that nature desires; but those who live in accordance with the Spirit have their minds set on what the Spirit desires. The mind of sinful man is death, but the mind controlled by the Spirit is life and peace.(RO 8:5-6)**
□ have their minds set on ~에 마음을 두다
육신을 좇는 자는 육신의 일을, 영을 좇는 자는 영의 일을 생각하나니 육신의 생각은 사망이요 영의 생각은 생명과 평안이니라(롬 8:5-6)

㉑ **So we fix our eyes not on what is seen, but on what is unseen. For what is seen is temporary but what is unseen is eternal. (2CO 4:18)**
우리가 주목하는 것은 보이는 것이 아니요 보이지 않는 것이니 보이는 것은 잠깐이요 보이지 않는 것은 영원함이라(고후 4:18)

㉒ **The one who sows to please his sinful nature from the nature will reap destruction; the one who sows to please the Spirit from the Spirit will reap eternal life.(GAL 6:8)**
자기의 육체를 위하여 심는 자는 육체로부터 썩어질 것을 거두고 성령을 위하여 심는 자는 성령으로부터 영생을 거두리라(갈 6:8)

㉓ **Now we know that if the earthly tent we live in is destroyed, we have a building from God, an eternal house in heaven, not built by human hands.(2CO 5:1)**
□ the earthly tent we live in ← the earthly tent which we live in
만일 땅에 있는 우리의 장막 집이 무너지면 하나님께서 지으신 집 곧 손으로 지은 것이 아니요 하늘에 있는 영원한 집이 우리에게 있는 줄 아느니라(고후 5:1)

㉔ **Set your minds on things above, not on earthly things. (COL 3:2)**

▫ set your minds on ~ 에 전념하다 / things above 위의 것, earthly things 땅의 것

위의 것을 생각하고 땅의 것을 생각지 말라(골 3:2)

㉕ **Command them to do good, to be rich in good deeds, and to be generous and willing to share. In this way they will lay up treasure for themselves as a firm foundation for the coming age, so that they may take hold of the life that is truly life. (1TI 6:18-19)**

선을 행하고 선한 사업을 많이 하고 나누어 주기를 좋아하며 너그러운 자가 되게 하라 이것이 장래에 자기를 위하여 좋은 터를 쌓아 참된 생명을 취하는 것이니라(딤전 6:18-19)

㉖ **Why, you do not even know what will happen tomorrow. What is your life? You are a mist that appears for a little while and then vanishes.(JAS 4:14)**

내일 일을 너희가 알지 못하는 도다 너희 생명이 무엇이냐 너희는 잠깐 보이다가 없어지는 안개니라(약 4:14)

㉗ **The world and its desires pass away, but the man who does the will of God lives forever.(1JN 2:17)**

이 세상도, 그 정욕도 지나가되 오직 하나님의 뜻을 행하는 자는 영원히 거하느니라(요일 2:17)

㉘ **This is how God showed his love among us: He sent his one and only Son into the world that we might live through him. (1JN 4:9)**

하나님의 사랑이 우리에게 이렇게 나타난바 되었으니 하나님이 자기의 독생자를 세상에 보내심은 그로 말미암아 우리를 살리려 하심이라 (요일 4:9)

㉙ **And this is the testimony: God has given us eternal life, and this life is in his Son. He who has the Son has life; He who does not have the Son of God does not have life.(1JN 5:11-12)**

▫ testimony 증거, 증언

또 증거는 이것이니 하나님이 우리에게 영생을 주신 것과 이 생명이 그의 아들 안에 있는 그것이니라 아들이 있는 자에게는 생명이 있고 하나님의 아들이 없는 자에게는 생명이 없느니라(요일 5:11-12)

㉚ **I write these things to you who believe in the name of the Son of God so that you may know that you have eternal life. (1JN 5:13)**
내가 하나님의 아들의 이름을 믿는 너희에게 이것을 쓰는 것은 너희로 하여금 너희에게 영생이 있음을 알게 하려 함이라(요일 5:13)

KEY WORD • 16

† Golden Rule

- **God so loved the world that he gave his one and only Son, that whoever believes in him shall not perish but have eternal life.(JN 3:16)**
하나님이 세상을 이처럼 사랑하사 독생자를 주셨으니 이는 그를 믿는 자마다 멸망하지 않고 영생을 얻게 하려 하심이라(요 3:16)

† Word & ♬ Hymn

○ **Set your minds on things above, not on earthly things. (COL 3:2)**
위의 것을 생각하고 땅의 것을 생각지 말라(골 3:2)

저 높은 곳을 향하여 491
I'm pressing on the upward way

저 높은 곳을 향하여
I'm pressing on the upward way,
▫ press on 애를 쓰며 나아가다

날마다 나아갑니다
New heights I'm gaining ev'ry day;
▫ New heights I'm gaining ← I'm gaining new heights

내 뜻과 정성 모아서
Still praying as I'm onward bound,
▫ onward bound 앞으로 향하는, bound는 '~행의'

날마다 기도 합니다
"Lord, plant my feet on higher ground."
▫ "Lord, plant ~"는 praying 의 목적어로 기도의 내용

내 주여 내 맘 붙드사
Lord, lift me up and let me stand

그곳에 있게 하소서
By faith on heaven's table land,
▫ table land 대지, 고원

그곳은 빛과 사랑이
A higher plane than I have found;

언제나 넘치옵니다
Lord, plant my feet on higher ground.
▫ higher plane = higher ground = table land 높은 대지, 평면

491 저 높은 곳을 향하여

(통 543)

미래와 소망

I'm pressing on the upward way

(Col 골 3:2)

J. Oatman, Jr., 1898

HIGHER GROUND: 8.8.8.8.REF.

C. H. Gabriel, 1898

17
섬김
Service

Key Expression & Word

- 직분 service – 14
- 섬김이 servant – 6 / slave – 10
- 사역 working – 14
- 섬기다 serve – 2, 7, 8, 11, 12, 17 / help – 18
- 종노릇 하다 serve – 15
- 봉사하다 serve – 19
- 순종하다 obey – 17
- 복종하다 submit to – 16

① How good and pleasant it is when brothers live together in unity!(PS 133:1)
보라 형제가 연합하여 동거함이 어찌 그리 선하고 아름다운고 (시 133:1)

② No one can serve two masters. Either he will hate the one and love the other, or he will be devoted to the one and despise the other. you cannot serve both God and Money.(MT 6:24)
한 사람이 두 주인을 섬기지 못할 것이니 혹 이를 미워하며 저를 사랑하거나 혹 이를 중히 여기며 저를 경히 여김이라 너희가 하나님과 재물을 겸하여 섬기지 못하느니라(마 6:24)

③ So in everything, do to others what you would have them do to you. This sums up the Law and the Prophets.(MT 7:12)
▫ would have O +O.C (원형동사): ~ 이(O) ~하기를(O.C) 바라다 / sum up 요약하다
무엇이든지 남에게 대접을 받고자 하는 대로 너희도 남을 대접하라 이것이 율법이요 선지자니라(마 7:12)

④ But if anyone causes one of these little ones who believe in me to sin, it would be better for him to have a large millstone hung around his neck and to be drowned in the depths of sea.(MT 18:6)
▫ have a large millstone(O) hung around his neck(O.C) 연자 맷돌이 그 목에 달려서 / be drowned 빠지다
누구든지 나를 믿는 이 작은 자 중 하나를 실족하게 하면 차라리 연자

맷돌이 그 목에 달려서 깊은 바다에 빠뜨려지는 것이 나으니라(마 18:6)

⑤ **Whatever you bind on earth will be bound in heaven, and whatever you loose on earth will be loosed in heaven.(MT 18:18)**

▫ bind 묶다 bind, bound, bound / loose 풀다, 끄르다

무엇이든지 너희가 땅에서 매면 하늘에서도 매일 것이요 무엇이든지 땅에서 풀면 하늘에서도 풀리리라(마 18:18)

⑥ **Whoever wants to become great among you must be your servant, and whoever wants to be first must be your slave. (MT 20:26-27)**

▫ servant 섬김이 ↔ master

너희 중에 누구든지 크고자 하는 자는 너희를 섬기는 자가 되고 너희 중에 누구든지 으뜸이 되고자 하는 자는 너희의 종이 되어야 하리라 (마 20:26-27)

⑦ **The Son of Man did not come to be served, but to serve, and to give his life as a ransom for many.(MT 20:28)**

▫ The Son of Man 인자 / ransom 대속물, 몸값

인자가 온 것은 섬김을 받으려 함이 아니라 도리어 섬기려 하고 자기 목숨을 많은 사람의 대속물로 주려 함이니라(마 20:28)

⑧ **Whoever serves me must follow me; and where I am, my servant also will be. My Father will honor the one who serves me. (JN 12:26)**

사람이 나를 섬기려면 나를 따르라 나 있는 곳에 나를 섬기는 자도 거기 있으리니 사람이 나를 섬기면 내 아버지께서 그를 귀히 여기시리라 (요 12:26)

⑨ **Now that I, your Lord and Teacher, have washed your feet, you also should wash one another's feet. I have set you an example that you should do as I have done for you.(JN 13:14)**

▫ Now that ~하기 때문에 / as I have done for you 내가 너희에게 행한 것 같이

내가 주와 또는 선생이 되어 너희 발을 씻었으니 너희도 서로 발을 씻어 주는 것이 옳으니라 내가 너희에게 행한 것 같이 너희도 행하게 하려 하여 본을 보였노라(요 13:14)

⑩ **What a wretched man I am! Who will rescue me from this body of death? Thanks be to God – through Jesus Christ our Lord! So then, I myself in my mind am a slave to God's law, but in the sinful nature a slave to the law of sin.(RO 7:24-25)**

▫ a slave to ~을 섬기는 사람, ~ 에 헌신하는 사람

오호라 나는 곤고한 사람이로다 이 사망의 몸에서 누가 나를 건져내랴 우리 주 예수 그리스도로 말미암아 하나님께 감사하리로다 그런즉 내 자신이 마음으로는 하나님의 법을 육신으로는 죄의 법을 섬기노라 (롬 7:24-25)

⑪ **For none of us lives to himself alone and none of us dies to himself alone. If we live, we live to the Lord; and if we die, we die to the Lord. So, whether we live or die, we belong to the Lord.(RO 14:7-8)**

우리 중에 누구든지 자기를 위하여 사는 자가 없고 자기를 위하여 죽는 자도 없도다 우리가 살아도 주를 위하여 살고 죽어도 주를 위하여 죽나니 그러므로 사나 죽으나 우리가 주의 것이로다(롬 14:7-8)

⑫ **The kingdom of God is not a matter of eating and drinking, but of righteousness, peace and joy in the Holy Spirit, because anyone who serves Christ in this way is pleasing to God and approved by men.(RO 14:17-18)**

하나님의 나라는 먹는 것과 마시는 것이 아니요 오직 성령 안에서 의와 평강과 희락이라 이로써 그리스도를 섬기는 자는 하나님을 기쁘시게 하며 사람에게도 칭찬을 받느니라(롬 14:17-18)

⑬ **I urge you, brothers, to watch out for those who cause divisions and put obstacles in your way that are contrary to the teaching you have learned. Keep away from them. For such people are not serving our Lord Christ, but their own appetites. By smooth talk and flattery they deceive the minds of naive people. (RO 16:17-18)**

▫ watch out for ~을 경계하다 / keep away from ~을 멀리하다 / appetite 식욕, 욕구 / naive 순진한

형제들아 내가 너희를 권하노니 너희가 배운 교훈을 거슬러 분쟁을 일으키거나 거치게하는 자들을 살피고 그들에게서 떠나라 이 같은 자들은 우리 주 그리스도를 섬기지 아니하고 다만 자기들의 배만 섬기나니 교활한 말과 아첨하는 말로 순진한 자들의 마음을 미혹하느니라 (롬 16:17-18)

⑭ **There are different kinds of gifts, but the same Spirit. There are different kinds of service, but the same Lord. There are different kinds of working, but the same God works all of them** in all men.(1CO 12:4-6)

ㅁ gift 은사 / service 직분 / working 사역 / work 일시키다, 부리다

은사는 여러 가지나 성령은 같고 직분은 여러 가지나 주는 같으며 또 사역은 여러 가지나 모든 것을 모든 사람 가운데서 이루시는 하나님은 같으니(1CO 12:4-6)

⑮ You, my brothers, were called to be free. But do not use your freedom to indulge the sinful nature; rather, serve one another in love.(GAL 5:13)

ㅁ indulge 욕망, 정렬 등을 만족시키다, 채우다

형제들아 너희가 자유를 위하여 부르심을 입었으나 그러나 그 자유로 육체의 기회를 삼지 말고 오직 사랑으로 서로 종 노릇하라(갈 5:13)

⑯ Speak to one another with psalms, hymns and spiritual songs. Sing and make music in your heart to the Lord, always giving thanks to God the Father for everything, in the name of our Lord Jesus Christ. Submit to one another out of reverence for Christ.(EPH 5:19-21)

ㅁ submit (oneself) to ~ 에 복종하다, ~을 따르다

시와 찬송과 신령한 노래들로 서로 화답하며 너희의 마음으로 주께 노래하며 찬송하며 범사에 우리 주 예수 그리스도의 이름으로 항상 아버지 하나님께 감사하며 그리스도를 경외함으로 피차 복종하라 (엡 5:19-21)

⑰ Slaves, obey your earthly masters with respect and fear, and with sincerity of heart, just as you would obey Christ. Obey them not only to win their favor when their eye is on you, but like slaves of Christ, doing the will of God from your heart. Serve wholeheartedly, as if you were serving the Lord, not men. (EPH 6:5-7)

ㅁ win their favor when their eye is on you 눈가림만 하여 사람을 기쁘게 하다 / wholeheartedly 전심으로

종들아 두려워하고 떨며 성실한 마음으로 육체의 상전에게 순종하기를 그리스도께 하듯 하라 눈가림만 하여 사람을 기쁘게 하는 자처럼 하지 말고 그리스도의 종들처럼 마음으로 하나님의 뜻을 행하고 기쁜 마음으로 섬기기를 주께 하듯 하고 사람들에게 하듯 하지 말라(엡 6:5-7)

⑱ God is not unjust; he will not forget your work and the love you have shown him as you have helped his people and continue to help them.(HEB 6:10)

하나님은 불의하지 아니하사 너희 행위와 그의 이름을 위하여 나타낸 사랑으로 이미 **성도를 섬긴 것과 이제도 섬기고 있는 것을 잊어버리지 아니하시느니라**(히 6:10)

⑲ **Above all, love each other deeply, because love covers over a multitude of sins. Offer hospitality to one another without grumbling. Each one should use whatever gift he has received to serve others, faithfully administering God's grace in its various forms.(1PE 4:8-10)**

- whatever gift he has received = any gift that he has received
- administering God's grace 하나님의 은혜를 베풀면서, administer 베풀다

무엇보다도 뜨겁게 서로 사랑할지니 사랑은 허다한 죄를 덮느니라 서로 대접하기를 원망 없이 하고 **각각 은사를 받은 대로** 하나님의 여러 가지 은혜를 맡은 선한 청지기같이 **서로 봉사하라**(벧전 4:8-10)

† Golden Rule

● **The Son of Man did not come to be served, but to serve, and to give his life as a ransom for many.(MT 20:28)**
인자가 온 것은 섬김을 받으려 함이 아니라 도리어 섬기려 하고 자기 목숨을 많은 사람의 대속물로 주려 함이니라(마 20:28)

† Word & ♬ Hymn

○ **For none of us lives to himself alone and none of us dies to himself alone.(RO 14:7)**
우리 중에 누구든지 자기를 위하여 사는 자가 없고 자기를 위하여 죽는 자도 없도다(롬 14:7)

예수가 함께 계시니 325
Living for Jesus

예수가 함께 계시니 Living for Jesus, oh, what peace!	시험이 오나 겁없네 Rivers of pleasure never cease.
기쁨의 근원 되시는 Trials may come, yet I'll not fear.	예수를 위해 삽시다 Living for Jesus, He is near.
날마다 주를 섬기며 Help me to serve Thee more and more.	언제나 주를 기리고 Help me to praise Thee o'er and o'er;
그사랑 안에 살면서 Live in Thy presence day by day,	딴 길로 가지 맙시다 Never to turn from Thee away.

KEY WORD • 17

(통 359)

소명과 충성

C. F. Weigele(1871-1966)

예수가 함께 계시니 325

Living for Jesus, oh, what peace!

(Ro 롬 14:7)

LIVING FOR JESUS: 8.8.8.8.REF.

C. F. Weigele(1871-1966)

18
성경
the Bible

Key Expression & Word

- 성경(聖經:the Bible, the Testament) the law of the LORD – 1, 2
  the Scripture – 13, 15, 16
- 복음(福音)을 전(파)하다 preach the gospel – 5, 7, 8
  preach (the) good news – 9, 10
- 말씀 the Word – 11, 12, 21
  the word of Jesus(God, the Lord) – 3, 4, 6, 17, 18, 19, 20

▸ 구약성경 The Old Testament / 신약성경 The New Testament

① **Blessed is the man who does not walk in the counsel of the wicked**
or stand in the way of sinners
or sit in the seat of mockers.
But his delight is in the law of the LORD, and on his law he meditates day and night. He is like a tree planted by streams of water, which yields fruit in season and whose leaf does not wither. Whatever he does prospers.(PS 1:1-3)
복 있는 사람은 악인들의 꾀를 따르지 아니하며
죄인들의 길에 서지 아니하며
오만한 자들의 자리에 앉지 아니하고
오직 여호와의 율법을 즐거워하여 그의 율법을 주야로 묵상하는도다 그는 시냇가에 심은 나무가 철을 따라 열매를 맺으며 그 잎사귀가 마르지 아니함 같으니 그가 하는 모든 일이 다 형통하리로다(시 1:1-3)

② **The law of the LORD is perfect, reviving the soul. The statutes of the LORD are trustworthy, making wise the simple. The precepts of the LORD are right, giving joy to the heart. The commands of the LORD are radiant, giving light to the eyes. (PS 19:7-8)**
여호와의 율법은 완전하여 영혼을 소성시키며

여호와의 증거는 확실하여 우둔한 자를 지혜롭게 하며
여호와의 교훈은 정직하여 마음을 기쁘게 하고
여호와의 계명은 순결하여 눈을 밝게 하시도다(시 19:7-8)

③ **Your word is a lamp to my feet and a light for my path. (PS 119:105)**
주의 말씀은 내 발에 등이요 내 길에 빛이니이다(시 119:105)

④ **Man does not live on bread alone, but on every word that comes from the mouth of God.(MT 4:4)**
사람이 떡으로만 살 것이 아니요 하나님의 입으로부터 나오는 모든 말씀으로 살 것이라(마 4:4)

⑤ **Because of the increase of wickedness, the love of most will grow cold, but he who stands firm to the end will be saved. And this gospel of the kingdom will be preached in the whole world as a testimony to all nations, and then the end will come. (MT 24:12-14)**
불법이 성하므로 많은 사람의 사랑이 식어지리라 그러나 끝까지 견디는 자는 구원을 얻으리라 이 천국 복음이 모든 민족에게 증언되기 위하여 온 세상에 전파되리니 그제야 끝이 오리라(마 24:12-14)

⑥ **Heaven and earth will pass away, but my words will never pass away.(MT 24:35)**
천지는 없어질지언정 내 말은 없어지지 아니하리라(마 24:35)

⑦ **You must be on your guard. you will be handed over to the local councils and flogged in the synagogues. On account of me you will stand before governors and kings as witnesses to them. And the gospel must first be preached to all nations. (MK 13:9-10)**

▫ hand over 넘겨주다 / flog 매질하다 cf) frog 개구리

너희는 스스로 조심하라 사람들이 너희를 공회에 넘겨주겠고 너희를 회당에서 매질하겠으며 나로 말미암아 너희가 권력자들과 임금들 앞에 서리니 이는 그들에게 증거가 되려 함이라 또 복음이 먼저 만국에 전파되어야 할 것이니라(막 13:9-10)

⑧ **She did what she could. She poured perfume on my body beforehand to prepare for my burial. I tell you the truth, wherever the gospel is preached throughout the world, what** she has done will also be told in memory of her.(MK 14:8-9)

▫ beforehand 미리, 사전에 / burial 장례, bury의 명사형

그는 힘을 다하여 내 몸에 향유를 부어 내 장례를 미리 준비하였느니라 내가 진실로 너희에게 이르노니 온 천하에 어디든지 복음이 전파되는 곳에는 이 여자가 행한 일도 말하여 그를 기억하리라(막 14:8-9)

⑨ Go into all the world and preach the good news to all creation. (MK 16:15)
너희는 온 천하에 다니며 만민에게 복음을 전파하라(막 16:15)

⑩ "The Spirit of the Lord is on me, because he has anointed me to preach good news to the poor. He has sent me to proclaim freedom for the prisoners and recovery of sight for the blind, to release the oppressed, to proclaim the year of the Lord's favor."(LK 4:18-19)
주의 성령이 내게 임하셨으니 이는 가난한 자에게 복음을 전하게 하시려고 내게 기름을 부으시고 나를 보내사 포로된 자에게 자유를, 눈 먼 자에게 다시 보게 함을 전파하며 눌린 자를 자유롭게 하고 주의 은혜의 해를 전파하게 하려 하심이라(눅 4:18-19)

⑪ In the beginning was the Word, and the Word was with God, and the Word was God.(JN 1:1)
태초에 말씀이 계시니라 이 말씀이 하나님과 함께 계셨으니 이 말씀이 곧 하나님이시니라(요 1:1)

⑫ The Word became flesh and made his dwelling among us. We have seen his glory, the glory of the One and Only, who came from the Father, full of grace and truth.(JN 1:14)

▫ flesh 육신, 살 cf) fresh 신선한, flash 섬광 / make dwelling = dwell 거주하다

말씀이 육신이 되어 우리 가운데 거하시매 우리가 그의 영광을 보니 아버지 독생자의 영광이요 은혜와 진리가 충만하더라(요 1:14)

⑬ You diligently study the Scriptures because you think that by them you possess eternal life. These are the Scriptures that testify about me.(JN 5:39)
너희가 성경에서 영생을 얻은 줄 생각하고 성경을 연구하거니와 이 성경이 곧 내게 대하여 증언하는 것이로다(요 5:39)

⑭ Jesus did many miraculous signs in the presence of his disciples, which are not recorded in this book. But these are written that you may believe that Jesus is the Christ, the Son of God, and

that by believing you may have life in his name.(JN 20:30-31)
예수께서 제자들 앞에서 이 책에 기록되지 아니한 다른 표적도 많이 행하셨으나 오직 이것을 기록함은 너희로 예수께서 하나님의 아들 그리스도이심을 믿게 하려 함이요 또 너희로 믿고 그 이름을 힘입어 생명을 얻게 하려 함이라(요 20:30-31)

⑮ **You have been taught the Holy Scriptures from childhood, and they have given you the wisdom to receive the salvation that comes by trusting in Christ Jesus.(2TI 3:15 – NLT)**

□ be taught = learn

또 어려서부터 성경을 알았나니 성경은 능히 너로 하여금 그리스도 예수 안에 있는 믿음으로 말미암아 구원에 이르는 지혜가 있게 하느니라(딤후 3:15)

⑯ **All Scripture is God-breathed and is useful for teaching, rebuking, correcting and training in righteousness, so that the man of God may be thoroughly equipped for every good work. (2TI 3:16-17)**
모든 성경은 하나님의 감동으로 된 것으로 교훈과 책망과 바르게 함과 의로 교육하기에 유익하니 이는 하나님의 사람으로 온전하게 하며 모든 선한 일을 행할 능력을 갖추게 하려 함이라(딤후 3:16-17)

⑰ **Let the word of Christ dwell in you richly as you teach and admonish one another with all wisdom, and as you sing psalms, hymns and spiritual songs with gratitude in your hearts to God. And whatever you do, whether in word or deed, do it all in the name of the Lord Jesus, giving thanks to God the Father through him.(COL 3:16-17)**

□ admonish 훈계하다

그리스도의 말씀이 너희 속에 풍성히 거하여 모든 지혜로 피차 가르치며 권면하고 시와 찬미와 신령한 노래를 부르며 마음에 감사함으로 하나님을 찬양하고 또 무엇을 하든지 말에나 일에나 다 주 예수의 이름으로 하고 그를 힘입어 하나님 아버지께 감사하라(골 3:16-17)

⑱ **For the word of God is living and active. Sharper than any double-edged sword, it penetrates even to dividing soul and spirit, joints and marrow; it judges the thoughts and attitudes of the heart.(HEB 4:12)**

□ double-edged 양날의 / joints and marrow 관절과 골수

하나님의 말씀은 살아 있고 활력이 있어 좌우에 날선 어떤 검보다도 예리하여 혼과 영과 및 관절과 골수를 찔러 쪼개기까지 하며 또 마음의 생각과 뜻을 판단하나니(히 4:12)

⑲ **For you have been born again, not of perishable seed, but of imperishable, through the living and enduring word of God. (1PE 1:23)**
너희가 거듭난 것은 썩어질 씨로 된 것이 아니요 썩지 아니할 씨로 된 것이니 살아 있고 항상 있는 하나님의 말씀으로 되었느니라 (벧전 1:23)

⑳ **All men are like grass, and all their glory is like the flowers of the field; the grass withers and the flowers fall, but the word of the Lord stands forever.(1PE 1:24-25)**
모든 육체는 풀과 같고 그 모든 영광이 풀의 꽃과 같으니 풀은 마르고 꽃은 떨어지되 오직 주의 말씀은 세세토록 있도다(벧전 1:24-25)

㉑ **That which was from the beginning, which we have heard, which we have seen with our eyes, which we have looked at and our hands have touched – this we proclaim concerning the Word of Life.(1JN 1:1)**
태초부터 있는 생명의 말씀에 관하여는 우리가 들은 바요 눈으로 본 바요 자세히 보고 우리의 손으로 만진 바라(요일 1:1)

KEY WORD • 18

† Golden Rule

○ **But these are written that you may believe that Jesus is the Christ, the Son of God, and that by believing you may have life in his name.(JN 20:31)**
오직 이것을 기록함은 너희로 예수께서 하나님의 아들 그리스도이심을 믿게 하려 함이요 또 너희로 믿고 그 이름을 힘입어 생명을 얻게 하려 함이라(요 20:31)

† Word & ♬ Hymn

○ **You have been taught the Holy Scriptures from childhood, and they have given you the wisdom to receive the salvation that comes by trusting in Christ Jesus.(2TI 3:15 – NLT)**
또 어려서부터 성경을 알았나니 성경은 능히 너로 하여금 그리스도 예수 안에 있는 믿음으로 말미암아 구원에 이르는 지혜가 있게 하느니라 (딤후 3:15)

나의 사랑하는 책 199
There is a dear and precious Book

나의 사랑하는 책 비록 해어졌으나
There is a dear and precious Book, Tho' it's worn and faded now,
▫ Tho' ← Though

어머니의 무릎 위에 앉아서
Which recalls those happy day so long ago;
▫ which는 관계대명사 계속적 용법, 선행사는 Book

재미있게 듣던 말 그때 일을 지금도
When I stood at mother's knee, with her hand up on my brow,
▫ with her hand up on my brow 어머니의 손을 내 이마위에 올려놓으시고, with는 부대상황을 나타내는 전치사 / brow 이마

내가 잊지 않고 기억 합니다
And I heard her voice in gentle tones and low.

귀하고 귀하다
Blessed Book precious Book

우리 어머니가 들려주시던
On Thy dear old tear-stained leaves I love to look
▫ look on에서 on이하가 노래 말 앞으로 도치, 강조되었다. look on ~을 바라보다 / Thy: your의 고어
▫ tear-stained 눈물로 얼룩진 / leaves: leaf의 복수, 성경의 책종이 장들

재미있게 듣던 말 이 책 중에 있으니
Thou art sweeter day by day, As I walk the narrow way
▫ Thou: you의 고어 / art: are의 고어

이 성경 심히 사랑합니다
That leads at last to that bright home above.
▫ that은 관계대명사, 선행사는 the narrow way / home above 천국

199 나의 사랑하는 책

(통 234)

There's a dear and precious Book

(2Ti 딤후 3:15)

성경

M. B. Williams, 1921

MY MOTHER'S BIBLE: 7.7.11.D.REF.

C. D. Tillman, 1893

조금 빠르게

19

성령
Holy Spirit

Key Expression & Word

- 성령 the Spirit of God – 1, 4, 25, 35 / the Holy Spirit of God – 33
  the Holy Spirit – 2, 3, 6, 9, 14, 18, 19, 20, 21, 28
  the Spirit – 5, 10, 11, 20, 23, 24, 25, 26, 27, 29
  the Spirit of the Lord – 8 / the Spirit of truth – 13, 16
- 성령이 임하시다(오시다)
  the Spirit light (come/be/rest) on someone – 4/8, 10, 19,/9/20
- 보혜사(保惠師 the Comforter – KJV / the Helper – NASB)
  the Counselor – 13, 14, 15
- 영, 영혼 spirit – 12, 17, 26, 35
- 귀신 spirit – 7, 22 • 귀신들리다 have the spirit – 22

① **In the beginning God created the heavens and the earth. Now the earth was formless and empty, darkness was over the surface of the deep, and the Spirit of God was hovering over the waters. (GE 1:1-2)**

□ hover over ~위에 운행하다, ~위에 멈춰 떠있다.

태초에 하나님이 천지를 창조하시니라 땅이 혼돈하고 공허하며 흑암이 깊음 위에 있고 하나님의 영은 수면 위에 운행하시니라(창 1:1-2)

② **This is how the birth of Jesus Christ came about: His mother Mary was pledged to be married to Joseph, but before they came together, she was found to be with child through the Holy Spirit.(MT 1:18)**

□ be pledged to be married to ~와 결혼하기로 약속하다(약혼하다) / be with child 아이를 배다, 잉태하다

예수 그리스도의 나심은 이러하니라 그의 어머니 마리아가 요셉과 약혼하고 동거하기 전에 성령으로 잉태된 것이 나타났더니(마 1:18)

③ **"Joseph son of David, do not be afraid to take Mary home** as your wife, because what is conceived in her is from the Holy Spirit. She will give birth to a son, and you are to give him the name Jesus, because he will save his people from their sins." (MT 1:20-21)

□ what is conceived in her 그(Mary)에게 잉태된 자

다윗의 자손 요셉아 네 아내 마리아 데려오기를 무서워 말라 그에게 잉태된 자는 성령으로 된 것이라 아들을 낳으리니 이름을 예수라 하라 이는 그가 자기 백성을 그들의 죄에서 구원할 자이심이라 하니라 (마 1:20-21)

④ As soon as Jesus was baptized, he went up out of the water. At that moment heaven was opened, and he saw the Spirit of God descending like a dove and lighting on him.(MT 3:16)

□ descend 내려오다 ↔ ascend / light on 임하다, (시선 등이)멈추다

예수께서 세례를 받으시고 곧 물에서 올라오실 새 하늘이 열리고 하나님의 성령이 비둘기 같이 내려 자기위에 임하심을 보시더니(마 3:16)

⑤ Then Jesus was led by the Spirit into the desert to be tempted by the devil. After fasting forty days and forty nights, he was hungry.(MT 4:1-2)

그때에 예수께서 성령에게 이끌리어 마귀에게 시험을 받으러 광야로 가사 사십 일을 밤낮으로 금식하신 후에 주리신지라(마 4:1-2)

⑥ "After me will come one more powerful than I, the thongs of whose sandals I am not worthy to stoop down and untie. I baptize you with water, but he will baptize you with the Holy Spirit."(MK 1:7-8)

□ thong 가죽 끈 / stoop down 몸을 굽히다 / untie 풀다 ↔ tie

나보다 능력 많으신 이가 내 뒤에 오시나니 나는 굽혀 그의 신발 끈을 풀기도 감당하지 못하겠노라 나는 너희에게 물로 세례를 베풀었거니와 그는 너희에게 성령으로 세례를 베푸시리라(막 1:7-8)

⑦ When Jesus saw that a crowd was running to the scene, he rebuked the evil spirit. "You deaf and mute spirit," he said, "I command you, come out of him and never enter him again." The spirit shrieked, convulsed him violently and came out. The boy looked so much like a corpse that many said, "He is dead." But Jesus took him by the hand and lifted him to his feet, and he stood up.(MK 9:25-27)

▫ the scene 사건 현장 / shriek 비명을 지르다 / convulse 경련을 일으키게 하다 / corpse시체

예수께서 무리가 달려와 모이는 것을 보시고 그 더러운 귀신을 꾸짖어 이르시되 말 못하고 못 듣는 귀신아 내가 네게 명하노니 그 아이에게서 나오고 다시 들어가지 말라 하시매 귀신이 소리 지르며 아이로 심히 경련을 일으키게 하고 나가니 그 아이가 죽은 것 같이 되어 많은 사람이 말하기를 죽었다 하나 예수께서 그 손을 잡아 일으키시니 이에 일어서니라(막 9:25-27)

⑧ **The angel answered, "The Holy Spirit will come upon you, and the power of the Most High will overshadow you. So the holy one to be born will be called the Son of God."(LK 1:35)**

천사가 대답하여 이르되 성령이 네게 임하시고 지극히 높으신 이의 능력이 너를 덮으시리니 이러므로 나실 바 거룩한 이는 하나님의 아들이라 일컬어지리라(눅 1:35)

⑨ **"The Spirit of the Lord is on me, because he has anointed me to preach good news to the poor. He has sent me to proclaim freedom for the prisoners and recovery of sight for the blind, to release the oppressed, to proclaim the year of the Lord's favor."(LK 4:18-19)**

주의 성령이 내게 임하셨으니 이는 가난한 자에게 복음을 전하게 하시려고 내게 기름을 부으시고 나를 보내사 포로된 자에게 자유를, 눈 먼 자에게 다시 보게 함을 전파하며 눌린 자를 자유롭게 하고 주의 은혜의 해를 전파하게 하려 하심이라(눅 4:18-19)

⑩ **Then John gave this testimony: I saw the Spirit come down from heaven as a dove and remain on him.(JN 1:32)**

요한이 또 증언하여 이르되 내가 보매 성령이 비둘기같이 하늘로부터 내려와서 그의 위에 머물렀더라(요 1:32)

⑪ **The wind blows wherever it pleases. You hear its sound, but you cannot tell where it comes from or where it is going. So it is with everyone born of the Spirit.(JN 3:8)**

▫ wherever it pleases는 말 그대로 '바람이 불고 싶은 대로'의 뜻으로 부사절이다.

▫ where it comes from or where it is going은 tell의 목적어로 명사절이다.

바람이 임의로 불매 네가 그 소리는 들어도 어디서 와서 어디로 가는지 알지 못하나니 성령으로 난 사람은 다 그러하니라(요 3:8)

⑫ **God is spirit, and his worshipers must worship in spirit and**

in truth.(JN 4:24)
하나님은 영이시니 예배하는 자가 영과 진리로 예배할지니라(요 4:24)

⑬ And I will ask the Father, and he will give you another Counselor to be with you forever – the Spirit of truth. The world cannot accept him, because it neither sees him nor knows him. But you know him, for he lives with you and will be in you.(JN 14:16-17)

□ counsel(l)or 보혜사(保惠師), 고문, 법정 변호사

내가 아버지께 구하겠으니 그가 또 다른 보혜사를 너희에게 주사 영원토록 너희와 함께 있게 하리니 그는 진리의 영이라 세상은 능히 그를 받지 못하나니 이는 그를 보지도 못하고 알지도 못함이라 그러나 너희는 그를 아나니 그는 너희와 함께 거하심이요 또 너희 속에 계시겠음이라 (요 14:16-17)

⑭ But the Counselor, the Holy Spirit, whom the Father will send in my name, will teach you all things and will remind you of everything I have said to you.(JN 14:26)
보혜사 곧 아버지께서 내 이름으로 보내실 성령 그가 너희에게 모든 것을 가르치고 내가 너희에게 말한 모든 것을 생각나게 하리라 (요 14:26)

⑮ But I tell you the truth: It is for your good that I am going away. Unless I go away, the Counselor will not come to you; but if I go, I will send him to you. When he comes, he will convict the world of guilt in regard to sin and righteousness and judgement:(JN 16:7-8)

□ convict A(사람) of B(죄) ~에게 죄를 판결하다 / in regard to ~에 관하여

그러나 내가 너희에게 실상을 말하노니 내가 떠나가는 것이 너희에게 유익이라 내가 떠나가지 아니하면 보혜사가 너희에게로 오시지 아니할 것이요 가면 내가 그를 너희에게 보내리니 그가 와서 죄에 대하여, 의에 대하여, 심판에 대하여 세상을 책망하시리라(요 16:7-8)

⑯ But when he, the Spirit of truth, comes, he will guide you into all truth. He will not speak on his own; he will speak only what he hears, and he will tell you what is yet to come. (JN 16:13)

□ speak on his own 스스로 말하다

그러나 진리의 성령이 오시면 그가 너희를 모든 진리 가운데로 인도하시

리니 그가 스스로 말하지 않고 오직 들은 것을 말하며 장래 일을 너희에게 알리시리라(요 16:13)

⑰ **When he had received the drink, Jesus said, "It's finished." With that, he bowed his head and gave up his spirit.(JN 19:30)**
예수께서 신 포도주를 받으신 후에 이르시되 다 이루었다 하시고 머리를 숙이니 영혼이 떠나가시니라(요 19:30)

⑱ **Again Jesus said, "Peace be with you! As the Father has sent me, I am sending you." And with that he breathed on them and said, "Receive the Holy Spirit."(JN 20:21-22)**

ㅁ breathe on ~에게 숨을 내쉬다

예수께서 또 이르시되 너희에게 평강이 있을지어다 아버지께서 나를 보내신 것같이 나도 너희를 보내노라 이 말씀을 하시고 그들을 향하사 숨을 내쉬며 이르시되 성령을 받으라(요 20:21-22)

⑲ **It is not for you to know the times or the dates the Father has set by his own authority. But you will receive power when the Holy Spirit comes on you and you will be my witnesses in Jerusalem, and in all Judea and Samaria and to the ends of the earth.(AC 1:7-8)**
때와 시기는 아버지께서 자기의 권한에 두셨으니 너희가 알 바 아니요 오직 성령이 너희에게 임하시면 너희가 권능을 받고 예루살렘과 온 유대와 사마리아와 땅 끝까지 이르러 내 증인이 되리라(행 1:7-8)

⑳ **When the day of Pentecost came, they were all together in one place. Suddenly a sound like the blowing of a violent wind came from heaven and filled the whole house where they were sitting. They saw what seemed to be tongues of fire that separated and came to rest on each of them. All of them were filled with the Holy Spirit and began to speak in other tongues as the Spirit enabled them.(AC 2:1-4)**

ㅁ Pentecost 오순절, '50일 째 되는 날', 성령강림일(Whitsunday) cf) 성령강림주간(Whitsuntide) / rest on ~에 임하다

오순절 날이 이미 이르매 그들이 다 같이 한 곳에 모였더니 홀연히 하늘로부터 급하고 강한 바람 같은 소리가 있어 그들이 앉은 온 집안에 가득하며 마치 불의 혀처럼 갈라지는 것들이 그들에게 보여 각 사람 위에 하나씩 임하여 있더니 그들이 다 성령의 충만함을 받고 성령이 말하게 하심을 따라 다른 언어들로 말하기를 시작하니라(행 2:1-4)

㉑ **Peter replied, "Repent and baptized, every one of you, in the name of Jesus Christ for the forgiveness of your sins. And you will receive the gift of the Holy Spirit.(AC 2:38)**
베드로가 이르되 너희가 회개하여 각각 예수 그리스도의 이름으로 세례를 받고 죄 사함을 받으라 그리하면 성령의 선물을 받으리니(행 2:38)

㉒-1 **Once when we were going to the place of prayer, we were met by a slave girl who had a spirit by which she predicted the future. She earned a great deal of money for her owners by fortune-telling.(AC 16:16)**
㉒-2 **She kept this up for many days. Finally Paul became so troubled that he turned around and said to the spirit, "In the name of Jesus Christ I command you to come out of her!" At that moment the spirit left her.(AC 16:18)**

□ fortune-telling 점(치기)

우리가 기도하는 곳에 가다가 점치는 귀신들린 여종 하나를 만나니 점으로 그 주인에게 큰 이익을 주는 자라(행 16:16)
이같이 여러 날을 하는지라 바울이 심히 괴로워하여 돌이켜 그 귀신에게 이르되 예수 그리스도의 이름으로 내가 네게 명하노니 그에게서 나오라 하니 귀신이 즉시 나오더라(행 16:18)

㉓ **Therefore, there is now no condemnation for those who are in Christ Jesus, because through Christ Jesus the law of the Spirit of life set me free from the law of sin and death. (RO 8:1-2)**

□ condemnation 정죄함 / the law of the Spirit of life 생명의 성령의 법

그러므로 이제 그리스도 예수 안에 있는 자에게는 결코 정죄함이 없나니 이는 그리스도 예수 안에 있는 생명의 성령의 법이 죄와 사망의 법에서 너를 해방하였음이라(롬 8:1-2)

㉔ **Those who live according to the sinful nature have their minds set on what that nature desires; but those who live in accordance with the Spirit have their minds set on what the Spirit desires. (RO 8:5)**
육신을 좇는 자는 육신의 일을, 영을 좇는 자는 영의 일을 생각하나니 (롬 8:5)

㉕ **If you live according to the sinful nature you will die, but if by the Spirit you put to death the misdeeds of the body, you**

will live, because those who are led by the Spirit of God are sons of God.(RO 8:13-14)

ㅁ live according to the sinful nature 육신대로 살다 / put O to death : ~을 죽이다, 목적어는 the misdeeds of the body

너희가 육신대로 살면 반드시 죽을 것이로되 영으로써 몸의 행실을 죽이면 살리니 무릇 하나님의 영으로 인도함을 받는 그들은 곧 하나님의 아들이라(롬 8:13-14)

㉖ **The Spirit himself testifies with our spirit that we are God's children.(RO 8:16)**

성령이 친히 우리의 영과 더불어 우리가 하나님의 자녀인 것을 증언하시나니(롬 8:16)

㉗ **In the same way, the Spirit helps us in our weakness. We do not know what we ought to pray for, but the Spirit himself intercedes for us with groans that words cannot express. (RO 8:26)**

ㅁ intercede with A for B: B를 위해 A에게 중재하다 / groan 탄식, 신음소리

이와 같이 성령도 우리 연약함을 도우시나니 우리가 마땅히 기도할 바를 알지 못하나 오직 성령이 말 할 수 없는 탄식으로 우리를 위하여 친히 간구하시느니라(롬 8:26)

㉘ **Do you not know that your body is a temple of the Holy Spirit, who is in you, whom you have received from God? You are not your own; you were bought at a price. Therefore honor God with your body.(1CO 6:19-20)**

너희 몸은 너희가 하나님께로부터 받은바 너희 가운데 계신 성령의 전인 줄을 알지 못하느냐 너희는 너희 자신의 것이 아니라 값으로 산 것이 되었으니 그런즉 너희 몸으로 하나님께 영광을 돌리라
(고전 6:19-20)

㉙ **But the fruit of the Spirit is love, joy, peace, patience, kindness, goodness, faithfulness, gentleness and self-control. Against such things there is no law.(GAL 5:22-23)**

오직 성령의 열매는 사랑과 희락과 화평과 오래 참음과 자비와 양선과 충성과 온유와 절제니 이 같은 것을 금지할 법이 없느니라(갈 5:22-23)

㉚ **Since we live by the Spirit, let us keep in step with the Spirit. Let us not become conceited, provoking and envying each other. (GAL 5:25-26)**

▫ keep in step with ~ 와 보조를 맞추다 / become conceited 자만하다 / provoke 성나게 하다

만일 우리가 성령으로 살면 또한 성령으로 행할지니 헛된 영광을 구하여 서로 노엽게 하거나 서로 투기하지 말지니라(갈 5:25-26)

㉛ **The one who sows to please his sinful nature from the nature will reap destruction; the one who sows to please the Spirit from the Spirit will reap eternal life.(GAL 6:8)**

자기의 육체를 위하여 심는 자는 육체로부터 썩어질 것을 거두고 성령을 위하여 심는 자는 성령으로부터 영생을 거두리라(갈 6:8)

㉜ **Make every effort to keep the unity of the Spirit through the bond of peace. There is one body and one Spirit – just as you were called to one hope when you were called – one Lord, one faith, one baptism; one God and Father of all, who is over all and through all and in all.(EPH 4:3-6)**

평안의 매는 줄로 성령이 하나 되게 하신 것을 힘써 지키라 몸이 하나요 성령도 한분이시니 이와 같이 너희가 부르심의 한 소망 안에서 부르심을 받았느니라 주도 한 분이시오 믿음도 하나요 세례도 하나요 하나님도 한 분이시니 곧 만유의 아버지시라 만유 위에 계시고 만유를 통일하시고 만유 가운데 계시도다(엡 4:3-6)

㉝ **And do not grieve the Holy Spirit of God, with whom you were sealed for the day of redemption.(EPH 4:30)**

▫ grieve 슬프게 하다 / be sealed 봉인되다, 밀봉되다 / redemption = salvation 구원, 구속

하나님의 성령을 근심하게 하지 말라 그 안에서 너희가 구원의 날까지 인치심을 받았느니라(엡 4:30)

㉞ **Don't get drunk on wine, which leads to debauchery. Instead, be filled with the Spirit.(EPH 5:18)**

▫ debauchery 방탕

술 취하지 말라 이는 방탕한 것이니 오직 성령으로 충만함을 받으라(엡 5:18)

㉟ **This is how you can recognize the Spirit of God: Every spirit that acknowledges that Jesus Christ has come in the flesh is from God, but every spirit that does not acknowledge Jesus is not from God. This is the spirit of antichrist, which you have heard is coming and even now is already in the world.(1JN 4:2-3)**

□ acknowledge 시인하다, 인정하다 / antichrist 적그리스도, 그리스도 반대자

이로써 너희가 **하나님의 영**을 알지니 곧 예수 그리스도께서 육체로 오신 것을 시인하는 **영마다** 하나님께 속한 것이요 예수를 시인하지 아니하는 **영마다** 하나님께 속한 것이 아니니 이것이 곧 **적 그리스도의 영**이니라 오리라 한 말을 너희가 들었거니와 지금 벌써 세상에 있느니라 **(요일 4:2-3)**

† Golden Rule

○ **The one who sows to please his sinful nature from the nature will reap destruction; the one who sows to please the Spirit from the Spirit will reap eternal life.(GAL 6:8)**
자기의 육체를 위하여 심는 자는 육체로부터 썩어질 것을 거두고 성령을 위하여 심는 자는 성령으로부터 영생을 거두리라(갈 6:8)

The Apostles' Creed

I believe in God the Father Almighty, Maker of Heaven and Earth, and in Jesus Christ, His only Son our Lord,
who was conceived by the Holy Spirit, born of the Virgin Mary,
suffered under Pontius Pilate, was crucified, dead, and buried;
He descended into hell, The third day He rose again from the dead;
He ascended into heaven, and sitteth on the right hand of God the Father Almighty; from thence He shall come to judge the quick and the dead.

I believe in the Holy Spirit; The holy universal church;
The communion of saints; The forgiveness of sins;
The resurrection of the body; And the life everlasting. Amen.

- be conceived by ~ 으로 잉태되다 / on the right hand of ~의 우편에
- the quick 살아 있는 자 / the dead 죽은 자 (the + 형용사 =복수 보통명사)

사도 신경

나는 전능하신 아버지 하나님, 천지의 창조주를 믿습니다.
나는 그의 유일하신 아들, 우리 주 예수 그리스도를 믿습니다.
그는 성령으로 잉태되어 동정녀 마리아에게서 나시고,
본디오 빌라도에게 고난을 받아 십자가에 못 박혀 죽으시고,
장사된 지 사흘 만에 죽은 자 가운데서 다시 살아나셨으며,
하늘에 오르시어, 전능하신 아버지 하나님 우편에 앉아 계시다가,
거기로부터 살아 있는 자와 죽은 자를 심판하러 오십니다.
나는 성령을 믿으며, 거룩한 공교회와 성도의 교제와 죄를 용서받는 것과 몸의 부활과 영생을 믿습니다. 아멘.

KEY WORD • 19

† Word & ♬ Hymn

● **And I will ask the Father, and he will give you another Counselor to be with you forever – the Spirit of truth.(JN 14:16)**
내가 아버지께 구하겠으니 그가 또 다른 보혜사를 너희에게 주사 영원토록 너희와 함께 있게 하리니 그는 진리의 영이라(요 14:16)

내가 매일 기쁘게 191
I'm rejoicing night and day

내가 매일 기쁘게 순례의 길 행함은
I'm rejoicing night and day, As I walk the pilgrim way,

ㅁ rejoice 기뻐하다

주의 팔이 나를 안보함이요
For the hand of God in all my life I see,

내가 주의 큰 복을 받는 참된 비결은
And the reason of my bliss, Yes, the secret all is this:

ㅁ bliss 천국의 기쁨

주의 영이 함께 함이라
That the Comforter abides with me.

ㅁ Comforter 보혜사(성령)

성령이 계시네
He abides, He abides,

할렐루야 함께 하시네
Hallelujah, He abides with me!

좁은 길을 걸으며 밤낮 기뻐하는 것
I'm rejoicing night and day, As I walk the narrow way,

주의 영이 함께 함이라
For the Comforter abides with me.

(통 427)

성령 강림

내가 매일 기쁘게

191

I'm rejoicing night and day

(Jn 요 14:16)

H. Buffum(1879-1939)

HE ABIDES: 7.7.11.7.7.9.REF.

D. M. Shanks

20

성탄과 십자가
Christmas & Cross

Key Expression & Word

▶ 잉태하다 be with child – 1, 3, 5, 9 / be conceived – 4
expect a child – 11
- 낳다 give birth to – 1, 4, 5, 9, 12 • 태어나다 be born – 6, 10, 12, 13

▶ 십자가 cross – 15, 23, 26, 29
- 십자가에 못 박다 crucify – 20, 21, 24, 26, 27, 29
- 숨을 거두다 give up one's spirit – 19, 28
breathe one's last – 22, 25

The Birth of Jesus Christ(성탄)

① **Therefore the Lord himself will give you a sign: The virgin will be with child and will give birth to a son, and will call him Immanuel.(ISA 7:14)**
그러므로 주께서 친히 징조를 너희에게 주실 것이라 보라 처녀가 잉태하여 아들을 낳을 것이요 그의 이름을 임마누엘이라 하리라(사 7:14)

② **But you, Bethlehem Ephrathah, though you are small among the clans of Judah, out of you will come for me one who will be ruler over Israel, whose origins are from of old, from ancient times.(MIC 5:2)**
- clan 족속, 씨족 / out of you will come one who~ ← one who ~ will come out of you

베들레헴 에브라다야 너는 유다 족속 중에 작을지라도 이스라엘을 다스릴 자가 네게서 내게로 나올 것이라 그의 근본은 상고에, 영원에 있느니라(미 5:2)

③ **This is how the birth of Jesus Christ came about: His mother Mary was pledged to be married to Joseph, but before they came together, she was found to be with child through the Holy Spirit.(MT 1:18)**
- be pledged to be married to ~와 결혼하기로 약속하다(약혼하다)

예수 그리스도의 나심은 이러하니라 그의 어머니 마리아가 요셉과 약혼하고 동거하기 전에 성령으로 잉태된 것이 나타났더니(마 1:18)

④ **"Joseph son of David, do not be afraid to take Mary home as your wife, because what is conceived in her is from the Holy Spirit. She will give birth to a son, and you are to give him the name Jesus, because he will save his people from their sins." (MT 1:20-21)**

- what is conceived in her 그(Mary)에게 잉태된 자

다윗의 자손 요셉아 네 아내 마리아 데려오기를 무서워 말라 그에게 잉태된 자는 성령으로 된 것이라 아들을 낳으리니 이름을 예수라 하라 이는 그가 자기 백성을 그들의 죄에서 구원할 자이심이라 하니라 (마 1:20-21)

⑤ **The virgin will be with child and will give birth to a son, and they will call him Immanuel – which means "God with us." (MT 1:23)**

보라 처녀가 잉태하여 아들을 낳을 것이요 그 이름은 임마누엘이라 하리라 하셨으니 이를 번역한 즉 하나님이 우리와 함께 계시다 함이라 (마 1:23)

⑥-1 **After Jesus was born in Bethlehem in Judea, during the time of King Herod, Magi from the east came to Jerusalem and asked, "Where is the one who has been born king of the Jews? We saw his star in the east and have come to worship him." (MT 2:1-2)**

⑥-2 **When they saw the star, they were overjoyed. On coming to the house, they saw the child with his mother Mary, and they bowed down and worshiped him. Then they opened their treasures and presented him with gifts of gold and of insense and of myrrh.(MT 2:10-11)**

- Magi 동방의 박사들 magus의 복수 형 / King Herod 헤롯 대왕 / present A with B : A에게 B를 선물하다 / insense 유향, myrrh 몰약, of gold and of insense and of myrrh

헤롯 왕 때에 예수께서 유대 베들레헴에서 나시매 동방으로부터 박사들이 예루살렘에 이르러 말하되 유대인의 왕으로 나신이가 어디 계시냐 우리가 동방에서 그의 별을 보고 그에게 경배하러 왔노라(마 2:1-2) 그들이 별을 보고 매우 크게 기뻐하고 기뻐하더라 집에 들어가 아기와 그의 어머니 마리아가 함께 있는 것을 보고 엎드려 아기께 경배하고 보배 합을 열어 황금과 유향과 몰약을 예물로 드리니라(마 2:10-11)

⑦ **So he got up, took the child and his mother during the night and left for Egypt, where he stayed until the death of Herod. And so was fulfilled what the Lord had said through the prophet: "Out of Egypt I called my son."(MT 2:14-15)**

▫ leave for ~으로 향해 떠나다 / so was fulfilled what ~, what ~이 이뤄졌다 / Out of Egypt 애굽으로부터

요셉이 일어나서 밤에 아기와 그의 어머니를 데리고 애굽으로 떠나가 헤롯이 죽기까지 거기 있었으니 이는 주께서 선지자를 통하여 말씀하신 바 **애굽으로부터 내 아들을 불렀다** 함을 이루려 하심이니라 (마 2:14-15)

⑧ **In the sixth month, God sent the angel Gabriel to Nazareth, a town in Galilee, to a virgin pledged to be married to a man named Joseph, a descendant of David. The virgin's name was Mary. The angel went to her and said, "Greetings, you who are highly favored! The Lord is with you."(LK 1:26-28)**

▫ descendant 자손, 후예

여섯째 달에 천사 가브리엘이 하나님의 보내심을 받들어 갈릴리 나사렛이란 동네에 가서 다윗의 자손 요셉이라 하는 사람과 정혼한 처녀에게 이르니 그 처녀의 이름은 마리아라 그에게 들어가 이르되 **은혜를 받은 자여 평안할지어다 주께서 너와 함께 하시도다**(눅 1:26-28)

⑨ **But the angel said to her, "Do not be afraid, Mary, you have found favor with God. You will be with child and give birth to a son, and you are to give him the name Jesus."(LK 1:30-31)**

천사가 이르되 마리아여 무서워하지 말라 네가 하나님께 은혜를 입었느니라 보라 네가 잉태하여 아들을 낳으리니 **그 이름을 예수라 하라** (눅 1:30-31)

⑩ **The angel answered, "The Holy Spirit will come upon you, and the power of the Most High will overshadow you. So the holy one to be born will be called the Son of God."(LK 1:35)**

천사가 대답하여 이르되 성령이 네게 임하시고 지극히 높으신 이의 능력이 너를 덮으시리니 이러므로 **나실 바 거룩한 이는 하나님의 아들이라 일컬어지리라**(눅 1:35)

⑪ **And everyone went to his own town to register. So Joseph also went up from the town of Nazareth in Galilee to Judea, to Bethlehem the town of David, because he belonged to the house and line of David. He went there to register with Mary, who** was pledged to be married to him and was expecting a child.(LK 2:3-5)

ㅁ register 호적하다, 등록하다 / line 혈통 계보

모든 사람이 호적하러 각각 고향으로 돌아가매 요셉도 다윗의 집 족속이므로 갈릴리 나사렛 동네에서 유대를 향하여 베들레헴이라 하는 다윗의 동네로 그 약혼한 마리아와 함께 호적하러 올라가니 마리아가 이미 잉태하였더라(눅 2:3-5)

⑫ While they were there, the time came for the baby to be born, and she gave birth to her firstborn, a son. She wrapped him in cloths and placed him in a manger, because there was no room for them in the inn.(LK 2:6-7)

ㅁ wrap 감싸다 / manger 구유

거기 있을 그 때에 해산할 날이 차서 첫아들을 낳아 강보에 싸서 구유에 뉘었으니 이는 여관에 있을 곳이 없음이러라(눅 2:6-7)

⑬ Today in the town of David a Savior has been born to you; he is Christ the Lord. This will be a sign to you: you will find a baby wrapped in cloths and lying in a manger.(LK 2:11-12)

ㅁ lying in a manger 구유에 뉘어 있는

오늘날 다윗의 동네에 너희를 위하여 구주가 나셨으니 곧 그리스도 주시니라 너희가 가서 강보에 싸여 구유에 뉘어 있는 아기를 보리니 이것이 너희에게 표적이니라(눅 2:11-12)

The Cross(십자가)

⑭ But he was pierced for our transgressions, he was crushed for our iniquities; the punishment that brought us peace was upon him, and by his wounds we are healed.(ISA 53:5)

ㅁ transgression 허물, 위반 / iniquities 죄악, 부정 cf) inequity 불공평, 불공정

그가 찔림은 우리의 허물 때문이요 그가 상함은 우리의 죄악 때문이라 그가 징계를 받음으로 우리는 평화를 누리고 그가 채찍을 맞음으로 우리는 나음을 받았도다(사 53:5)

⑮ As they were going out, they met a man from Cyrene, named Simon, and they forced him to carry the cross.(MT 27:32)

ㅁ force O to RV 억지로 시키다

나가다가 시몬이란 구레네 사람을 만나매 그에게 예수의 십자가를 억지로 지워 가게 하였더라(마 27:32)

⑯ They came to a place called Golgotha(which means The Place of the Skull). There they offered Jesus wine to drink, mixed with gall; but after tasting it, he refused to drink it. (MT 27:33-34)

▫ Skull 해골, 두개골 - 히브리어 Golgotha(골고다), 라틴어 Calvary(갈보리) gall 쓸개, 담즙

골고다 즉 해골의 곳이라는 곳에 이르러 쓸개 탄 포도주를 예수께 주어 마시게 하려 하였더니 예수께서 맛보시고 마시고자 하지 아니하시더라 (마 27:33-34)

⑰ When they had crucified him, they divided up his clothes by casting lots. And sitting down, they kept watch over him there. Above his head they placed the written charge against him: THIS IS JESUS, THE KING OF THE JEWS.(MT 27:35-37)

▫ cast lots 제비 뽑다, lot 제비뽑기

그들이 예수를 십자가에 못 박은 후에 그 옷을 제비 뽑아 나누고 거기 앉아 지키더라 그 머리 위에 이는 유대인의 왕 예수라 쓴 죄패를 붙였더라(마 27:35-37)

⑱ About the ninth hour Jesus cried out in a loud voice, "Eloi, Eloi, lama sabachthani?" – which means, "My God, my God, why have you forsaken me?"(MT 27:46)

▫ forsake 버리다

제 구시쯤에 예수께서 크게 소리 질러 이르시되 엘리 엘리 라마 사박다니 하시니 이는 곧 나의 하나님, 나의 하나님, 어찌하여 나를 버리셨나이까 하는 뜻이라(마 27:46)

⑲ And when Jesus had cried out again in a loud voice, he gave up his spirit. At that moment the curtain of the temple was torn in two from top to bottom. The earth shook and the rocks split.(MT 27:50-51)

▫ give up one's spirit 숨을 거두다 / split, split, split 쪼개다, 쪼개지다

예수께서 다시 크게 소리 지르시고 영혼이 떠나시니라 이에 성소 휘장이 위로부터 아래까지 찢어져 둘이 되고 땅이 진동하며 바위가 터지고 (마 27:50-51)

⑳ They put a purple robe on him, then twisted together a crown of thorns and set it on him. And they began to call out to him, "Hail, king of the Jews!" Again and again they struck him on the head with a staff and spit on him. Falling on their knees, they paid homage to him. And when they had mocked him, they took off the purple robe and put his own clothes on him. **Then they led him out to crucify him.**(MK 15:17-20)

▫ robe 예복/ hail 큰소리로 부르다, (inter.) 만세, 안녕 / fall on one's knees 무릎 꿇다
▫ spit, spit, spit, spit on ~에 침 뱉다 / pay homage to ~ 에 경의를 표하다

예수에게 자색 옷을 입히고 가시관을 엮어 씌우고 경례하여 이르되 유대인의 왕이여 평안할지어다 하고 갈대로 그의 머리를 치며 침을 뱉으며 꿇어 절하더라 희롱을 다한 후 자색 옷을 벗기고 도로 그의 옷을 입히고 **십자가에 못 박으려고 끌고 나가니라**(막 15:17-20)

㉑ And they crucified him. Dividing up his clothes, they cast lots to see what each would get. **It was the third hour when they crucified him.**(MK 15:24-25)

십자가에 못 박고 그 옷을 나눌새 누가 어느 것을 가질까 하여 제비를 뽑더라 때가 **제 삼시가 되어 십자가에 못 박으니라**(막 15:24-25)

㉒ One man ran, filled with a sponge with wine vinegar, put it on a stick, and offered it to Jesus to drink. "Now leave him alone. Let's see if Elijah comes to take him down," he said. **With a loud cry, Jesus breathed his last.**(MK 15:36-37)

▫ vinegar 식초 / breathe one's last 숨을 거두다

한 사람이 달려가서 해면에 신 포도주를 적시어 갈대에 꿰어 마시게 하고 이르되 가만 두라 엘리야가 와서 그를 내려 주나 보자 하더라 **예수께서 큰 소리를 지르시고 숨지시니라**(막 15:36-37)

㉓ As they led him away, they seized Simon from Cyrene, who was on his way in from the country, **and put the cross on him and made him carry it behind Jesus.** A large number of people followed him, including women who mourned and wailed for him.(LK 23:26-27)

그들이 예수를 끌고 갈 때에 시몬이라는 구레네 사람이 시골에서 오는 것을 붙들어 **그에게 십자가를 지워 예수를 따르게 하더라** 또 백성과 및 그를 위하여 가슴을 치며 슬피 우는 여자의 큰 무리가 따라오는지라(눅 23:26-27)

㉔ **When they came to the place called the Skull, there they crucified him** along with the criminals – one on his right, the other on his left.(LK 23:33)

해골이라 하는 곳에 이르러 거기서 예수를 십자가에 못 박고 두 행악자도 그렇게 하니 하나는 우편에, 하나는 좌편에 있더라(눅 23:33)

KEY WORD • 20

㉕ **Jesus called out with a loud voice, "Father, into your hands I commit my spirit." When he had said this, he breathed his last.(LK 23:46)**

- commit O to(into) ~을 맡기다, 부탁하다

예수께서 큰 소리로 불러 이르시되 아버지 내 영혼을 아버지 손에 부탁하나이다 하고 이 말씀을 하신 후 숨지시니라(눅 23:46)

㉖ **So the soldiers took charge of Jesus. Carrying his own cross, he went out to the place of the Skull(which in Aramaic is called Golgotha). Here they crucified him, and with him two others – one on each side and Jesus in the middle.(JN 19:17-18)**

그들이 예수를 맡으매 예수께서 자기의 십자가를 지시고 해골(히브리말로 골고다)이라 하는 곳에 나가시니 그들이 거기서 예수를 못 박을새 다른 두 사람도 그와 함께 좌우편에 못 박으니 예수는 가운데 있더라(요 19:17-18)

㉗ **When the soldiers crucified Jesus, they took his clothes, dividing them into four shares, one for each of them, with the undergarment remaining. This garment was seamless, woven in one piece from top to bottom. "Let's not tear it," they said to one another. "Let's decide by lot who will get it." This happened that the scripture might be fulfilled which said, "They divided my garments among them and cast lots for my clothing." (JN 19:23-24)**

- garments 겉옷, undergarment 속옷, seamless 호지 아니한, 이음매 없는
- weave, wove, woven 직물을 짜다 / by lot 제비뽑기로, cast lots 제비 뽑다

군인들이 예수를 십자가에 못 박고 그의 옷을 취하여 네 깃에 나눠 각각 한 깃씩 얻고 속옷도 취하니 이 속옷은 호지 아니하고 위에서부터 통으로 짠 것이라 군인들이 서로 말하되 이것을 찢지 말고 누가 얻나 제비뽑자 하니 이는 성경에 내 겉옷을 나누며 속옷을 제비 뽑나이다 한 것을 응하게 하려 함이러라(요 19:23-24)

㉘ **A jar of wine vinegar was there, so they soaked a sponge in it, put the sponge on a stalk of the hyssop plant, and lifted it to Jesus' lips. When he had received the drink, Jesus said, "It was finished." With that, he bowed his head and gave up his spirit.(JN 19:29-30)**

거기 신 포도주가 가득히 담긴 그릇이 있는지라 사람들이 신 포도주를 적신 해면을 우슬초에 매어 예수의 입에 대니 예수께서 신 포도주를

받으신 후에 이르시되 다 이루었다 하시고 머리를 숙이니 영혼이 떠나가시니라(요 19:29-30)

㉙ Now it was the day of Preparation, and the next day was to be a special Sabbath. Because the Jews did not want the bodies left on the crosses during the Sabbath, they asked Pilate to have the legs broken and the bodies taken down. The soldiers therefore came and broke the legs of the first man who had been crucified with Jesus, and then those of the other. But they came to Jesus and found that he was already dead, they did not break his legs.(JN 19:31-33)
이 날이 준비일이라 유대인들은 그 안식일이 큰 날이므로 그 안식일에 시체들을 십자가에 두지 아니하려하여 빌라도에게 그들의 다리를 꺾어 시체를 치워 달라 하니 군인들이 가서 예수와 함께 못 박힌 첫 째 사람과 또 그 다른 사람의 다리를 꺾고 예수께 이르러서는 이미 죽으신 것을 보고 다리를 꺾지 아니하고(요 19:31-33)

㉚ Instead, one of the soldiers pierced Jesus' side with a spear, bringing a sudden flow of blood and water.(JN 19:34)
그 중 한 군인이 창으로 옆구리를 찌르니 곧 피와 물이 나오더라(요 19:34)

† Golden Rule

Christmas

○ The virgin will be with child and will give birth to a son, and they will call him Immanuel which means "God with us."(MT 1:23)
보라 처녀가 잉태하여 아들을 낳을 것이요 그 이름은 임마누엘이라 하리라 하셨으니 이를 번역한 즉 하나님이 우리와 함께 계시다 함이라(마 1:23)

The Cross

○ Here they crucified him, and with him two others – one on each side and Jesus in the middle.(JN 19:18)
그들이 거기서 예수를 못 박을새 다른 두 사람도 그와 함께 좌우편에 못 박으니 예수는 가운데 있더라(요 19:18)

† Word & ♬ Hymn

Christmas

○ **This will be a sign to you: you will find a baby wrapped in cloths and lying in a manger.(LK 2:12)**
너희가 가서 강보에 싸여 구유에 뉘어 있는 아기를 보리니 이것이 너희에게 표적이니라(눅 2:12)

고요한 밤 거룩한 밤 109
Silent night, holy night

고요한 밤 거룩한 밤
Silent night, holy night,

어둠에 묻힌 밤
All is calm, all is bright

주의 부모 앉아서
'Round yon virgin mother and Child!

□ 'Round = around 근처에 / yon (= yonder) 저쪽에 = over there / 'Round yon 저쪽 근처에 / Holy infant 아기 예수

감사기도 드릴 때
Holy infant so tender and mild,

아기 잘도 잔다
Sleep in heavenly peace,

아기 잘도 잔다 아멘
Sleep in heavenly peace, Amen

109 고요한 밤 거룩한 밤

(통 109)

성탄

Silent night, holy night

(Lk 눅 2:12)

J. Mohr, 1818
Trans. J. F. Young

STILLE NACHT: IRREG.
F. X. Grüber, 1818

† Word & ♬ Hymn

The Cross

○ **But he was pierced for our transgressions, he was crushed for our iniquities; the punishment that brought us peace was upon him, and by his wounds we are healed.(ISA 53:5)**
그가 찔림은 우리의 허물 때문이요 그가 상함은 우리의 죄악 때문이라 그가 징계를 받음으로 우리는 평화를 누리고 그가 채찍을 맞음으로 우리는 나음을 받았도다(사 53:5)

만왕의 왕 151
Alas! and did my Savior bleed?

만왕의 왕 내 주께서
Alas! and did my Savior bleed,
▫ my Savior 구세주/ bleed 피 흘리다

왜 고초 당했나
Alas! and did my Sov'reign die?
▫ my Sov'reign = my Sovereign 나의 왕

이 벌레 같은 날 위해
Would He devote that sacred head

그 보혈 흘렸네
For such a worm as I?
▫ worm 벌레 cf) warm 따뜻한

십자가 십자가 내가 처음 볼 때에
At the cross, at the cross, where I first saw the light,

나의 맘에 큰 고통 사라져
And the burden of my heart rolled away,
▫ roll away 걷히다

오늘 믿고서 내 눈 밝았네
It was there by faith I received my sight,

참 내 기쁨 영원하도다
And now I am happy all the day!

(통 138) 고난

만왕의 왕 내 주께서

151

I. Watts, 1707
Ref. R. E. Hudson, 1885

Alas! and did my Savior bleed?
(Isa 사 53:5)

HUDSON: 8.6.8.6.REF.
R. E. Hudson, 1885

21

소명과 충성

Calling & Loyalty

Key Expression & Word

▶ ~을 따르다 come after – 8 / follow – 8, 10

• 직분 ministry – 16 / service – 15, 19 • 사역 working – 15

▶ ~에 충성하다 be trusted with – 9 / (be) faithful – 14, 19, 23

• ~에 헌신하다 be devoted to – 3 / present oneself to – 20

• ~을 위해 목숨을 버리다 lose one's life for – 4

lay down one's life for – 22

① **Better is one day in your courts than a thousand elsewhere; I would rather be a door keeper in the house of my God than dwell in the tents of the wicked.(PS 84:10)**

- would rather A than B, B 하느니 차라리 A 하는 편이 낫다
- a door keeper 성전 문지기 / the tents of the wicked 악인의 장막

주의 궁정에서 한 날이 다른 곳에서 천 날보다 나은즉 악인의 장막에 사는 것 보다 내 하나님의 성전 문지기로 있는 것이 좋사오니(시 84:10)

② **You are the salt of the earth; If salt has lost its taste, how shall its saltiness be restored? It is no longer good for anything, except to be thrown out and trampled by men.(MT 5:13)**

- ~ It is no longer good for anything, except ~ 후에는 아무 쓸데없어 다만 / trample 짓밟다, 밟아 뭉개다

너희는 세상의 소금이니 소금이 만일 그 맛을 잃으면 무엇으로 짜게 하리요 후에는 아무 쓸데없어 다만 밖에 버려져 사람에게 밟힐 뿐이니라 (마 5:13)

③ **No one can serve two masters. Either he will hate the one and love the other, or he will be devoted to the one and despise the other. you cannot serve both God and Money. (MT 6:24, LK 16:13)**

집 하인이 두 주인을 섬길 수 없나니 혹 이를 미워하고 저를 사랑하거나 혹 이를 중히 여기고 저를 경히 여길 것임이니라 너희는 하나님과 재물

을 겸하여 섬길 수 없느니라(마 6:24, 눅 16:13)

④ **Whoever wants to save his life will lose it, but whoever loses his life for me will find it.(MT 16:25)**
누구든지 제 목숨을 구원하고자 하면 잃을 것이요 누구든지 나를 위하여 제 목숨을 잃으면 찾으리라(마 16:25)

⑤ **Love the Lord your God with all your heart and with all your soul and with all your mind. This is the first and greatest commandment. And the second is like it: Love your neighbor as yourself. All the Law and the Prophets hang on these two commandments.(MT 22:37-40)**

- hang on ~에 달려있다, 매달리다
- commandment 계명, 계율 = command cf) Ten Commandments 십계명

네 마음을 다하고 목숨을 다하고 뜻을 다하여 주 너의 하나님을 사랑하라 하셨으니 이것이 크고 첫째 되는 계명이요 둘째도 그와 같으니 네 이웃을 네 자신과 같이 사랑하라 하셨으니 이 두 계명이 온 율법과 선지자의 강령이니라(마 22:37-40)

⑥ **Love the Lord your God with all your heart and with all your soul and with all your mind and with all your strength. The second is this: 'Love your neighbor as yourself.' There is no commandment greater than these.(MK 12:30-31)**
네 마음을 다하고 목숨을 다하고 뜻을 다하고 힘을 다하여 주 너의 하나님을 사랑하라 하신 것이요 둘째는 이것이니 네 이웃을 네 자신과 같이 사랑하라 하신 것이라 이보다 더 큰 계명이 없느니라(막 12:30-31)

⑦ **While he was in Bethany, reclining at the table in the home of a man known as Simon the Leper, a woman came with an alabaster jar of very expensive perfume, made of pure nard. She broke the jar and poured the perfume on his head. Some of those present were saying indignantly to one another, "Why this waste of perfume? It could have been sold for more than a year's wages and the money given to the poor." And they rebuked her harshly. "Leave her alone," said Jesus. "Why are you bothering her? She has done a beautiful thing to me." (MK 14:3-5)**

- leper 나병환자 / alabaster jar 옥합 - 설화 석고로 만든(새하얗고 매끄러운) 병 / nard 나드(감송)향

예수께서 베다니 나병환자 시몬의 집에서 식사하실 때에 한 여자가 매우 값진 향유 곧 순전한 나드 한 옥합을 가지고 와서 그 옥합을 깨뜨리고 예수의 머리에 부으니 어떤 사람들이 화를 내어 서로 말하되 어찌하여 이 향유를 허비하였는가 이 향유를 삼백 데나리온 이상에 팔아 가난한 자들에게 줄 수 있었겠도다 하며 그 여자를 책망하는지라 예수께서 이르시되 가만 두라 너희가 어찌하여 그를 괴롭게 하느냐 그가 내게 좋은 일을 하였느니라(막 14:3-5)

⑧ **If anyone would come after me, he must deny himself and take up his cross daily and follow me.(LK 9:23)**
아무든지 나를 따라 오려거든 자기를 부인하고 날마다 제 십자가를 지고 나를 좇을 것이니라(눅 9:23)

⑨ **Whoever can be trusted with very little can also be trusted with much, and whoever is dishonest with very little will also be dishonest with much.(LK 16:10)**
지극히 작은 것에 충성된 자는 큰 것에도 충성되고 지극히 작은 것에 불의한 자는 큰 것에도 불의하니라(눅 6:10)

⑩ **Whoever serves me must follow me; and where I am, my servant also will be. My Father will honor the one who serves me.(JN 12:26)**
사람이 나를 섬기려면 나를 따르라 나 있는 곳에 나를 섬기는 자도 거기 있으리니 사람이 나를 섬기면 내 아버지께서 그를 귀히 여기시리라(요 12:26)

⑪ **He fell to the ground and heard a voice say to him, "Saul, Saul, why do you persecute me?" "Who are you, Lord?" Saul asked. "I am Jesus whom you are persecuting," he replied. "Now get up and go into the city, and you will be told what you must do."(AC 9:4-6)**

- persecute 박해하다, 학대하다 / be told = hear

땅에 엎드러져 들으매 소리가 있어 이르시되 나는 네가 박해하는 예수라 너는 일어나 시내로 들어가라 네가 행할 것을 네게 이를 자가 있느니라 하시니(행 9:4-6)

⑫ **If we live, we live to the Lord; and if we die, we die to the Lord. So, whether we live or die, we belong to the Lord.(RO 14:8)**

우리가 살아도 주를 위하여 살고 죽어도 주를 위하여 죽나니 그러므로 사나 죽으나 우리가 주의 것이로다(롬 14:8)

⑬ **So then, men ought to regard us as servants of Christ and as those entrusted with the secret things of God. Now it is required that those who have been given a trust must prove faithful.(1CO 4:1-2)**

- (be) entrusted with ~ (일을) 맡다 / those who have been given a trust 맡은 자들, 신임을 받은 자들

사람이 마땅히 우리를 그리스도의 일꾼이요 하나님의 비밀을 맡은 자로 여길지어다 그리고 맡은 자들에게 구할 것은 충성이니라(고전 4:1-2)

⑭ **Whether you eat or drink or whatever you do, you must do all for the glory of God.(1CO 10:31)**

그런즉 너희가 먹든지 마시든지 무엇을 하든지 다 하나님의 영광을 위하여 하라(고전 10:31)

⑮ **There are different kinds of gifts, but the same Spirit. There are different kinds of service, but the same Lord. There are different kinds of working, but the same God works all of them in all men.(1CO 12:4-6)**

- gift 은사 / service 직분 / working 사역 / work 일시키다, 부리다

은사는 여러 가지나 성령은 같고 직분은 여러 가지나 주는 같으며 또 사역은 여러 가지나 모든 것을 모든 사람 가운데서 이루시는 하나님은 같으니(1CO 12:4-6)

⑯ **All this is from God, who reconciled us to himself through Christ and gave us the ministry of reconciliation: that God was reconciling the world to himself in Christ, not counting men's sins against them. And he has committed to us the message of reconciliation.(2CO 5:18-19)**

- reconcile A to B: A를 B와 화해시키다 / count one's sins against one ~에게 ~의 죄를 묻다
- ministry 직분 / commit A to B: A를 B에게 위임하다, 맡기다

모든 것이 하나님께로서 났으며 그가 그리스도로 말미암아 우리를 자기와 화목하게 하시고 또 우리에게 화목하게 하는 직분을 주셨으니 곧 하나님께서 그리스도 안에 계시사 세상을 자기와 화목하게 하시며 그들의 죄를 그들에게 돌리지 아니하시고 화목하게 하는 말씀을 우리에게 부탁하셨느니라(고후 5:18-19)

⑰ I have been crucified with Christ and I no longer live, but Christ lives in me.(GAL 2:20)
내가 그리스도와 함께 십자가에 못박혔나니 그런즉 이제는 내가 산 것이 아니요 오직 내 안에 그리스도께서 사신 것이라(갈 2:20)

⑱ I eagerly expect and hope that I will in no way be ashamed, but will have sufficient courage so that now as always Christ will be exalted in my body, whether by life or by death. For to me, to live is Christ and to die is gain.(PHP 1:20-21)

□ now as always 항상 그렇듯이 지금도

나의 간절한 기대와 소망을 따라 아무 일에든지 부끄럽지 아니하고 지금도 전과 같이 온전히 담대하여 살든지 죽든지 내 몸에서 그리스도가 존귀하게 되게 하려 하나니 이는 내게 사는 것이 그리스도니 죽는 것도 유익함이라(빌 1:20-21)

⑲ I thank Christ Jesus our Lord, who has given me strength, that he considered me faithful, appointing me to his service. (1TI 1:22)
나를 능하게 하신 그리스도 예수 우리 주께 내가 감사함은 나를 충성되이 여겨 내게 직분을 맡기심이니(딤전 1:22)

⑳ Do your best to present yourself to God as one approved, a workman who does not need to be ashamed and who correctly handles the word of truth. Avoid godless chatter, because those who indulge in it will become more and more ungodly. (2TI 2:15-16)

□ as one approved 인정된 자로, approved는 과거분사로 one을 수식, as는 전치사

네가 진리의 말씀을 옳게 분별하며 부끄러울 것이 없는 일군으로 인정된 자로 하나님 앞에 드리기를 힘쓰라 망령되고 헛된 말을 버리라 저희는 경건치 아니함에 점점 나아가나니(딤후 2:15-16)

㉑ But if anyone obeys his word, God's love is truly made complete in him. This is how we know we are in him: Whoever claims to live in him must walk as Jesus did.(1JN 2:5-6)

□ be truly made complete 참으로 온전하게 되다

누구든지 그의 말씀을 지키는 자는 하나님의 사랑이 참으로 그 속에서 온전하게 되었나니 이로써 우리가 그의 안에 있는 줄을 아노라 그의 안에 산다고 하는 자는 그가 행하시는 대로 자기도 행할지니라 (요일 2:5-6)

㉒ **This is how we know what love is: Jesus Christ laid down his life for us. And we ought to lay down our lives for our brothers. (1JN 3:16)**
그가 우리를 위하여 목숨을 버리셨으니 우리가 이로써 사랑을 알고 우리도 형제들을 위하여 목숨을 버리는 것이 마땅하니라(요일 3:16)

㉓ **Do not be afraid of what you are about to suffer. I tell you, the devil will put some of you in prison to test you, and you will suffer persecution for ten days. Be faithful, even to the point of death, and I will give you the crown of life.(REV 2:10)**
너는 장차 받을 고난을 두려워하지 말라 볼지어다 마귀가 장차 너희 가운데서 몇 사람을 옥에 던져 시험을 받게 하리니 너희가 십일 동안 환난을 받으리라 네가 죽도록 충성하라 그리하면 생명의 관을 네게 주리라(계 2:10)

† Golden Rule

- **Love the Lord your God with all your heart and with all your soul and with all your mind and with all your strength. (MK 12:30)**
  네 마음을 다하고 목숨을 다하고 뜻을 다하고 힘을 다하여 주 너의 하나님을 사랑하라(막 12:30)

† Word & ♬ Hymn

○ **Now it is required that those who have been given a trust must prove faithful.(1CO 4:2)**
맡은 자들에게 구할 것은 충성이니라(고전 4:2)

부름 받아 나선 이 몸 323
Call'd of God, we honor the call

부름 받아 나선 이 몸
Call'd of God, we honor the call;

※ Call'd of God = called from God 하나님으로부터 부름 받은 / honor the call 그 부름을 삼가 받아들이다

어디든지 가오리다
Lord, we'll go wherever You say.

괴로우나 즐거우나
Where You lead, come pain or pleasure,

※ Where You lead 당신께서 인도하는 곳으로 / come pain or pleasure = though pain or pleasure may come

주만 따라 가오리니
We would follow You ev'ryday.

어느 누가 막으리까
Who shall turn us back from You, Lord?

죽음인들 막으리까
Death itself, from going Your way?

어느 누가 막으리까
Who shall turn us back from You, Lord?

죽음인들 막으리까
Death itself, from going Your way?

(통 355)

부름 받아 나선 이 몸 323

소명과 충성

Call'd of God, we honor the call

이호운(1911-1969)

(1Co 고전 4:2)

부름 받은 이 몸: 8.8.8.8.D.

이유선(1911-2005)

22

순종과 실천

Obedience & Practice

Key Expression & Word

▶ 순종하다 be/become obedient – 3/27

• 따르다 follow – 5, 11, 18

• 지키다 obey one's command – 20, 21, 31 / keep one's command – 26

▶ 실천하다 put O into practice – 7, 12, 28

① Noah did everything just as God commanded him.(GE 6:22)
노아가 그와 같이 하여 하나님이 자기에게 명하신 대로 다 준행하였더라 (창 6:22)

② When they reached the place God had told him about, Abraham built an altar there and arranged the wood on it. He bound his son Isaac and laid him on the altar, on top of the wood. Then he reached out his hand and took the knife to slay his son.(GE 22:9-10)

ㅁ bind, bound, bound 묶다, 결박하다 / lay, laid, laid ~을 놓다, 알을 낳다 / altar 제단

하나님이 그에게 일러 주신 곳에 이른 지라 이에 아브라함이 그곳에 제단을 쌓고 나무를 벌여 놓고 그의 아들 이삭을 결박하여 단 나무위에 놓고 손을 내밀어 칼을 잡고 그 아들을 잡으려 하니(창 22:9-10)

③ "If you are willing and obedient, you will eat the best from the land; but if you resist and rebel, you will be devoured by the sword," the LORD has spoken.(ISA 1:19-20)

ㅁ devour 삼켜버리다

너희가 즐겨 순종하면 땅의 아름다운 소산을 먹을 것이요 너희가 거절하여 배반하면 칼에 삼켜지리라 여호와의 입의 말씀이니라(사 1:19-20)

④ "Bring the whole tithe into the storehouse, that there may be food in my house. Test me in this," says the LORD Almighty, "and see if I will not throw open the floodgates of the heaven and pour out so much blessing that you will not have room

enough for it."(MAL 3:10)

□ floodgate 수문 / the whole tithe 온전한 십일조 / see if I will not throw open ~ and pour out ~ 활짝 열어 붓지 아니하나 보라

너희의 온전한 십일조를 창고에 들여 나의 집에 양식이 있게 하고 그것으로 나를 시험하여 내가 하늘 문을 열고 너희에게 복을 쌓을 곳이 없도록 붓지 아니하나 보라(말 3:10)

⑤ **"Come, follow me," Jesus said, "and I will make you fishers of men." At once they left their net and followed him. (MT 4:19-20)**

말씀하시되 나를 따라오라 내가 너희를 사람을 낚는 어부가 되게 하리라 하시니 그들이 곧 그물을 버려두고 예수를 따르니라(마 4:19-20)

⑥ **Not everyone who says to me, 'Lord, Lord,' will enter the kingdom of heaven, but only he who does the will of my Father who is in heaven.(MT 7:21)**

나더러 주여 주여 하는 자마다 다 천국에 들어갈 것이 아니요 다만 하늘에 계신 내 아버지의 뜻대로 행하는 자라야 들어가리라(마 7:21)

⑦ **Therefore everyone who hears these words of mine and puts them into practice is like a wise man who built his house on the rock.(MT 7:24)**

□ put O into practice ~ 을 실천하다

그러므로 누구든지 나의 이 말을 듣고 행하는 자는 그 집을 반석위에 지은 지혜로운 사람 같으리니(마 7:24)

⑧ **"You don't know what you are asking." Jesus said to them. "Can you drink the cup I am going to drink?" "We can," they answered.(MT 20:22)**

예수께서 대답하여 이르시되 너희는 너희가 구하는 것을 알지 못하는도다 내가 마시려는 잔을 너희가 마실 수 있느냐 그들이 말하되 할 수 있나이다(마 20:22)

⑨ **Going a little farther, he fell with his face to the ground and prayed, "My Father, if it is possible, may this cup be taken from me. Yet not as I will, but as you will."(MT 26:39)**

□ Going a little farther ← After(When) he went a little farther / will 원하다

조금 나아가사 얼굴을 땅에 대시고 엎드려 기도하여 이르시되 내 아버지여 만일 할 만 하시거든 이 잔을 내게서 지나가게 하옵소서 그러나 나의 원대로 마옵시고 아버지의 원대로 하옵소서(마 26:39)

⑩ "Put out into deep water, and let down the nets for a catch." Simon answered, "Master, we've worked hard all night and haven't caught anything. But because you say so, I will let down the nets." When they had done so, they caught such a large number of fish that their net began to break.(LK 5:4-6)

ㅁ let down (그물을) 내리다 / caught such a large number of fish that ~ 너무 많은 물고기를 잡아서 (그 결과) that ~

깊은 데로 가서 그물을 내려 고기를 잡으라 시몬이 대답하여 이르되 선생님 우리들이 밤이 새도록 수고 하였으되 잡은 것이 없지마는 말씀에 의지하여 내가 그물을 내리리다 하고 그렇게 하니 고기를 잡은 것이 심히 많아 그물이 찢어지는지라(눅 5:4-6)

⑪ Then Jesus said to Simon, "Don't be afraid; from now on you will catch men." So they pulled their boats up on shore, left everything and followed him.(LK 5:10-11)

예수께서 시몬에게 이르시되 무서워하지 말라 이제 후로는 네가 사람을 취하리라 하시니 그들이 배들을 육지에 대고 모든 것을 버려두고 예수를 따르니라(눅 5:10-11)

⑫ I will show you what he is like who comes to me and hears my words and puts them into practice. He is like a man building a house, who dug down deep and laid the foundation on rock. When a flood came, the torrent struck that house but could not shake it, because it was well built. But the one who hears my words and does not put them into practice is like a man who built a house on the ground without a foundation. The moment the torrent struck that house, it collapsed and its destruction was complete.(LK 6:47-49)

ㅁ The moment S V ~하자마자 / the torrent 탁류, 급류 cf. torrents 억수, torrents of rain 억수같은 비

내게 나아와 내 말을 듣고 행하는 자마다 누구와 같은 것을 너희에게 보이리라 집을 짓되 깊이 파고 주추를 반석위에 놓은 사람과 같으니 큰 물이 나서 탁류가 그 집에 부딪히되 잘 지었기 때문에 능히 요동하지 못하게 하였거니와 듣고 행하지 아니하는 자는 주추 없이 흙 위에 집 지은 사람과 같으니 탁류가 부딪히매 집이 곧 무너져 파괴됨이 심하니라 (눅 6:47-49)

⑬ The seed that fell among thorns stands for those who hear, but as they go on their way they are choked by life's worries, riches and pleasures, and they do not mature. But the seed on good soil stands for those with a noble and good heart, who hear the word, retain it, and by persevering produce a crop.(LK 8:14-15)

▫ stand for ~ 을 상징하다 / choke 질식시키다 / mature 익다, 성숙하다 / persevere 인내하다

가시떨기에 떨어졌다는 것은 말씀을 들은 자이나 지내는 중 이생의 염려와 재물과 향락에 기운이 막혀 온전히 결실하지 못하는 자요 좋은 땅에 있다는 것은 착하고 좋은 마음으로 말씀을 듣고 지키어 인내로 결실하는 자니라(눅 8:14-15)

⑭ "I tell you the truth," he said, "this poor widow has put in more than all the others. All these people gave their gifts out of their wealth; but she out of her poverty put in all she had to live on."(LK 21:3-4)

이르시되 내가 참으로 너희에게 말하노니 이 가난한 과부가 다른 모든 사람보다 많이 넣었도다 저들은 그 풍족한 중에서 헌금을 넣었거니와 이 과부는 그 가난한 중에서 자기가 가지고 있는 생활비 전부를 넣었느니라(눅 21:3-4)

⑮ If you hold to my teaching, you are really my disciples. Then you will know the truth, and the truth will set you free. (JN 8:31-32)

▫ set you(O) free(O.C) ~ 너희를 자유롭게(형용사)하다

너희가 내 말에 거하면 참으로 내 제자가 되고 진리를 알지니 진리가 너희를 자유롭게 하리라(요 8:31-32)

⑯ "How then were your eyes opened?" They demanded. He replied, "The man they call Jesus made some mud and put it on my eyes. He told me to go to Siloam and wash. So I went and washed, and then I could see."(JN 9:10-11)

그들이 묻되 그러면 네 눈이 어떻게 떠졌느냐 대답하되 예수라 하는 그 사람이 진흙을 이겨 내 눈에 바르고 실로암에 가서 씻으라 하기에 씻었더니 보게 되었노라(요 9:10-11)

⑰ I tell you the truth, unless a kernel of wheat falls to the ground and dies, it remains only a single seed. But if it dies, it produces many seeds.(JN 12:24)

▫ kernel (곡식의) 낟알, (문제의) 핵심, (과실의) 인 / a kernel of 한 알의

내가 진실로 진실로 너희에게 이르노니 한 알의 밀이 땅에 떨어져 죽지 아니하면 한 알 그대로 있고 죽으면 많은 열매를 맺느니라(요 12:24)

⑱ Whoever serves me must follow me; and where I am, my servant also will be. My Father will honor the one who serves me.(JN 12:26)
사람이 나를 섬기려면 나를 따르라 나 있는 곳에 나를 섬기는 자도 거기 있으리니 사람이 나를 섬기면 내 아버지께서 그를 귀히 여기시리라(요 12:26)

⑲ Now that I, your Lord and Teacher, have washed your feet, you also should wash one another's feet. I have set you an example that you should do as I have done for you.(JN 13:15)
▫ set O an example ~에게 본을 보이다
내가 주와 또는 선생이 되어 너희 발을 씻었으니 너희도 서로 발을 씻어주는 것이 옳으니라 내가 너희에게 행한 것 같이 너희도 행하게 하려 하여 본을 보였노라(요 13:15)

⑳ If you love me, you will obey my command.(JN 14:15)
▫ command(=commandment) 계명, 계율 cf)Ten Commandments 십계명
너희가 나를 사랑하면 나의 계명을 지키리라(요 14:15)

㉑ Whoever has my commands and obeys them, he is the one who loves me. He who loves me will be loved by my Father, and I too will love him and show myself to him.(JN 14:21)
나의 계명을 지키는 자라야 나를 사랑하는 자니 나를 사랑하는 자는 내 아버지께 사랑을 받을 것이요 나도 그를 사랑하여 그에게 나를 나타내리라(요 14:21)

㉒ I am the vine; you are the branches. If a man remains in me and I in him, he will bear much fruit; apart from me you can do nothing.(JN 15:5)
▫ apart from me 나를 떠나서는 / bear fruit 열매를 맺다
나는 포도나무요 너희는 가지라 그가 내 안에 내가 그 안에 거하면 사람이 열매를 많이 맺나니 나를 떠나서는 너희가 아무 것도 할 수 없음이라(요 15:5)

㉓ You are my friends if you do what I command. I no longer call you servants, because a servant does not know his master's business. Instead, I hve called you friends, for everything that

I learned from my Father I have made known to you. (JN 15:14-15)
너희는 내가 명하는 대로 행하면 곧 나의 친구라 이제부터는 너희를 종이라 하지 아니하리니 종은 주인이 하는 것을 알지 못함이라 너희를 친구라 하였노니 내가 내 아버지께 들은 것을 다 너희에게 알게 하였음이라(요 15:14-15)

㉔ He called out to them, "Friends, haven't you any fish?" "No," they answered. He said, "Throw your net on the right side of the boat and you will find some." When they did, they were unable to haul the net in because of the large number of fish. (JN 21:5-6)
예수께서 이르시되 얘들아 너희에게 고기가 있느냐 대답하되 없나이다 이르시되 그물을 배 오른편에 던지라 그리하면 잡으리라 하시니 이에 던졌더니 물고기가 많아 그물을 들 수 없더라(요 21:5-6)

㉕ When they had finished eating, Jesus said to Peter, "Simon son of John, do you truly love me more than these?" "Yes, Lord," he said, "you know that I love you." Jesus said, "Feed my lambs." (JN 21:15)
그들이 조반을 먹은 후에 예수께서 시몬 베드로에게 이르시되 요한의 아들 시몬아 네가 이 사람들 보다 나를 더 사랑하느냐 하시니 이르되 주님 그러하나이다 내가 주님을 사랑하는 줄 주님께서 아시나이다 이르시되 내 어린 양을 먹이라(요 21:15)

㉖ Circumcision is nothing and uncircumcision is nothing. Keeping God's commands is what counts.(1CO 7:19)
ㅁ circumcision 할례 / count 중요하다
할례 받는 것은 아무것도 아니요 할례 받지 아니하는 것도 아무것도 아니로되 오직 하나님의 계명을 지킬 따름이니라(고전 7:19)

㉗ Being found in appearance as a man, he humbled himself and became obedient to death – even death on a cross! Therefore God exalted him to the highest place and gave him the name that is above every name.(PHP 2:8-9)
사람의 모양으로 나타나사 자기를 낮추시고 죽기까지 복종하셨으니 곧 십자가에 죽으심이라 이러므로 하나님이 그를 지극히 높여 모든 이름 위에 뛰어난 이름을 주사(빌 2:8-9)

㉘ Whatever you have learned or received or heard from me, or seen in me – put it into practice. And the God of peace will be with you.(PHP 4:9)
너희는 내게 배우고 받고 듣고 본 바를 행하라 그리하면 평강의 하나님이 너희와 함께 계시리라(빌 4:9)

㉙ What good is it, my brothers, if a man claims to have faith but has no deeds? Can such faith save him? Suppose a brother or sister is without clothes and daily food. If one of you says to him, "Go, I wish you well; keep warm and well fed," but does nothing about his physical needs, what good is it? In the same way, faith by itself, if it is not accompanied by action, is dead.(JAS 2:14-17)

▫ be accompanied by ~을 동반하다

내 형제들아 만일 사람이 믿음이 있노라 하고 행함이 없으면 무슨 유익이 있으리요 그 믿음이 능히 자기를 구원하겠느냐 만일 형제나 자매가 헐벗고 일용할 양식이 없는데 너희 중에 누구든지 그에게 이르되 평안히 가라, 덥게 하라, 배부르게 하라하며 그 몸에 쓸 것을 주지 아니하면 무슨 유익이 있으리요 이와 같이 행함이 없는 믿음은 그 자체가 죽은 것이라(약 2:14-17)

㉚ As the body without the spirit is dead, so faith without deeds is dead.(JAS 2:26)
영혼 없는 몸이 죽은 것같이 행함이 없는 믿음은 죽은 것이니라(약 2:26)

㉛ The man who says, "I know him," but does not do what he commands is a liar, and the truth is not in him. But if anyone obeys his word, God's love is truly made complete in him. This is how we know we are in him: Whoever claims to live in him must walk as Jesus did.(1JN 2:4-6)

▫ be truly made complete 온전하게 되다

그를 아노라 하고 그의 계명을 지키지 아니하는 자는 거짓말하는 자요 진리가 그 속에 있지 아니하되 누구든지 그의 말씀을 지키는 자는 하나님의 사랑이 참으로 그 속에서 온전하게 되었나니 이로써 우리가 그의 안에 있는 줄을 아노라 그의 안에 산다고 하는 자는 그가 행하시는 대로 자기도 행할지니라(요일 2:4-6)

㉜ The world and its desires pass away, but the man who does the will of God lives forever.(1JN 2:17)
이 세상도, 그 정욕도 지나가되 오직 하나님의 뜻을 행하는 자는 영원히 거하느니라(요일 2:17)

㉝ Dear children, let us not love with words or tongue but with actions and in truth. This then is how we know that we belong to the truth, and how we set our hearts at rest in his presence whenever our hearts condemn us. For God is greater than our hearts, and he knows everything.(1JN 3:18-20)

- set our hearts at rest 우리 마음을 굳세게 하다 (우리 마음을 놓다) / in one's presence ~ 앞에서

자녀들아 우리가 말과 혀로만 사랑하지 말고 행함과 진실함으로 하자 이로써 우리가 진리에 속한 줄을 알고 또 우리 마음을 주 앞에서 굳세게 하리니 이는 우리 마음이 혹 우리를 책망할 일이 있어도 하나님은 우리 마음보다 크시고 모든 것을 아시기 때문이라(요일 3:18-20)

㉞ Here I am! I stand at the door and knock. If anyone hears my voice and opens the door, I will come in and eat with him, and he with me.(REV 3:20)

- and he with me. ← and he will eat with me.

볼지어다 내가 문밖에 서서 두드리노니 누구든지 내 음성을 듣고 문을 열면 내가 그에게로 들어가 그와 더불어 먹고 그는 나와 더불어 먹으리라(계 3:20)

† Golden Rule

- **Not everyone who says to me, 'Lord, Lord,' will enter the kingdom of heaven, but only he who does the will of my Father who is in heaven.(MT 7:21)**
나더러 주여 주여 하는 자마다 다 천국에 들어갈 것이 아니요 다만 하늘에 계신 내 아버지의 뜻대로 행하는 자라야 들어가리라 (마 7:21)

† Word & ♬Hymn

○ **So they pulled their boats up on shore, left everything and followed him.(LK 5:11)**
그들이 배들을 육지에 대고 모든 것을 버려두고 예수를 따르니라 (눅 5:11)

나 주의 도움 받고자 **214**
Jesus, my Lord, to Thee I cry

나 주의 도움 받고자
Jesus, my Lord, to Thee I cry;

to Thee ← to You / Thou you의 고어 (thou/thy/thee)

그 구원 허락 하시사
Oh, bring Thy free salvation nigh,

nigh near의 고어, bring Thy free salvation nigh ← bring Your free salvation near 당신의 아낌없는 구원을 가까이 주소서

내 모습 이대로
And take me as I am,

날 위해 돌아가신 주
My only plea Christ died for me!

plea 간청, 탄원

주 예수님께 빕니다
Unless Thou help me I must die:

Unless Thou help me 당신께서 나를 돕지 않으신다면

날 받아 주소서
And take me as I am.

as I am 내 지금 있는 그대로

주 받아 주소서
And take me as I am.

날 받아 주소서
Oh, take me as I am.

(통 349)

나 주의 도움 받고자 214

헌신과 봉사

E. H. Hamilton, 19th Century

Jesus, my Lord, to Thee I cry

(Lk 눅 5:11)

TAKE ME AS I AM: 8.8.8.6.REF.

I. D. Sankey(1840-1908)

보통으로

23

시련과 시험

Testing & Temptation

Key Expression & Word

▶ 시련 testing – 21 • 단련하다 test – 3

• 시험하다 test – 2, 24 / put O to the test – 8 / tempt – 22

▶ 시험 temptation – 13 / trial – 21, 23

• 시험당하다(받다) be tempted – 7, 13, 19, 22 / face trials – 21

• 고난, 환란 sufferings – 10, 11, 12, 23 • 고난을 받다 suffer – 17, 19, 23, 24

① **When he reached a certain place, he stopped for the night because the sun had set. Taking one of the stones there, he put it under his head and lay down to sleep. He had a dream in which he saw a stairway resting on the earth, with its top reaching to heaven, and the angels of God were ascending and descending on it.(GE 28:11-12)**

한 곳에 이르러는 해가 진지라 거기서 유숙하려고 그 곳의 한 돌을 가져다가 베개로 삼고 거기 누워 자더니 꿈에 본즉 사닥다리가 땅 위에 섰는데 그 꼭대기가 하늘에 닿았고 또 본즉 하나님의 사자들이 그 위에서 오르락내리락하고(창 28:11-12)

② **Remember how the LORD your God led you all the way in the desert these forty years, to humble you and to test you in order to know what was in your heart, whether or not you would keep his commands.(DT 8:2)**

네 하나님 여호와께서 이 사십 년 동안에 네게 광야 길을 걷게 하신 것을 기억하라 이는 너를 낮추시며 너를 시험하사 네 마음이 어떠한지 그 명령을 지키는지 지키지 않는지 알려 하심이라(신 8:2)

③ **He knows the way that I take; when he has tested me, I will come forth as gold.(JOB 23:10)**

ㅁ come forth (제안 따위가) 나오다

내가 가는 길을 그가 아시나니 그가 나를 단련하신 후에는 내가 순금같이 되어 나오리라(욥 23:10)

④ My tears have been my food day and night while men say to me all day long, "Where is your God?"(PS 42:3)
사람들이 종일 내게 하는 말이 네 하나님이 어디 있느뇨 하오니 내 눈물이 주야로 내 음식이 되었도다(시 42:3)

⑤ Those who sow in tears will reap with songs of joy. He who goes out weeping, carrying seed to sow, will return with songs of joy, carrying sheaves with him.(PS 126:5-6)
눈물을 흘리며 씨를 뿌리는 자는 기쁨으로 거두리로다 울며 씨를 뿌리러 나가는 자는 반드시 기쁨으로 그 곡식 단을 가지고 돌아오리로다(시 126:5-6)

⑥ I took you from the ends of the earth, from its farthest corners I called you. I said, 'You are my servant'; I have chosen you and have not rejected you. So do not fear, for I am with you; do not be dismayed, for I am your God. I will strengthen you and help you; I will uphold you with my righteous right hand.(ISA 41:9-10)
내가 땅 끝에서부터 너를 붙들며 땅 모퉁이에서부터 너를 부르고 네게 이르기를 너는 나의 종이라 내가 너를 택하고 싫어하여 버리지 아니하였다 하였노라 두려워하지 말라 내가 너와 함께 함이라 놀라지 말라 나는 네 하나님이 됨이라 내가 너를 굳세게 하리라 참으로 너를 도와주리라 참으로 나의 의로운 오른손으로 너를 붙들리라(사 41:9-10)

⑦ Then Jesus was led by the Spirit into the desert to be tempted by the devil. After fasting forty days and forty nights, he was hungry. The tempter came to him and said, "If you are the Son of God, tell these stones to become bread."(MT 4:1-3)
그때에 예수께서 성령에게 이끌리어 마귀에게 시험을 받으러 광야로 가사 사십일을 밤낮으로 금식하신 후에 주리신지라 시험하는 자가 예수께 나아와서 이르되 네가 만일 하나님의 아들이어든 명하여 이 돌들로 떡덩이가 되게 하라(마 4:1-3)

⑧ "If you are the Son of God," he said, "throw yourself down. For it is written: " 'He will command his angels concerning you, and they will lift you up in their hands, so that you will not strike your foot against a stone.' " Jesus answered him, "It is also written: 'Do not put the Lord your God to the test.' "(MT 4:6-7)

- put O to the test ~을 시험하다

이르되 네가 만일 하나님의 아들이어든 뛰어내리라 기록되었으되 그가 너를 위하여 그의 사자들을 명하시리니 그들이 손으로 너를 받들어 발이 돌에 부딪히지 않게 하리로다 하였느니라 예수께서 이르시되 또 기록되었으되 주 너의 하나님을 시험하지 말라 하였느니라(마 4:6-7)

⑨ The men who were guarding Jesus began mocking and beating him. They blindfolded him and demanded, "Prophesy! Who hit you?" And they said many other insulting things to him. (LK 22:63-65)

□ blindfold 눈을 가리다 / prophesy 예언하다, 예측하다

지키는 사람들이 예수를 희롱하고 때리며 그의 눈을 가리고 물어 이르되 선지자 노릇하라 너를 친자가 누구냐 하고 이 외에도 많은 말로 욕하더라 (눅 22:63-65)

⑩ Not only so, but we also rejoice in our sufferings, because we know that suffering produces perseverance; perseverance, character; and character, hope.(RO 5:3-4)

다만 이뿐 아니라 우리가 환난 중에도 즐거워하나니 이는 환난은 인내를 인내는 연단을 연단은 소망을 이루는 줄 앎이로다(롬 5:3-4)

⑪ Now if we are children, then we are heirs – heirs of God and co-heirs with Christ, if indeed we share in his sufferings in order that we may also share in his glory.(RO 8:17)

자녀이면 또한 상속자 곧 하나님의 상속자요 그리스도와 함께한 상속자니 우리가 그와 함께 영광을 받기 위하여 고난도 함께 받아야 할 것이니라(롬 8:17)

⑫ I consider that our present sufferings are not worth comparing with the glory that will be revealed in us.(RO 8:18)

□ are not worth comparing 비교할 수 없도다, be worth Ving ~할 만 하다(가치가 있다)

생각건대 현재의 고난은 장차 우리에게 나타날 영광과 비교할 수 없도다 (롬 8:18)

⑬ No temptation has seized you except what is common to man. And God is faithful; he will not let you be tempted beyond what you can bear. But when you are tempted, he will also provide a way out so that you can stand up under it.(1CO 10:13)

사람이 감당할 시험밖에는 너희가 당한 것이 없나니 오직 하나님은 미쁘사 너희가 감당하지 못할 시험 당함을 허락하지 아니하시고 시험 당할 즈음에 또한 피할 길을 내사 너희로 능히 감당하게 하시느니라 (고전 10:13)

⑭ We are hard pressed on every side, but not crushed; perplexed,

but not in despair; persecuted, but not abandoned; struck down, but not destroyed. We always carry around in our body the death of Jesus, so that the life of Jesus may also be revealed in our body.(2CO 4:8-10)

ㅁ crush 짓밟다, 눌러 뭉개다 / strike down 때려 눕히다 / carry around 짊어지다

우리가 사방으로 욱여쌈을 당하여도 싸이지 아니하며 답답한 일을 당하여도 낙심하지 아니하며 박해를 받아도 버린 바 되지 아니하며 거꾸러뜨림을 당하여도 망하지 아니하고 우리가 항상 예수의 죽음을 몸에 짊어짐은 예수의 생명이 또한 우리 몸에 나타나게 하려함이라(고후 4:8-10)

⑮ **I am afraid that just as Eve was deceived by the serpent's cunning, your minds may somehow be led astray from your sincere and pure devotion to Christ.(2CO 11:3)**

ㅁ be led astray 부패하다, 길을 잃다

뱀이 그 간계로 하와를 미혹한 것같이 너희 마음이 그리스도를 향한 진실함과 깨끗함에서 떠나 부패할까 두려워하노라(고후 11:3)

⑯ **I have been constantly on the move. I have been in danger from rivers, in danger from bandits, in danger from my own countrymen, in danger from Gentiles; in danger in city, in danger in the country, in danger at sea; and in danger from false brothers. I have labored and toiled and have often gone without sleep; I have known hunger and thirst and have often gone without food; I have been cold and naked.(2CO 11:26-27)**

여러 번 여행하면서 강의 위험과 강도의 위험과 동족의 위험과 이방인의 위험과 시내의 위험과 광야의 위험과 바다의 위험과 거짓 형제 중의 위험을 당하고 또 수고하고 애쓰고 여러 번 자지 못하고 주리며 목마르고 여러 번 굶고 춥고 헐벗었노라(고후 11:26-27)

⑰ **For it has been granted to you on behalf of Christ not only to believe on him, but also to suffer for him, since you are going through the same struggle you saw I had, and now hear that I still have.(PHP 1:29)**

그리스도를 위하여 너희에게 은혜를 주신 것은 다만 그를 믿을 뿐 아니라 또한 그를 위하여 고난도 받게 하심이라 너희에게도 그와 같은 싸움이 있으니 너희가 내 안에서 본 바요 이제도 내 안에서 듣는 바니라(빌 1:29)

⑱ **I am not saying this because I am in need, for I have learned to be content whatever the circumstances. I know what it is to be in need, and I know what it is to have plenty. I have**

learned the secret of being content in any and every situation, whether well fed or hungry, whether living in plenty or in want. (PHP 4:11-12)

내가 궁핍하므로 말하는 것이 아니니라 어떠한 형편에든지 나는 자족하기를 배웠노니 나는 비천에 처할 줄도 알고 풍부에 처할 줄도 알아 모든 일 곧 배부름과 배고픔과 풍부와 궁핍에도 처할 줄 아는 일체의 비결을 배웠노라(빌 4:11-12)

⑲ **Because he himself suffered when he was tempted, he is able to help those who are being tempted.(HEB 2:18)**

□ be tempted 시험 받다

그가 시험을 받아 고난을 당하셨은즉 시험 받는 자들을 능히 도우실 수 있느니라(히 2:18)

⑳ **My son, do not make light of the Lord's discipline, and do not lose heart when he rebukes you, because the Lord disciplines those he loves, and he punishes everyone he accepts as a son. (HEB 12:5-6)**

□ make light of ~을 경히(가볍게) 여기다 / discipline 징계(하다)

내 아들아 주의 징계하심을 경히 여기지 말며 그에게 꾸지람을 받을 때에 낙심하지 말라 주께서 그 사랑하시는 자를 징계하시고 그가 받아들이시는 아들마다 채찍질하심이라(히 12:5-6)

㉑ **Consider it pure joy, my brothers, whenever you face trials of many kinds, because you know that the testing of your faith develops perseverance. Perseverance must finish its work so that you may be mature and complete, not lacking anything. If any of you lacks wisdom, he should ask God, who gives generously to all without finding fault, and it will be given to him. But when he asks, he must believe and not doubt, because he who doubts is like a wave of the sea, blown and tossed by the wind. (JAS 1:2-6)**

□ develop perseverance 인내심을 기르다 / tossed 요동하는, toss (배를) 뒤 흔들다

내 형제들아 너희가 여러 가지 시험을 당하거든 온전히 기쁘게 여기라 이는 너희 믿음의 시련이 인내를 만들어 내는 줄 너희가 앎이라 인내를 온전히 이루라 이는 너희로 온전하고 구비하여 조금도 부족함이 없게 하려 함이라 너희 중에 누구든지 지혜가 부족하거든 모든 사람에게 후히 주시고 꾸짖지 아니하시는 하나님께 구하라 그리하면 주시리라 오직 믿음으로 구하고 조금도 의심하지 말라 의심하는 자는 바람에 밀려 요동하는 바다물결 같으니(약 1:2-6)

㉒ **When tempted, no one should say, "God is tempting me." For**

God cannot be tempted by evil, nor does he tempt anyone. but each one is tempted when, by his own evil desire, he is dragged away and enticed.(JAS 1:13-14)

▫ drag away 질질 끌어버리다 / entice 꾀다, 유혹하다

사람이 시험을 받을 때에 내가 하나님께 시험을 받는다 하지 말지니 하나님은 악에게 시험을 받지도 아니하시고 친히 아무도 시험하지 아니하시느니라 오직 각 사람이 시험을 받는 것은 자기의 욕심에 끌려 미혹됨이니(약 1:13-14)

㉓ **Dear friends, do not be surprised at the painful trial you are suffering, as though something strange were happening to you. But rejoice that you participate in the sufferings of Christ, so that you may be overjoyed when his glory is revealed. (1PE 4:12-13)**

사랑하는 자들아 너희를 연단하려고 오는 불 시험을 이상한 일 당하는 것같이 이상히 여기지 말고 오히려 너희가 그리스도의 고난에 참여하는 것으로 즐거워하라 이는 그의 영광을 나타내실 때에 너희로 즐거워하고 기뻐하게 하려 함이라(벧전 4:12-13)

㉔ **Do not be afraid of what you are about to suffer. I tell you, the devil will put some of you in prison to test you, and you will suffer persecution for ten days. Be faithful, even to the point of death, and I will give you the crown of life.(REV 2:10)**

▫ suffer persecution 환란(박해)을 받다

너는 장차 받을 고난을 두려워하지 말라 볼지어다 마귀가 장차 너희 가운데서 몇 사람을 옥에 던져 시험을 받게 하리니 너희가 십일 동안 환난을 받으리라 네가 죽도록 충성하라 그리하면 생명의 관을 네게 주리라(계 2:10)

† Golden Rule

○ **No temptation has seized you except what is common to man. And God is faithful; he will not let you be tempted beyond what you can bear. But when you are tempted, he will also provide a way out so that you can stand up under it.(1CO 10:13)**

사람이 감당할 시험밖에는 너희가 당한 것이 없나니 오직 하나님은 미쁘사 너희가 감당하지 못할 시험 당함을 허락하지 아니하시고 시험 당할 즈음에 또한 피할 길을 내사 너희로 능히 감당하게 하시느니라(고전 10:13)

† Word & ♬ Hymn

○ **He had a dream in which he saw a stairway resting on the earth, with its top reaching to heaven, and the angels of God were ascending and descending on it.(GE 28:12)**
꿈에 본즉 사닥다리가 땅 위에 섰는데 그 꼭대기가 하늘에 닿았고 또 본즉 하나님의 사자들이 그 위에서 오르락내리락하고(창 28:12)

내 주를 가까이 하게 함은 338
Nearer, my God, to Thee

내 주를 가까이
Nearer, my God, to Thee,

하게 함은
Nearer to Thee!

십자가 짐 같은
E'en though it be a cross

E'en = Even

고생이나
That raiseth me;

that은 관계대명사, 선행사는 cross
raiseth (= raises) 3인칭 단수, 현재의 고어 형태

내 일생 소원은
Still all my song shall be,

늘 찬송하면서
Nearer, my God, to Thee,

주께 더 나가기
Nearer, my God, to Thee,

원합니다. 아 멘.
Nearer to Thee. Amen.

338 내 주를 가까이 하게 함은

(통 364)

시련과 극복

S. F. Adams, 1841

Nearer, my God, to Thee
(Ge 창 28:12)

BETHANY: 6.4.6.4.6.6.6.4.
L. Mason, 1856

보통으로

24

예수 그리스도
Jesus Christ

Key Expression & Word

- 예수 Jesus – 2, 22, 30 • 그리스도 Christ – 3, 7, 22, 28, 30
- 예수 그리스도 Jesus Christ – 23, 24
- 하나님의 아들 the Son of God – 4, 9, 22 • 인자 the Son of Man – 5
- 임마누엘 Immanuel – 3 • 구주 Savior – 7, 28
- 주 the Lord – 7, 24, 25, 27 • 독생자 the One and Only Son – 8
- 유대인의 왕 the king of the Jews – 6
- 이스라엘의 왕 the King of Israel – 20
- 목자와 감독 the Shepherd and Overseer – 29

▸ 예수의 Jesus': Jesus' mother(JN 2:1) / Jesus' feet(JN 12:3)
Jesus' lips(JN 19:29) / Jesus' side(JN 19:34)

① **His cheeks are like beds of spice yielding perfume. His lips are like lilies dripping with myrrh.(SS 5:13)**

□ drip with ~ 흠뻑 젖다 / myrrh 몰약, 향료

뺨은 향기로운 꽃밭 같고 향기로운 풀언덕과도 같고 입술은 백합화 같고 몰약의 즙이 뚝뚝 떨어지는구나(아 5:13)

② **She will give birth to a son, and you are to give him the name Jesus, because he will save his people from their sins.(MT 1:21)**

아들을 낳으리니 이름을 예수라 하라 이는 그가 자기 백성을 그들의 죄에서 구원할 자이심이라 하니라(마 1:21)

③ **The virgin will be with child and will give birth to a son, and they will call him Immanuel – which means "God with us." (MT 1:23)**

보라 처녀가 잉태하여 아들을 낳을 것이요 그 이름은 임마누엘이라 하리라 하셨으니 이를 번역한 즉 하나님이 우리와 함께 계시다 함이라 (마 1:23)

④ **"But what about you?" he asked. "Who do you say I am?" Simon**

Peter answered, "You are the Christ, the Son of the Living God."(MT 16:15-16)
이르시되 너는 나를 누구라 하느냐 시몬 베드로가 대답하여 이르되 주는 그리스도시요 살아계신 하나님의 아들이시니이다(마 16:15-16)

⑤ The Son of Man did not come to be served, but to serve, and to give his life as a ransom for many.(MT 20:28)

□ The Son of Man 인자 / ransom 대속물, 몸값

인자가 온 것은 섬김을 받으려 함이 아니라 도리어 섬기려 하고 자기 목숨을 많은 사람의 대속물로 주려 함이니라(마 20:28)

⑥ Meanwhile Jesus stood before the governor, and the governor asked him, "Are you the king of the Jews?" "Yes, it is as you say," Jesus replied.(MT 27:11)
예수께서 총독 앞에 섰으매 총독이 물어 이르되 네가 유대인의 왕이냐 예수께서 대답하시되 네 말이 옳도다(마 27:11)

⑦ Today in the town of David a Savior has been born to you; he is Christ the Lord. This will be a sign to you: you will find a baby wrapped in cloths and lying in a manger. (LK 2:11-12)

□ Savior 구(세)주 / lying in a manger 구유에 뉘어 있는

오늘날 다윗의 동네에 너희를 위하여 구주가 나셨으니 곧 그리스도 주시니라 너희가 가서 강보에 싸여 구유에 뉘어 있는 아기를 보리니 이것이 너희에게 표적이니라(눅 2:11-12)

⑧ God so loved the world that he gave his one and only Son, that whoever believes in him shall not perish but have eternal life.(JN 3:16)
하나님이 세상을 이처럼 사랑하사 독생자를 주셨으니 이는 그를 믿는 자마다 멸망하지 않고 영생을 얻게 하려 하심이라(요 3:16)

⑨ God did not send his Son into the world to condemn the world, but to save the world through him.(JN 3:17)

□ condemn the world 세상을 심판하다

하나님이 그 아들을 세상에 보내신 것은 세상을 심판하려 하심이 아니요 그로 말미암아 세상이 구원을 받게 하려 하심이라(요 3:17)

⑩ The woman said, "I know that Messiah"(called Christ) "is coming. When he comes, he will explain everything to us." Then Jesus declared, "I who speak to you am he."(JN 4:25-26)

KEY WORD • 24

여자가 이르되 메시아 곧 그리스도라 하는 이가 오실 줄을 내가 아노니 그가 오시면 모든 것을 우리에게 알려 주시리이다 예수께서 이르시되 네게 말하는 내가 그라 하시니라(요 4:25-26)

⑪ "My food," said Jesus, "is to do the will of him who sent me and to finish his work."(JN 4:34)
예수께서 이르시되 나의 양식은 나를 보내신 이의 뜻을 행하며 그의 일을 온전히 이루는 것이니라(요 4:34)

⑫ I am the bread of life. He who comes to me will never go hungry, and he who believes in me will never be thirsty. (JN 6:35)

ㅁ go hungry 굶주리다 / the bread of life 생명의 떡

나는 생명의 떡이니 내게 오는 자는 결코 주리지 아니할 터이요 나를 믿는 자는 영원히 목마르지 아니하리라(요 6:35)

⑬ I am the living bread that came down from heaven. If anyone eats of this bread, he will live forever. This bread is my flesh, which I will give for the life of the world.(JN 6:51)
나는 하늘에서 내려온 살아있는 떡이니 사람이 이 떡을 먹으면 영생하리라 내가 줄 떡은 곧 세상의 생명을 위한 내 살이니라(요 6:51)

⑭ My teaching is not my own. It comes from him who sent me. (JN 7:16)
내 교훈은 내 것이 아니요 나를 보내신 이의 것이니라(요 7:16)

⑮ Jesus said to them, "If God were your Father, you would love me, for I came from God and now and here. I have not come on my own; but he sent me."(JN 8:42)
예수께서 이르시되 하나님이 너희 아버지였으면 나를 사랑하였으리니 이는 내가 하나님께로부터 나와서 왔음이라 나는 스스로 온 것이 아니요 아버지께서 나를 보내신 것이니라(요 8:42)

⑯ Though you do not know him, I know him. If I said I did not, I would be a liar like you, but I do know him and keep his word.(JN 8:55)
너희는 그를 알지 못하되 나는 아노니 만일 내가 알지 못한다 하면 나도 너희같이 거짓말쟁이가 되리라 나는 그를 알고 또 그의 말씀을 지키노라(요 8:55)

⑰ "While I am in the world, I am the light of the world." Having said this, he spit on the ground, made some mud with the saliva, and put it on the man's eyes.(JN 9:5-6)

▫ spit, spit, spit 침을 뱉다 / saliva 침, 타액

내가 세상에 있는 동안에는 세상의 빛이로라 이 말씀을 하시고 땅에 침을 뱉어 진흙을 이겨 그의 눈에 바르시고(요 9:5-6)

⑱ I am the good shepherd. The good shepherd lays down his life for the sheep.(JN 10:11)
나는 선한 목자라 선한 목자는 양들을 위하여 목숨을 버리거니와 (요 10:11)

⑲ I am the resurrection and the life. He who believes in me will live, even though he dies; and whoever lives and believes in me will never die.(JN 11:25-26)
나는 부활이요 생명이니 나를 믿는 자는 죽어도 살겠고 무릇 살아서 나를 믿는 자는 영원히 죽지 아니하리니(요 11:25-26)

⑳ The next day the great crowd that had come for the Feast heard that Jesus was on his way to Jerusalem. They took palm branches and went out to meet him, shouting, "Hosanna!" "Blessed is he who comes in the name of the Lord!" "Blessed is the King of Israel!"(JN 12:12-13)
그 이튿날에는 명절에 온 큰 무리가 예수께서 예루살렘으로 오신다는 것을 듣고 종려나무 가지를 가지고 맞으러 나가 외치되 호산나 찬송하리로다 주의 이름으로 오시는 이 곧 이스라엘의 왕이시여(요 12:12-13)

㉑ I am the way and the truth and the life. No one comes to the Father except through me.(JN 14:6)
내가 곧 길이요 진리요 생명이니 나로 말미암지 않고는 아버지께로 올 자가 없느니라(요 14:6)

㉒ But these are written that you may believe that Jesus is the Christ, the Son of God, and that by believing you may have life in his name.(JN 20:31)
오직 이것을 기록함은 너희로 예수께서 하나님의 아들 그리스도이심을 믿게 하려 함이요 또 너희로 믿고 그 이름을 힘입어 생명을 얻게 하려 함이라(요 20:31)

㉓ Peter replied, "Repent and be baptized, every one of you, in the name of Jesus Christ for the forgiveness of your sins. And

you will receive the gift of the Holy Spirit."(AC 2:38)
회개하여 각각 예수 그리스도의 이름으로 세례를 받고 죄 사함을 받으라 그리하면 성령의 선물을 받으리니(행 2:38)

㉔ For even if there are so-called gods, whether in heaven or on earth(as indeed there are many "gods" and many "lords"), yet for us there is but one God, the Father, from whom all things came and for whom we live; and there is but one Lord, Jesus Christ, through whom all things came and through whom we live.(1CO 8:5-6)
비록 하늘에나 땅에나 신이라 불리는 자가 있어 많은 신과 많은 주가 있으나 그러나 우리에게는 한 하나님 곧 아버지가 계시니 만물이 그에게서 났고 우리도 그를 위하여 있고 또한 한 주 예수 그리스도께서 계시니 만물이 그로 말미암고 우리도 그로 말미암아 있느니라(고전 8:5-6)

㉕ For he himself is our peace, who has made the two one and has destroyed the barrier, the dividing wall of hostility, by abolishing in his flesh the law with its commandments and regulations. His purpose was to create in himself one new man out of the two, thus making peace.(EPH 2:14-16)

- dividing wall of hostility 분열시키는 증오의 담
- flesh 살, 육체(body ↔ spirit) cf) flash 섬광, fresh 신선한

그는 우리의 화평이신지라 둘로 하나를 만드사 원수 된 것 곧 중간에 막힌 담을 자기 육체로 허시고 법조문으로 된 계명의 율법을 폐하셨으니 이는 이 둘로 자기 안에서 한 새사람을 지어 화평하게 하시고 (엡 2:14-16)

㉖ He is the head of the body, the church; he is the beginning and the first born from among the dead, so that in everything he might have the supremacy.(COL 1:18)
그는 몸인 교회의 머리시라 그가 근본이시오 죽은 자들 가운데서 먼저 나신 이시니 이는 천하 만물의 으뜸이 되려 하심이요(골 1:18)

㉗ Let the word of Christ dwell in you richly as you teach and admonish one another with all wisdom, and as you sing psalms, hymns and spiritual songs with gratitude in your hearts to God. And whatever you do, whether in word or deed, do it all in the name of the Lord Jesus, giving thanks to God the Father through him.(COL 3:16-17)

그리스도의 말씀이 너희 속에 풍성히 거하여 모든 지혜로 피차 가르치며 권면하고 시와 찬미와 신령한 노래를 부르며 마음에 감사함으로 하나님을 찬양하고 또 무엇을 하든지 말에나 일에나 다 주 예수의 이름으로 하고 그를 힘입어 하나님 아버지께 감사하라(골 3:16-17)

㉘ **At one time we too were foolish, disobedient, deceived, and enslaved by all kinds of passions and pleasures. We lived in malice and envy, being hated and hating one another. But when the kindness and the love of God our Savior appeared, he saved us, not because of righteous things we had done, but because of his mercy. He saved us through the washing of rebirth and renewal by the Holy Spirit, whom he poured out on us generously through Jesus Christ our Savior, so that, having been justified by his grace, we might become heirs having the hope of eternal life.(TI 3:3-7)**

우리도 전에는 어리석은 자요 순종하지 아니한 자요 속은 자요 여러 가지 정욕과 행락에 종노릇한 자요 악독과 투기를 일삼은 자요 가증스러운 자요 피차 미워한 자였으나 우리 구주 하나님의 자비와 사람 사랑하심이 나타날 때에 우리를 구원하시되 우리가 행한 바 의로운 행위로 말미암지 아니하고 오직 그의 긍휼하심을 따라 중생의 씻음과 성령의 새롭게 하심으로 하셨나니 우리 구주 예수 그리스도로 말미암아 우리에게 그 성령을 풍성히 부어 주사 우리로 그의 은혜를 힘입어 의롭다하심을 얻어 영생의 소망을 따라 상속자가 되게 하려 하심이라(딛 3:3-7)

㉙ **He himself bore our sins in his body on the tree, so that we might die to sins and live for righteousness; by his wounds you have been healed. For you were like sheep going astray, but now you have returned to the Shepherd and Overseer of your souls.(1PE 2:24-25)**

□ bear one's sins ~ 죄를 담당하다, 떠 맡다 / go astray 길을 잃다 / overseer 감독

친히 나무에 달려 그 몸으로 우리 죄를 담당하셨으니 이는 우리로 죄에 대하여 죽고 의에 대하여 살게 하려하심이라 그가 채찍에 맞음으로 너희는 나음을 얻었나니 너희가 전에는 양과 같이 길을 잃었더니 이제는 너희 영혼의 목자와 감독되신 이에게 돌아왔느니라(벧전 2:24-25)

㉚ **Who is the liar? It is the man who denies that Jesus is the Christ. Such a man is the antichrist – he denies the Father and the Son. No one who denies the Son has the Father,** whoever acknowledges the Son has the Father also. (1JN 2:22-23)

ㅁ antichrist 적 그리스도

거짓말 하는 자가 누구냐 예수께서 그리스도이심을 부인하는 자가 아니냐 아버지와 아들을 부인하는 자가 적그리스도니 아들을 부인하는 자에게는 또한 아버지가 없으되 아들을 시인하는 자에게는 아버지도 있느니라(요일 2:22-23)

㉛ I am the Alpha and the Omega, the First and the Last, the Beginning and the End.(REV 22:13)
나는 알파와 오메가요 처음과 마지막이요 시작과 마침이라(계 22:13)

† Golden Rule

- I am the way and the truth and the life. No one comes to the Father except through me.(JN 14:6)
  내가 곧 길이요 진리요 생명이니 나로 말미암지 않고는 아버지께로 올 자가 없느니라(요 14:6)

† Word & ♬ Hymn

○ **His cheeks are like beds of spice yielding perfume. His lips are like lilies dripping with myrrh.(SS 5:13)**
뺨은 향기로운 꽃밭 같고 향기로운 풀언덕과도 같고 입술은 백합화 같고 몰약의 즙이 뚝뚝 떨어지는 구나(아 5:13)

내 진정 사모하는 88
I have found a friend in Jesus

내 진정 사모하는 친구가 되시는
I've found a friend in Jesus He's everything to me,

구주 예수님은 아름다워라
He's the fairest of ten thousand to my soul;

▫ the fairest of ten thousand 만 가지(세상 모든 것들)중에서 가장 아름다운

산 밑에 백합화요 빛나는 새벽별
The Lily of the valley, in Him alone I see

▫ In Him alone 오직 주님에게서

주님 형언 할길 아주 없도다
All I need to cleanse and make me fully whole.

▫ All I need to cleanse ~ ← All I need is to cleanse ~ 내가 필요한 모든 것은 나를 정결하게 그리고 온전하게 하는 것이다

내 맘이 아플 적에 큰 위로되시며
In sorrow He's my comfort, in trouble He's my stay,

나 외로울 때 좋은 친구라
He tells me every care on Him to roll.

▫ tells me every care to roll 밀려오는 모든 걱정을 내게 말해주신다 / on Him 그에게 의지하면

주는 저산 밑에 백합 빛나는 새벽 별
He's the Lily of the valley, the bright and Morning Star,

이 땅위에 비길 것이 없도다
He's the fairest of ten thousand to my soul.

88 내 진정 사모하는

(통 88)

I have found a friend in Jesus

(SS 아 5:13)

예수 그리스도

C. W. Fry, 1881

THE LILY OF THE VALLEY: IRREG.

J. R. Murray, 1861

Arr. by W. S. Hays(1837-1907)

보통으로

25
욕심과 죄
Greed & Sin

Key Expression & Word

▶ 욕심 greed – 17 / desire – 29, 30
- 악(惡) evil – 1, 22, 28, 29, 33 • 허물 transgression – 26

▶ 죄(罪) sin – 2, 7, 12, 13, 14, 19, 21, 22, 23, 25, 32 / iniquity – 6, 7
guilt – 18, 19 / penalty – 20
- 죄짓다 sin – 33 / be guilty of – 18
- 죄(간음)를 저지르다 commit a sin(adultery 등) – 9, 20
- 정죄를 받다 be condemned – 16 • 죄를 떠맡다 bear sin – 31
- 죄를 떠맡기다 lay O(죄) on – 6

① **The woman said to the serpent, "We may eat fruit from the trees in the garden, but God did say, 'You must not eat fruit from the tree that is in the middle of the garden, and you must not touch it, or you will die.' " "You will not surely die," the serpent said to the woman. "For God knows that when you eat of it your eyes will be opened, and you will be like God, knowing good and evil."(GE 3:2-5)**

ㅁ eat of ~ 의 일부를 먹다

여자가 뱀에게 말하되 동산 나무의 열매를 우리가 먹을 수 있으나 동산 중앙에 있는 나무의 열매는 하나님의 말씀에 너희는 먹지도 말고 만지지도 말라 너희가 죽을까 하노라 하셨느니라 뱀이 여자에게 이르되 너희가 결코 죽지 아니하리라 너희가 그것을 먹는 날에는 너희 눈이 밝아져 하나님과 같이 되어 선악을 알 줄 하나님이 아시느니라(창 3:2-5)

② **"If you do what is right, will you not be accepted? But if you do not do what is right, sin is crouching at your door; it desires to have you, but you must master it." Now Cain said to his brother Abel, "Let's go out to the field." And while they were in the field, Cain attacked his brother Abel and killed him. (GE 4:7-8)**

ㅁ crouch 웅크리다, 구부리다

네가 선을 행하면 어찌 낯을 들지 못하겠느냐 선을 행하지 아니하면 죄가 문에 엎드려 있느니라 죄가 너를 원하나 너는 죄를 다스릴지니라 가인이 그의 아우 아벨에게 말하고 그들이 들에 있을 때에 가인이 그의 아우 아벨을 쳐죽이니라(창 4:7-8)

③ **If you ever forget the LORD your God and follow other gods and worship and bow down to them, I testify against you today that you will surely be destroyed.(DT 8:19)**
네가 만일 네 하나님 여호와를 잊어버리고 다른 신들을 따라 그들을 섬기며 그들에게 절하면 내가 너희에게 증거하노니 너희가 반드시 멸망할 것이라(신 8:19)

④ **A fortune made by a lying tongue is a fleeting vapor and a deadly snare.(PR 21:6)**

ㅁ a lying tongue 속이는 말 / a fleeting vapor 불려 다니는 안개 / a deadly snare 죽음을 구하는 것, 죽음의 덫

속이는 말로 재물을 모으는 것은 죽음을 구하는 것이라 곧 불려 다니는 안개니라(잠 21:6)

⑤ **The sleep of a laborer is sweet, whether he eats little or much, but the abundance of a rich man permits him no sleep. (ECC 5:12)**

ㅁ the abundance of a rich man 부자는 그 부요함 때문에

노동자는 먹는 것이 많든지 적든지 잠을 달게 자거니와 부자는 그 부요함 때문에 자지 못하느니라(전 5:12)

⑥ **We all, like sheep, have gone astray, each of us has turned to his own way; and the LORD has laid on him the iniquity of us all.(ISA 53:6)**

ㅁ iniquity 죄악, 부정, 불법 cf) inequity 불공정, 불공평 / lay 지우다, 과하다, lay the iniquity on ~에게 죄를 담당시키다

우리는 다 양 같아서 그릇 행하여 각기 제 길로 갔거늘 여호와께서는 우리 모두의 죄악을 그에게 담당시키셨도다(사 53:6)

⑦ **Surely the arm of the LORD is not too short to save, nor his ear too dull to hear. But your iniquities have separated you from your God; your sins have hidden his face from you, so that he will not hear.(ISA 59:1-2)**
여호와의 손이 짧아 구원하지 못하심도 아니요 귀가 둔하여 듣지 못하심도 아니라 오직 너희 죄악이 너희와 너희 하나님 사이를 갈라놓았고

너희 죄가 그의 얼굴을 가리어서 너희에게서 듣지 않으시게 함이니라 (사 59:1-2)

⑧ The ax is already at the root of the trees, and every tree that does not produce good fruit will be cut down and thrown into the fire.(MT 3:10)
이미 도끼가 나무뿌리에 놓였으니 좋은 열매를 맺지 아니하는 나무마다 찍혀 불에 던져지리라(마 3:10)

⑨ "You have heard that it was said, 'Do not commit adultery.' But I tell you that anyone who looks at a woman lustfully has already committed adultery with her in his heart."(MT 5:27)
▫ lustfully 음탕하게 / commit adultery 간음하다
또 간음하지 말라 하였다는 것을 너희가 들었으나 나는 너희에게 이르노니 음욕을 품고 여자를 보는 자마다 마음에 이미 간음하였느니라 (마 5:27)

⑩ Where your treasure is, there your heart will be also.(MT 6:21)
네 보물이 있는 그곳에는 네 마음도 있느니라(마 6:21)

⑪ No one can serve two masters. Either he will hate the one and love the other, or he will be devoted to the one and despise the other. you cannot serve both God and Money. (MT 6:24, LK 16:13)
집 하인이 두 주인을 섬길 수 없나니 혹 이를 미워하고 저를 사랑하거나 혹 이를 중히 여기고 저를 경히 여길 것임이니라 너희는 하나님과 재물을 겸하여 섬길 수 없느니라(마 6:24, 눅 16:13)

⑫ But Jesus bent down and started to write on the ground with his finger. When they kept on questioning him, he straightened up and said to them, "If any one of you is without sin, let him be the first to throw a stone at her.(JN 8:6-7)
▫ keep on Ving 계속해서 ~ 하다
예수께서 몸을 굽히사 손가락으로 땅에 쓰시니 그들이 묻기를 마지 아니하는지라 이에 일어나 이르시되 너희 중에 죄 없는 자가 먼저 돌로 치라(요 8:6-7)

⑬ But if anyone causes one of these little ones who believe in me to sin, it would be better for him to have a large millstone hung around his neck and to be drowned in the depths of sea. (MT 18:6)

□ have a large millstone hung around his neck 연자 맷돌이 그 목에 달려서 / be drowned 빠지다

누구든지 나를 믿는 이 작은 자 중 하나를 실족하게 하면 차라리 연자 맷돌이 그 목에 달려서 깊은 바다에 빠뜨려지는 것이 나으니라(마 18:6)

⑭ **If your hand or your foot causes you to sin, cut it off and throw it away. It is better for you to enter life maimed or crippled than to have two hands or two feet and be thrown into eternal fire.(MT 18:8)**

□ maimed 병신이 되어, maim 병신을 만들다 / crippled 절름발이가 되어, cripple 절름발이가 되게 하다

만일 네 손이나 네 발이 너를 범죄하게 하거든 찍어 내버리라 장애인이나 다리를 저는 자로 영생에 들어가는 것이 두 손과 두 발을 가지고 영원한 불에 던져지는 것보다 나으니라(마 18:8)

⑮ **Jesus looked around and said to his disciples, "How hard it is for the rich to enter the kingdom of God!" The disciples were amazed at his words. But Jesus said again, "Children, how hard it is to enter the kingdom of God! It is easier for a camel to go through the eye of a needle than for a rich man to enter the kingdom of God."(MK 10:23-25)**

□ look around 둘러보다 / the eye of a needle 바늘귀

예수께서 둘러보시고 제자들에게 이르시되 재물이 있는 자는 하나님의 나라에 들어가기가 심히 어렵도다 하시니 제자들이 그 말씀에 놀라는지라 예수께서 다시 대답하여 이르시되 얘들아 하나님의 나라에 들어가기가 얼마나 어려운지 **낙타가 바늘귀로 나가는 것이 부자가 하나님의 나라에 들어가는 것보다 쉬우니라**(막 10:23-25)

⑯ **Whoever believes and is baptized will be saved, but whoever does not believe will be condemned.(MK 16:16)**

□ be baptized 세례를 받다 / be condemned 정죄를 받다

믿고 세례를 받은 사람은 구원을 얻을 것이요 **믿지 않는 사람은 정죄를 받으리라**(막 16:16)

⑰ **Then he said to them, "Watch out! Be on your guard against all kinds of greed; a man's life does not consist in the abundance of his possession."(LK 12:15)**

□ watch out: 삼가다, 경계하다

그들에게 이르시되 **삼가 모든 탐심을 물리치라** 사람의 생명이 그 소유의 넉넉한데 있지 아니하리라(눅12:15)

⑱ **If you were blind, you would not be guilty of sin; but now that you claim you can see, your guilt remains.(JN 9:41)**
너희가 맹인이 되었더라면 죄가 없으려니와 **본다고 하니 너희 죄가 그대로 있느니라**(요 9:41)

⑲ **But I tell you the truth: It is for your good that I am going away. Unless I go away, the Counselor will not come to you; but if I go, I will send him to you. When he comes, he will convict the world of guilt in regard to sin and righteousness and judgement: in regard to sin, because men do not believe in me;(JN 16:7-9)**

▫ convict A of guilt ~에게 유죄를 판결하다

그러나 내가 너희에게 실상을 말하노니 내가 떠나가는 것이 너희에게 유익이라 내가 떠나가지 아니하면 보혜사가 너희에게로 오시지 아니할 것이요 가면 내가 그를 너희에게 보내리니 그가 와서 죄에 대하여, 의에 대하여, 심판에 대하여 세상을 책망하시리라 **죄에 대하여라 함은 그들이 나를 믿지 아니함이요**(요 16:7-9)

⑳ **In the same way the men also abandoned natural relations with women and were inflamed with lust for one another. Men committed indecent acts with other men, and received in themselves the due penalty for their perversion.(RO 1:27)**

▫ indecent 부끄러운, 음란한 / penalty 형벌 / perversion 그릇됨(변태)

그와 같이 남자들도 순리대로 여자 쓰기를 버리고 서로 향하여 음욕이 불 일 듯하매 남자가 남자와 더불어 부끄러운 일을 행하여 **그들의 그릇됨에 상당한 보응을 그들 자신이 받았느니라**(롬 1:27)

㉑ **But now that you have been set free from sin and have become slaves to God, the benefit you reap leads to holiness, and the result is eternal life. For the wages of sin is death, but the gift of God is eternal life in Christ Jesus our Lord.(RO 6:22-23)**
그러나 이제는 너희가 죄로부터 해방되고 하나님께 종이 되어 거룩함에 이르는 열매를 맺었으니 그 마지막은 영생이라 **죄의 삯은 사망이요** 하나님의 은사는 그리스도 예수 우리 주 안에 있는 영생이니라 (롬 6:22-23)

㉒ **I know that nothing good lives in me, that is, in my sinful nature. For I have the desire to do what is good, but I cannot carry it out. For what I do is not the good I want to do; no,**

KEY WORD • 25

the evil I do not want to do – this I keep on doing. Now if I do what I do not want to do, it is no longer I who do it, but it is sin living in me that does it.(RO 7:18-20)

□ in my sinful nature 내 육신에 / it is no longer I who do it: it ~ who 강조용법, 강조하는 말은 I

내 속 곧 내 육신에 선한 것이 거하지 아니하는 줄을 아노니 원함은 내게 있으나 선을 행하는 것은 없노라 내가 원하는 바 선은 행하지 아니하고 도리어 원하지 아니하는바 악을 행하는 도다 만일 내가 원하지 아니하는 그것을 하면 이를 행하는 자는 내가 아니요 내 속에 행하는 죄니라(롬 7:18-20)

㉓ What a wretched man I am! Who will rescue me from this body of death? Thanks be to God – through Jesus Christ our Lord! So then, I myself in my mind am a slave to God's law, but in the sinful nature a slave to the law of sin.(RO 7:24-25)
오호라 나는 곤고한 사람이로다 이 사망의 몸에서 누가 나를 건져내랴 우리 주 예수 그리스도로 말미암아 하나님께 감사하리로다 그런즉 내 자신이 마음으로는 하나님의 법을 육신으로는 죄의 법을 섬기노라 (롬 7:24-25)

㉔ Those who live according to the sinful nature have their minds set on what that nature desires; but those who live in accordance with the Spirit have their minds set on what the Spirit desires. The mind of sinful man is death, but the mind controlled by the Spirit is life and peace.(RO 8:5-6)

□ have their minds set on ~에 마음을 두다

육신을 좇는 자는 육신의 일을, 영을 좇는 자는 영의 일을 생각하나니 육신의 생각은 사망이요 영의 생각은 생명과 평안이니라(롬 8:5-6)

㉕ Grace and peace to you from God our Father and the Lord Jesus Christ, who gave himself for our sins to rescue us from the present evil age, according to the will of our God and Father, to whom be glory for ever and ever. Amen.(GAL 1:3-5)

□ Grace and peace to you ← Grace and peace be to you (기원문)은혜와 평강이 있기를 기원한다

□ to whom be glory ← to whom glory be (기원문)영광이 있을 지어다

우리 하나님 아버지와 주 예수 그리스도로부터 은혜와 평강이 있기를 원하노라 그리스도께서 하나님 곧 우리 아버지의 뜻을 따라 이 악한 세대에서 우리를 건지시려고 우리 죄를 대속하기 위하여 자기 몸을

주셨으니 영광이 그에게 세세토록 있을지어다 아멘(갈 1:3-5)

㉖ **But because of his great love for us, God, who is rich in mercy, made us alive with Christ even when we were dead in transgressions – it is by grace you have been saved.(EPH 2:4-5)**
긍휼이 풍성하신 하나님이 우리를 사랑하신 그 사랑을 인하여 허물로 죽은 우리를 그리스도와 함께 살리셨고(너희는 은혜로 구원을 받은 것이라)(엡 2:4-5)

㉗ **"In your anger do not sin.": Do not let the sun go down while you are still angry, and do not give the devil a foothold. (EPH 4:26-27)**

▫ a foothold 틈, 발판, 기지

분을 내어도 죄를 짓지 말며 해가 지도록 분을 품지 말고 마귀에게 틈을 주지 말라(엡 4:26-27)

㉘ **People who want to get rich fall into temptation and a trap and into many foolish and harmful desires that plunge men into ruin and destruction. For the love of money is a root of all kinds of evil. Some people, eager for money, have wandered from the faith and pierced themselves with many griefs. (1TI 6:9-10)**

▫ a root of all kinds of evil 일만 악의 뿌리 / pierce oneself 자기를 찌르다

부하려 하는 자들은 시험과 올무와 여러 가지 어리석고 해로운 욕심에 떨어지나니 곧 사람으로 파멸과 멸망에 빠지게 하는 것이라 돈을 사랑함이 일만 악의 뿌리가 되나니 이것을 사모하는 자들이 미혹을 받아 믿음에서 떠나 많은 근심으로써 자기를 찔렀도다(딤전 6:9-10)

㉙ **When tempted, no one should say, "God is tempting me." For God cannot be tempted by evil, nor does he tempt anyone. but each one is tempted when, by his own evil desire, he is dragged away and enticed.(JAS 1:13-14)**

▫ entice 유혹하다, 꾀다

사람이 시험을 받을 때에 내가 하나님께 시험을 받는다 하지 말지니 하나님은 악에게 시험을 받지도 아니하시고 친히 아무도 시험하지 아니하시느니라 오직 각 사람이 시험을 받는 것은 자기의 욕심에 끌려 미혹됨이니(약 1:13-14)

㉚ **After desire has conceived, it gives birth to sin; and sin, when it is full-grown, gives birth to death.(JAS 1:15)**

▫ desire has conceived 잉태하다 / when it is full-grown 죄가 장성한즉

욕심이 잉태한즉 죄를 낳고 죄가 장성한즉 사망을 낳느니라(약 1:15)

㉛ **He himself bore our sins in his body on the tree, so that we might die to sins and live for righteousness; by his wounds you have been healed. For you were like sheep going astray, but now you have returned to the Shepherd and Overseer of your souls.(1PE 2:24-25)**

▫ bear one's sins ~ 죄를 담당하다, 떠 맡다 / go astray 길을 잃다 / overseer 감독

친히 나무에 달려 그 몸으로 우리 죄를 담당하셨으니 이는 우리로 죄에 대하여 죽고 의에 대하여 살게 하려하심이라 그가 채찍에 맞음으로 너희는 나음을 얻었나니 너희가 전에는 양과 같이 길을 잃었더니 이제는 너희 영혼의 목자와 감독되신 이에게 돌아왔느니라(벧전 2:24-25)

㉜ **If we claim to have fellowship with him yet walk in the darkness, we lie and do not live by the truth. If we walk in the light, as he is in the light, we have fellowship with one another, and the blood of Jesus, his Son purifies us from all sin.(1JN 1:6-7)**

▫ claim to ~ 하다고 주장하다/ as he is in the light 그가 빛 가운데 계신 것같이

만일 우리가 하나님과 사귐이 있다 하고 어둠에 행하면 거짓말을 하고 진리를 행하지 아니함이거니와 그가 빛 가운데 계신 것같이 우리도 빛 가운데 행하면 우리가 서로 사귐이 있고 그 아들 예수의 피가 우리를 모든 죄에서 깨끗하게 하실 것이요(요일 1:6-7)

㉝ **We know that anyone born of God does not continue to sin; the one who was born of God keeps him safe, and the evil one cannot harm him.(1JN 5:18)**

하나님께로부터 난 자는 다 범죄하지 아니하는 줄을 우리가 아노라 하나님께로부터 나신 자가 그를 지키시매 악한 자가 그를 만지지도 못하느니라(요일 5:18)

† Golden Rule

○ **After desire has conceived, it gives birth to sin; and sin, when it is full-grown, gives birth to death.(JAS 1:15)**
욕심이 잉태한즉 죄를 낳고 죄가 장성한즉 사망을 낳느니라 (약 1:15)

† Word & ♬Hymn

○ **the Lord Jesus Christ, who gave himself for our sins to rescue us from the present evil age, according to the will of our God and Father,(GAL 1:3-4)**
그리스도께서 하나님 곧 우리 아버지의 뜻을 따라 이 악한 세대에서 우리를 건지시려고 우리 죄를 대속하기 위하여 자기 몸을 주셨으니 **(갈 1:3-4)**

죄에서 자유를 얻게 함은 268
Would you be free from your burden of sin?

죄에서 자유를 얻게 함은
Would you be free from your burden of sin?
Would you ~ ? ~ 하고 싶은가?(권유)

시험을 이기고 승리하니
Would you o'er evil a victory win?
o'er ← over / o'er evil a victory win ← win a victory over evil 악을 이기고 승리를 얻다

주의 보혈 능력있도다
There's pow'r, pow'r, wonder-working pow'r
wonder-working 기적을 일으키는

주의 보혈 그 어린 양의
There's pow'r, pow'r, wonder-working pow'r

보혈의 능력 주의 보혈
There's pow'r in the blood, pow'r in the blood.
pow'r ← power / blood 피, 보혈

참 놀라운 능력이로다
There's wonderful pow'r in the blood.

주의 피 믿으오
In the blood of the Lamb.

매우 귀중한 피로다
In the precious blood of the Lamb.

(통 202)

죄에서 자유를 얻게 함은

268

회개와 용서

L. E. Jones, 1899

Would you be free from your burden of sin?

(Gal 갈 1:4)

POWER IN THE BLOOD: 10.9.10.9.REF.

L. E. Jones, 1899

보통으로

26

은혜와 은사

Grace & Gift

Key Expression & Word

▶ 은혜(恩惠) grace – 9, 10, 11, 14, 15, 16, 17, 18, 19, 20, 21, 22, 23
favor – 6, 7, 16 • 은총 favor – 1

• 은혜를 베풀다 be gracious to – 2

• 은혜를 받다 be favored – 5 / find favor – 6

▶ 은사(恩賜) gift – 12, 14, 23

• 선물 gift – 8, 21 • 은택 benefit – 3

① **For his anger lasts only a moment, but his favor lasts a life time; weeping may remain for a night, but rejoicing comes in the morning.(PS 30:5)**

□ last 지속하다, 지탱하다

그의 노염은 잠깐이요 그의 은총은 평생이로다 저녁에는 울음이 깃들지라도 아침에는 기쁨이 오리로다(시 30:5)

② **May God be gracious to us and bless us and make his face shine upon us, Selah.(PS 67:1)**

□ May God be gracious to us (기원문) 우리에게 은혜를 베풀어 주소서, be gracious to ~에게 은혜를 베풀다

하나님은 우리에게 은혜를 베푸사 복을 주시고 그의 얼굴 빛을 우리에게 비추사(셀라)(시 67:1)

③ **Praise the LORD, O my soul; all my inmost being, Praise the LORD, O my soul, and forget not all his benefits –(PS 103:1-2)**

□ inmost 맨 안쪽의

내 영혼아 여호와를 송축하라 내 속에 있는 것들아 다 그의 거룩한 이름을 송축하라 내 영혼아 여호와를 송축하며 그의 모든 은택을 잊지 말지어다(시 103:1-2)

④ **Look at the birds of the air. they do not sow or reap or store away in barns, and yet your heavenly Father feeds them. Are**

you not much more valuable than they?(MT 6:26)

□ much more valuable 더 귀하다. much는 비교급 강조. more는 valuable을 비교급으로

공중의 새를 보라 심지도 않고 거두지도 않고 창고에 모아들이지도 아니하되 너희 하늘 아버지께서 기르시나니 너희는 이것들보다 귀하지 아니하냐(마 6:26)

⑤ **In the sixth month, God sent the angel Gabriel to Nazareth, a town in Galilee, to a virgin pledged to be married to a man named Joseph, a descendant of David. The virgin's name was Mary. The angel went to her and said, "Greetings, you who are highly favored! The Lord is with you."(LK 1:26-28)**

□ descendant 자손, 후예

여섯째 달에 천사 가브리엘이 하나님의 보내심을 받들어 갈릴리 나사렛이란 동네에 가서 다윗의 자손 요셉이라 하는 사람과 정혼한 처녀에게 이르니 그 처녀의 이름은 마리아라 그에게 들어가 이르되 은혜를 받은 자여 평안할지어다 주께서 너와 함께 하시도다(눅 1:26-28)

⑥ **But the angel said to her, "Do not be afraid, Mary, you have found favor with God. You will be with child and give birth to a son, and you are to give him the name Jesus."(LK 1:30-31)**

천사가 이르되 마리아여 무서워하지 말라 네가 하나님께 은혜를 입었느니라 보라 네가 잉태하여 아들을 낳으리니 그 이름을 예수라 하라(눅 1:30-31)

⑦ **"The Spirit of the Lord is on me, because he has anointed me to preach good news to the poor. He has sent me to proclaim freedom for the prisoners and recovery of sight for the blind, to release the oppressed, to proclaim the year of the Lord's favor."(LK 4:18-19)**

□ anoint 머리에 기름을 붓다, 바르다 / proclaim 전파하다, 선포하다

주의 성령이 내게 임하셨으니 이는 가난한 자에게 복음을 전하게 하시려고 내게 기름을 부으시고 나를 보내사 포로된 자에게 자유를, 눈 먼 자에게 다시 보게 함을 전파하며 눌린 자를 자유롭게 하고 주의 은혜의 해를 전파하게 하려 하심이라(눅 4:18-19)

⑧ **Peter replied, "Repent and be baptized, every one of you, in the name of Jesus Christ for the forgiveness of your sins. And you will receive the gift of the Holy Spirit."(AC 2:38)**

회개하여 각각 예수 그리스도의 이름으로 세례를 받고 죄 사함을 받으라 그리하면 성령의 선물을 받으리니(행 2:38)

⑨ **For all have sinned and fall short of the glory of God, and are justified freely by his grace through the redemption that came by Christ Jesus.(RO 3:23-24)**

□ fall short of ~에 못 미치다 / freely 값없이, 무료로, 공짜로

모든 사람이 죄를 범하였으매 하나님의 영광에 이르지 못하더니 그리스도 예수 안에 있는 속량으로 말미암아 하나님의 은혜로 값없이 의롭다 하심을 얻은 자 되었느니라(롬 3:23-24)

⑩ **Therefore, since we have been justified through faith, we have peace with God through our Lord Jesus Christ, through whom we have gained access by faith into this grace in which we now stand. And we rejoice in the hope of the glory of God. (RO 5:1-2)**

그러므로 우리가 믿음으로 의롭다 하심을 받았으니 우리 주 예수 그리스도로 말미암아 하나님과 화평을 누리자 또한 그로 말미암아 우리가 믿음으로 서 있는 이 은혜에 들어감을 얻었으며 하나님의 영광을 바라고 즐거워하느니라(롬 5:1-2)

⑪ **For sin shall not be your master, because you are not under law, but under grace.(RO 6:14)**

죄가 너희를 주장하지 못하리니 이는 너희가 법 아래에 있지 아니하고 은혜 아래에 있음이라(롬 6:14)

⑫ **But now that you have been set free from sin and have become slaves to God, the benefit you reap leads to holiness, and the result is eternal life. For the wages of sin is death, but the gift of God is eternal life in Christ Jesus our Lord.(RO 6:22-23)**

□ the benefit you reap ← the benefit that you reap

그러나 이제는 너희가 죄로부터 해방되고 하나님께 종이 되어 거룩함에 이르는 열매를 얻었으니 그 마지막은 영생이라 죄의 삯은 사망이요 하나님의 은사는 그리스도 예수 우리 주 안에 있는 영생이니라 (롬 6:22-23)

⑬ **He who did not spare his own Son, but gave him up for us all – how will he not also, along with him, graciously give us all things?(RO 8:32)**

□ did not spare his own Son 자기 아들을 아끼지 아니하시고

자기 아들을 아끼지 아니하시고 우리 모든 사람을 위하여 내주신 이가 어찌 그 아들과 함께 모든 것을 우리에게 주시지 아니하겠느냐(롬 8:32)

⑭ **We have different gifts, according to the grace given us. If a man's gift is prophesying, let him use it in proportion to his faith. if it is serving, let him serve; if it is teaching, let him teach; if it is encouraging, let him encourage; if it is contributing to the needs of others, let him give generously; if it is leadership, let him govern diligently; if it is showing mercy, let him do it cheerfully.(RO 12:6-8)**

우리에게 주신 은혜대로 받은 은사가 각각 다르니 혹 예언이면 예언의 분수대로, 혹 섬기는 일이면 섬기는 일로, 혹 가르치는 자면 가르치는 일로, 혹 위로하는 자면 위로하는 일로, 구제하는 자는 성실함으로, 다스리는 자는 부지런함으로, 긍휼을 베푸는 자는 즐거움으로 할 것이니라(롬 12:6-8)

⑮ **For I am the least of the apostles and do not even deserve to be called an apostle, because I persecuted the church of God. But by the grace of God I am what I am, and his grace to me was not without effect. No, I worked harder than all of them – yet not I, but the grace of God that was with me. (1CO 15:9-10)**

나는 사도 중에 가장 작은 자라 나는 하나님의 교회를 박해하였으므로 사도라 칭함 받기를 감당하지 못할 자니라 그러나 내가 나 된 것은 하나님의 은혜로 된 것이니 내게 주신 그의 은혜가 헛되지 아니하여 내가 모든 사도보다 더 많이 수고하였으나 내가 한 것이 아니요 오직 나와 함께 계신 하나님의 은혜로라(고전 15:9-10)

⑯ **As God's fellow workers we urge you not to receive God's grace in vain. For he says, "In the time of my favor I heard you, and in the day of salvation I helped you." I tell you, now is the time of God's favor, now is the day of salvation.(2CO 6:1-2)**

우리가 하나님과 함께 일하는 자로서 너희에게 권하노니 하나님의 은혜를 헛되이 받지 말라 이르시되 내가 은혜를 베풀 때에 너에게 듣고 구원의 날에 너를 도왔다 하셨으니 보라 지금은 은혜 받을 만한 때요 보라 지금은 구원의 날이로다(고후 6:1-2)

⑰ **God is able to make all grace abound to you, so that in all**

things, at all times, having all that you need, you will abound in every good work.(2CO 9:8)
하나님이 능히 모든 은혜를 너희에게 넘치게 하시나니 이는 너희로 모든 일에 항상 모든 것이 넉넉하여 모든 착한 일을 넘치게 하게 하려 하심이라(고후 9:8)

⑱ **Three times I pleaded with the Lord to take it away from me. But he said to me, "My grace is sufficient for you, for my power is made perfect in weakness." Therefore I will boast all the more gladly about my weakness, so that Christ's power may rest on me.(2CO 12:8-9)**
□ plead with O to 부정사 ~에게 ~해달라고 간청하다
이것이 내게서 떠나가게 하기 위하여 내가 세 번 주께 간구하였더니 나에게 이르시기를 나의 은혜가 네게 족하도다 이는 내 능력이 약한 데서 온전하여짐이라 하신지라 그러므로 도리어 크게 기뻐함으로 나의 여러 약한 것들에 대하여 자랑하리니 이는 그리스도의 능력이 내게 머물게 하려 함이라(2CO 12:8-9)

⑲ **In him we have redemption through his blood, the forgiveness of sins, in accordance with the riches of God's grace.(EPH 1:7)**
□ in accordance with ~에 따라서
우리는 그리스도 안에서 그의 은혜의 풍성함을 따라 그의 피로 말미암아 속량 곧 죄 사함을 받았느니라(엡 1:7)

⑳ **But because of his great love for us, God, who is rich in mercy, made us alive with Christ even when we were dead in transgressions – it is by grace you have been saved.(EPH 2:4-5)**
긍휼이 풍성하신 하나님이 우리를 사랑하신 그 사랑을 인하여 허물로 죽은 우리를 그리스도와 함께 살리셨고(너희는 은혜로 구원을 받은 것이라)(엡 2:4-5)

㉑ **For it is by grace you have been saved through faith – and this not from yourselves, it is the gift of God – not by works, so that no one can boast.(EPH 2:8-9)**
너희는 그 은혜에 의하여 믿음으로 말미암아 구원을 받았으니 이것은 너희에게서 난 것이 아니요 하나님의 선물이라 행위에서 난 것이 아니니 이는 누구든지 자랑하지 못하게 함이니라(엡 2:8-9)

㉒ **At one time we too were foolish, disobedient, deceived, and enslaved by all kinds of passions and pleasures. We lived in** malice and envy, being hated and hating one another. But when the kindness and the love of God our Savior appeared, he saved us, not because of righteous things we had done, but because of his mercy. He saved us through the washing of rebirth and renewal by the Holy Spirit, whom he poured out on us generously through Jesus Christ our Savior, so that, having been justified by his grace, we might become heirs having the hope of eternal life.(TI 3:3-7)

우리도 전에는 어리석은 자요 순종하지 아니한 자요 속은 자요 여러 가지 정욕과 행락에 종노릇한 자요 악독과 투기를 일삼은 자요 가증스러운 자요 피차 미워한 자였으나 우리 구주 하나님의 자비와 사람 사랑하심이 나타날 때에 우리를 구원하시되 우리가 행한 바 의로운 행위로 말미암지 아니하고 오직 그의 긍휼하심을 따라 중생의 씻음과 성령의 새롭게 하심으로 하셨나니 우리 구주 예수 그리스도로 말미암아 우리에게 그 성령을 풍성히 부어 주사 우리로 그의 은혜를 힘입어 의롭다하심을 얻어 영생의 소망을 따라 상속자가 되게 하려 하심이라(딛 3:3-7)

㉓ Each one should use whatever gift he has received to serve others, faithfully administering God's grace in its various forms.(1PE 4:10)

▫ administer (은혜)를 베풀다

각각 은사를 받은 대로 하나님의 여러 가지 은혜를 맡은 선한 청지기같이 서로 봉사하라(벧전 4:10)

† Golden Rule

○ It is by grace you have been saved through faith – and this not from yourselves, it is the gift of God – not by works, so that no one can boast.(EPH 2:8-9)

너희는 그 은혜에 의하여 믿음으로 말미암아 구원을 받았으니 이것은 너희에게서 난 것이 아니요 하나님의 선물이라 행위에서 난 것이 아니니 이는 누구든지 자랑하지 못하게 함이라(엡 2:8-9)

† Word & ♬Hymn

○ **But because of his great love for us, God, who is rich in mercy, made us alive with Christ even when we were dead in transgressions – it is by grace you have been saved.(EPH 2:4-5)**
긍휼이 풍성하신 하나님이 우리를 사랑하신 그 사랑을 인하여 허물로 죽은 우리를 그리스도와 함께 살리셨고(너희는 은혜로 구원을 받은 것이라)(엡 2:4-5)

나 같은 죄인 살리신 305
Amazing grace! how sweet the sound!

나 같은 죄인 살리신
Amazing grace! how sweet the sound!

주 은혜 놀라워
That saved a wretch like me!

wretch 가엽은 사람, 비참한 사람

잃었던 생명 찾았고
I once was lost, but now am found;

광명을 얻었네
Was blind, but now I see.

Was blind ← I was blind 과거에 난 눈 멀었다

큰 죄악에서 건지신
'Twas grace that taught my heart to fear,

'Twas grace that ← It was grace that taught my heart to fear (it ~ that 강조용법)

주 은혜 고마워
And grace my fears relieved.

grace my fears relieved ← It was by grace that my fears was relieved 나의 두려움이 사라진 것은 은혜 때문이다

나 처음 믿은 그 시간
How precious did that grace appear

How precious did that grace appear! ← How precious that grace was!

귀하고 귀하다 아 멘
The hour I first believed! Amen.

KEY WORD • 26

(통 405)

나 같은 죄인 살리신

은혜와 사랑

J. Newton, 1779

Amazing grace! how sweet the sound!

(Eph 엡 2:5)

AMAZING GRACE: 8.6.8.6.

Traditional American Melody

Arr. by E. O. Excell, 1900

보통으로

27

인내와 승리
Patience & Victory

Key Expression & Word

▶ 인내 perseverance – 8, 18
 • 인내하다 endure – 14, 16, 17 / persevere – 15, 19 / be patient – 20
▶ 승리 victory – 22 • 승리자 victor – 14
 • (면류)관 crown –14, 19 • 이기다 overcome – 7, 9, 22, 24, 25

① **Moses was there with the LORD forty days and forty nights without eating bread or drinking water. And he wrote on the tablets the words of the covenant – the Ten Commandments. When Moses came down from Mount Sinai with the two tablets of the testimony in his hands, he was not aware that his face was radiant because he had spoken with the LORD. (EX 34:28-29)**

□ covenant 언약, 약속 / tablet 평판 / testimony 증언, 증거 / be aware of ~을 알다

모세가 여호와와 함께 사십 일 사십 야를 거기 있으면서 떡도 먹지 아니하였고 물도 마시지 아니하였으며 여호와께서는 언약의 말씀 곧 십계명을 그 판들에 기록하셨더라 모세가 그 증거의 두 판을 모세의 손에 들고 시내산에서 내려오니 그 산에서 내려올 때에 모세는 자기가 여호와와 말하였으므로 말미암아 얼굴 피부에 광채가 나나 깨닫지 못하였더라(출 34:28-29)

② **Those who sow in tears will reap with songs of joy. He who goes out weeping, carrying seed to sow, will return with songs of joy, carrying sheaves with him.(PS 126:5-6)**

□ sow in tears 눈물을 흘리며 씨를 뿌리다 / sheaf 곡식의 단 pl. sheaves

눈물을 흘리며 씨를 뿌리는 자는 기쁨으로 거두리로다 울며 씨를 뿌리러 나가는 자는 반드시 기쁨으로 그 곡식 단을 가지고 돌아오리로다 (시 126:5-6)

③ **Better a patient man than a warrior, a man who controls his temper than one who takes a city.(PR 16:32)**

노하기를 더디 하는 사람은 용사보다 낫고, 자기의 마음을 다스리는 사람은 성을 점령한 사람보다 낫다(잠 16:32)

④ Then Jesus was led by the Spirit into the desert to be tempted by the devil. After fasting forty days and forty nights, he was hungry. The tempter came to him and said, "If you are the Son of God, tell these stones to become bread."(MT 4:1-3)
그때에 예수께서 성령에게 이끌리어 마귀에게 시험을 받으러 광야로 가사 사십일을 밤낮으로 금식하신 후에 주리신지라 시험하는 자가 예수께 나아와서 이르되 네가 만일 하나님의 아들이어든 명하여 이 돌들로 떡덩이가 되게 하라(마 4:1-3)

⑤ Enter through the narrow gate. For wide is the gate and broad is the road that leads to destruction, and many enter through it. But small is the gate and narrow the road that leads to life, and only a few find it.(MT 7:13-14)
좁은 문으로 들어가라 멸망으로 인도하는 문은 크고 그 길이 넓어 그리로 들어가는 자가 많고 생명으로 인도하는 문은 좁고 길이 협착하여 찾는 자가 적음이라(마 7:13-14)

⑥ A woman giving birth to a child has pain because her time has come; but when her baby is born she forgets the anguish because of her joy that a child is born into the world. So with you: Now is your time of grief, but I will see you again and you will rejoice, and no one will take away your joy.(JN 16:21-22)
□ give birth to 해산하다, 아이를 낳다
여자가 해산하게 되면 그 때가 이르렀으므로 근심하나 아기를 낳으면 세상에 사람 난 기쁨으로 말미암아 그 고통을 다시 기억하지 아니하느니라 지금은 너희가 근심하나 내가 다시 너희를 보리니 너희 마음이 기쁠 것이요 너희 기쁨을 빼앗을 자가 없으리라(요 16:21-22)

⑦ But a time is coming, and has come, when you will be scattered, each to his own home. You will leave me all alone. Yet I am not alone, for my Father is with me. I have told you these things, so that in me you may have peace. In this world you will have trouble. But take heart! I have overcome the world. (JN 16:32-33)
보라 너희가 다 각각 제 곳으로 흩어지고 나를 혼자 둘 때가 오나니 벌써 왔도다 그러나 내가 혼자 있는 것이 아니라 아버지께서 나와 함께

계시느니라 이것을 너희에게 이르는 것은 너희로 내 안에서 평안을 누리게 하려 함이라 세상에서는 너희가 환란을 당하나 담대하라 내가 세상을 이기었노라(요 16:32-33)

⑧ **Not only so, but we also rejoice in our sufferings, because we know that suffering produces perseverance; perseverance, character; and character, hope.(RO 5:3-4)**

다만 이뿐 아니라 우리가 환난 중에도 즐거워하나니 이는 환난은 인내를 인내는 연단을 연단은 소망을 이루는 줄 앎이로다(롬 5:3-4)

⑨ **On the contrary: "If your enemy is hungry, feed him; if he is thirsty, give him something to drink. In doing this, you will heap burning coals on his head." Do not be overcome by evil, but overcome evil with good.(RO 12:20-21)**

네 원수가 주리거든 먹이고 목마르거든 마시게 하라 그리함으로 네가 숯불을 그 머리에 쌓아 놓으리라 악에게 지지 말고 선으로 악을 이기라(롬 12:20-21)

⑩ **Let us not become weary in doing good, for at the proper time we will reap a harvest if we do not give up.(GAL 6:9)**

▫ not become weary 낙심하지 말다 / at the proper time 때가 이르매 / reap a harvest (결실을) 거두다

우리가 선을 행하되 낙심하지 말지니 포기하지 아니하면 때가 이르매 거두리라(갈 6:9)

⑪ **I press on toward the goal to win the prize for which God has called me heavenward in Christ Jesus.(PHP 3:14)**

▫ press on toward 달려가다, 쫓아가다 / heavenward 하늘 쪽으로, 하늘을 향해

푯대를 향하여 그리스도 예수 안에서 하나님이 위에서 부르신 부름의 상을 위하여 달려가노라(빌 3:14)

⑫ **I can do everything through him who gives me strength.(PHP 4:13)**

내게 능력 주시는 자 안에서 내가 모든 것을 할 수 있느니라(빌 4:13)

⑬ **Fight the good fight of the faith. Take hold of the eternal life to which you were called when you made your good confession in the presence of many witnesses.(1TI 6:12)**

▫ take hold of = hold 붙들다, 취하다 / confession 고백, 자백, make confession 증언하다, 고백하다

믿음의 선한 싸움을 싸우라 영생을 취하라 이를 위하여 네가 부르심을

KEY WORD • 27

받았고 많은 증인 앞에서 선한 증언을 하였도다(딤전 6:12)

⑭ Endure hardship with us like a good soldier of Christ Jesus. No one serving as a soldier gets involved in civilian affairs – he wants to please his commanding officer. Similarly, if anyone competes as an athlete, he does not receive the victor's crown unless he competes according to the rule.(2TI 2:3-5)
너는 그리스도 예수의 좋은 병사로 나와 함께 고난을 받으라 병사로 복무하는 자는 자기 생활에 얽매이는 자가 하나도 없나니 이는 병사로 모집한 자를 기쁘게 하려 함이라 경기하는 자가 법대로 경기하지 아니하면 승리자의 관을 얻지 못할 것이며(딤후 2:3-5)

⑮ So do not throw away your confidence; it will be richly rewarded. You need to persevere so that when you have done the will of God, you will receive what he has promised.(HEB 10:35-36)
그러므로 너희 담대함을 버리지 말라 이것이 큰 상을 얻게 하느니라 너희에게 인내가 필요함은 너희가 하나님의 뜻을 행한 후에 약속하신 것을 받기 위함이라(히 10:35-36)

⑯ Let us fix our eyes on Jesus, the author and perfecter of our faith, who for the joy set before him endured the cross, scorning its shame, and sat down at the right hand of the throne of God.(HEB 12:2)
믿음의 주요 또 온전하게 하시는 이인 예수를 바라보자 그는 그 앞에 있는 즐거움을 위하여 십자가를 참으사 부끄러움을 개의치 아니하시더니 하나님 보좌 우편에 앉으셨느니라(히 12:2)

⑰ Endure hardship as discipline; God is treating you as sons. For what son is not disciplined by his father? If you are not disciplined(and everyone undergoes discipline), then you are illegitimate children and not true sons.(HEB 12:7-8)

□ discipline 징계(하다) / legitimate ↔ illegitimate 불법의, illegitimate children 사생아

너희가 참음은 징계를 받기 위함이라 하나님이 아들과 같이 너희를 대우하시나니 어찌 아버지가 징계하지 않는 아들이 있으리요 징계는 다 받는 것이거늘 너희에게 없으면 사생자요 친아들이 아니니라 (히 12:7-8)

⑱ Consider it pure joy, my brothers, whenever you face trials of many kinds, because you know that the testing of your faith

develops perseverance. Perseverance must finish its work so that you may be mature and complete, not lacking anything. (JAS 1:1-4)
내 형제들아 너희가 여러 가지 시험을 만나거든 온전히 기쁘게 여기라 이는 너희 믿음의 시련이 인내를 만들어 내는 줄 너희가 앎이라 인내를 온전히 이루라 이는 너희로 온전하고 구비하여 조금도 부족함이 없게 하려 함이라(약 1:1-4)

⑲ Blessed is the man who perseveres under trial, because when he has stood the test, he will receive the crown of life that God has promised to those who love him.(JAS 1:12)
시험을 참는 자는 복이 있나니 이는 시련을 견디어 낸 자가 주께서 자기를 사랑하는 자들에게 약속하신 생명의 면류관을 얻을 것이기 때문이라(약 1:12)

⑳ Be patient, then, brothers, until the Lord's coming. See how the farmer waits for the land to yield its valuable crop and how patient he is for the autumn and spring rains.(JAS 5:7)
그러므로 형제들아 주께서 강림하시기 까지 길이 참으라 보라 농부가 땅에서 나는 귀한 열매를 바라고 길이 참아 이른 비와 늦은 비를 기다리나니(약 5:7)

㉑ But rejoice that you participate in the sufferings of Christ, so that you may be overjoyed when his glory is revealed.(1PE 4:13)
오직 너희가 그리스도의 고난에 참예하는 것으로 즐거워하라 이는 그의 영광을 나타내실 때에 너희로 즐거워하고 기뻐하게 하려 함이라 (벧전 4:13)

㉒ For everyone born of God overcomes the world. This is the victory that has overcome the world, even our faith. Who is it that overcomes the world? Only he who believes that Jesus is the Son of God.(1JN 5:4-5)
무릇 하나님께로부터 난 자마다 세상을 이기느니라 세상을 이기는 승리는 이것이니 우리의 믿음이니라 예수께서 하나님의 아들이심을 믿는 자가 아니면 세상을 이기는 자가 누구냐(요일 5:4-5)

㉓ Do not be afraid of what you are about to suffer. I tell you, the devil will put some of you in prison to test you, and you will suffer persecution for ten days. Be faithful, even to the

point of death, and I will give you the crown of life.(REV 2:10)
너는 장차 받을 고난을 두려워하지 말라 볼지어다 마귀가 장차 너희 가운데서 몇 사람을 옥에 던져 시험을 받게 하리니 너희가 십일 동안 환난을 받으리라 네가 죽도록 충성하라 그리하면 생명의 관을 네게 주리라(계 2:10)

㉔ **He who overcomes will, like them, be dressed in white. I will never blot out his name from the book of life, but will acknowledge his name before my Father and his angels. (REV 3:5)**

□ blot out 지우다, 없애다

이기는 자는 이와 같이 흰 옷을 입을 것이요 내가 그 이름을 생명책에서 결코 지우지 아니하고 그 이름을 내 아버지 앞과 그의 천사들 앞에서 시인하리라(계 3:5)

㉕ **They will make war against the Lamb, but the Lamb will overcome them because he is Lord of lords and King of kings – and with him will be his called, chosen and faithful followers.(REV 17:14)**

□ with him will be his called ~ followers ← his called ~ followers will be with him

그들이 어린 양과 더불어 싸우려니와 어린 양은 만주의 주시오 만왕의 왕이시므로 그들을 이기실터이요 또 그와 함께 있는 자들 곧 부르심을 받고 택하심을 받은 진실한 자들도 이기리로다(계 17:14)

† Golden Rule

○ **Those who sow in tears will reap with songs of joy. He who goes out weeping, carrying seed to sow, will return with songs of joy, carrying sheaves with him.(PS 126:5-6)**
눈물을 흘리며 씨를 뿌리는 자는 기쁨으로 거두리로다 울며 씨를 뿌리러 나가는 자는 반드시 기쁨으로 그 곡식 단을 가지고 돌아오리로다(시 126:5-6)

† Word & ♬ Hymn

○ **Fight the good fight of the faith. Take hold of the eternal life to which you were called when you made your good confession in the presence of many witnesses.(1TI 6:12)**
믿음의 선한 싸움을 싸우라 영생을 취하라 이를 위하여 네가 부르심을 받았고 많은 증인 앞에서 선한 증언을 하였도다(딤전 6:12)

행군 나팔 소리에 360

Bugle calls are ringing out

행군 나팔 소리에
Bugle calls are ringing out,
Bugle 군대 나팔 calls 나팔 신호소리 / ring out 울려 퍼지다

십자가의 군기를
See where floats the conqu'ring sign,
where floats the conqu'ring sign ← where the conqu'ring sign floats 정복의 신호가 떠있는 곳

선한 싸움 다 싸우고
And when the battle's over
when the battle's over 싸움이 끝날 때 / wear a crown 면류관을 쓰다

의의 면류관
We shall wear a crown,
선한 싸움 다 싸우고
And when the battle's over
예루살렘 성에서
In the new Jerusalem!
저 요단강 건너
Away over Jordan!
의의 면류관
We shall wear a crown

주의 호령 났으니
"Forward" is the battle shout,
Forward 앞으로 / shout 구령, 함성

높이 들고 나가세
Onward to the war divine!

의의 면류관
We shall wear a crown,

받아쓰리라
We shall wear a crown,
의의 면류관
We shall wear a crown,
면류관 받으리
wear a crown, wear a crown,
우리 싸움 마치는 날
And when the battle's over
예루살렘 성에서
In the new Jerusalem!

KEY WORD • 27

360 행군 나팔 소리에

(통 402)

분투와 승리

H. Waters(1674-1748)

Bugle calls are ringing out

(1Ti 딤전 6:12)

WEAR A CROWN: 7.7.7.7.REF.

D. B. Towner, 1905

조금 빠르게

Eb
Fm
Bb7
선한 싸움다싸우고 의의면류관 예루살 렘성에
crown! And when the bat-tle's o - ver We shall wear a crown In the new Je - ru - sa -
Eb
서 면류관 받으리 저
lem! wear a crown, wear a crown, A -
면류관 받으리
Wear a crown, Wear a crown,
Ab
Eb
요 단강 건너 우리 싸움마치는 날
way o - ver Jor - dan! And When the bat tle's o - ver
Eb
Fm
Bb7
Eb
의 의면 류관 예 루살 렘성 에 서
We shall wear a crown In the new Je - ru - sa - lem!

28

인도와 보호

Guidance & Protection

Key Expression & Word

▶ 인도하다 guide – 1, 6, 19 / lead – 6

- 지키다 guard – 14, 20, 33 / watch over – 17, 18

▶ 보호하다 protect – 8

- A가 B하지 못하도록 (보호)하다 keep A from B – 17, 21, 24
- 인치(引致) seal – 31 • 인치하심을 받다 be sealed – 32
- 붙들다 hold fast – 19 / uphold – 25

① **By day the LORD went ahead of them in a pillar of cloud to guide them on their way and by night in a pillar of fire to give them light, so that they could travel by day or night. Neither the pillar of cloud by day nor the pillar of fire by night left its place in front of the people.(EX 13:21-22)**

▫ neither the pillar of cloud ~ nor the pillar of fire ~ 구름기둥도 불기둥도 ~하지 않다, pillar 기둥, 지주

여호와께서 그들 앞에서 가시며 낮에는 구름 기둥으로 그들의 길을 인도하시고 밤에는 불기둥으로 그들에게 비추사 낮이나 밤이나 진행하게 하시니 낮에는 구름 기둥, 밤에는 불기둥이 백성 앞에서 떠나지 아니하니라(출 13:21-22)

② **So the LORD brought us out of Egypt with a mighty hand and an outstretched arm, with great terror and with miraculous signs and wonders. He brought us to this place and gave us this land, a land flowing with milk and honey.(DT 26:8-9)**

▫ outstretched 쭉 편 / flowing with milk and honey 젖과 꿀이 흐르는

여호와께서 강한 손과 편 팔과 큰 위엄과 이적과 기사로 우리를 애굽에서 인도하여 내시고 이곳으로 인도하사 이 땅 곧 젖과 꿀이 흐르는 땅을 주셨나이다(신 26:8-9)

③ **Then Samuel took a stone and set it up between Mizpah and Shen. He named it Ebenezer, saying, "Thus far has the LORD** helped us." So the Philistines were subdued and did not invade Israelite territory again. Throughout Samuel's lifetime, the hand of the LORD was against the Philistines(1SAM 7:12-13)

▫ set up 세우다 / subdue 정복하다

사무엘이 돌을 취하여 미스바와 센 사이에 세워 이르되 여호와께서 여기까지 우리를 도우셨다 하고 그 이름을 에벤에셀이라 하니라 이에 블레셋 사람들이 굴복하여 다시는 이스라엘 지역 안에 들어오지 못하였으며 여호와의 손이 사무엘이 사는 날 동안에 블레셋 사람을 막으시매(삼상 7:12-13)

④ Therefore my heart is glad and my tongue rejoices; my body also will rest secure, because you will not abandon me to the grave, nor will you let your Holy One see decay.(PS 16:9-10)

▫ rest ~한 대로이다, rest secure 안전한 상태이다, rest는 불완전자동사

이러므로 나의 마음이 기쁘고 나의 영도 즐거워하며 내 육체도 안전히 살리니 이는 주께서 내 영혼을 스올에 버리지 아니하시며 주의 거룩한 자를 멸망시키지 않으실 것임이니이다(시 16:9-10)

⑤ The LORD is my rock, my fortress and my deliverer; my God is my rock, in whom I take refuge. He is my shield and the horn of my salvation, my stronghold.(PS 18:2)

여호와는 나의 반석이시요 나의 요새시요 나를 건지시는 이시오 나의 하나님이시요 내가 그 안에 피할 나의 바위시요 나의 방패시오 나의 구원의 뿔 이시요 나의 산성이시로다(시 18:2)

⑥ The LORD is my shepherd, I shall not be in want. He makes me lie down in green pastures, he leads me beside quiet waters. he restores my soul. He guides me in paths of righteousness for his name's sake. Even though I walk through the valley of the shadow of death, I will fear no evil, for you are with me; your rod and your staff, they comfort me. You prepare a table before me in the presence of my enemies. You anoint my head with oil; my cup overflows. Surely goodness and love will follow me all the days of my life, and I will dwell in the house of the LORD forever.(PS 23:1-6)

▫ rod and staff 지팡이와 막대기 / in the presence of ~의 목전에서, 면전에서

여호와는 나의 목자시니 내게 부족함이 없으리로다 그가 나를 푸른 풀밭에 누이시며 쉴만한 물가로 인도하시는도다 내 영혼을 소생시키시고 자기 이름을 위하여 의의 길로 인도하시는도다 내가 사망의 음침한

골짜기로 다닐지라도 해를 두려워하지 않을 것은 주께서 나와 함께 하심이라 주의 지팡이와 막대기가 나를 안위하시나이다 주께서 내 원수의 목전에서 내게 상을 차려 주시고 기름을 내 머리에 부으셨으니 내 잔이 넘치나이다 내 평생에 선하심과 인자하심이 반드시 나를 따르리니 내가 여호와의 집에 영원히 살리로다(시 23:1-6)

⑦ **Turn your ear to me, come quickly to my rescue; be my rock of refuge, a strong fortress to save me.(PS 31:2)**
내게 귀를 기울여 속히 건지시고 내게 견고한 바위와 구원하는 산성이 되소서(시 31:2)

⑧ **You are my hiding place; you will protect me from trouble and surround me with songs of deliverance. Selah(PS 32:7)**
주는 나의 은신처이오니 환난에서 나를 보호하시고 구원의 노래로 나를 두르시리이다(셀라)(시 32:7)

⑨ **Contend, O LORD, with those who contend with me; fight against those who fight against me.(PS 35:1)**
여호와여 나와 다투는 자와 다투시고 나와 싸우는 자와 싸우소서 (시 35:1)

⑩ **God is our refuge and strength, an ever-present help in trouble. (PS 46:1)**
하나님은 우리의 피난처시오 힘이시니 환난 중에 만날 큰 도움이시라 (시 46:1)

⑪ **God is within her, she will not fall; God will help her at break of day.(PS 46:5)**
하나님이 그 성 중에 계시매 성이 흔들리지 아니할 것이라 새벽에 하나님이 도우시리로다(시 46:5)

⑫ **Commit your way to the LORD; trust in him and he will do this: He will make your righteousness shine like the dawn, the justice of your cause like the noonday sun.(PS 37:5-6)**
네 길을 여호와께 맡기라 그를 의지하면 그가 이루시고 네 의를 빛 같이 나타내시며 네 공의를 정오의 빛같이 하시리로다(시 37:5-6)

⑬ **As the deer pants for streams of waters, so my soul pants for you, O God.(PS 42:1)**
▫ pant for ~을 갈망하다, 열망하다
하나님이여 사슴이 시냇물을 찾기에 갈급함같이 내 영혼이 주를 찾기에

갈급하니이다(시 42:1)

⑭ For he will command his angels concerning you to guard you in all your ways; they will lift you up in their hands, so that you will not strike your foot against a stone.(PS 91:11-12)
그가 너를 위하여 그의 천사들을 명령하사 네 모든 길에서 너를 지키게 하심이라 그들이 그들의 손으로 너를 붙들어 발이 돌에 부딪히지 아니하게 하리로다(시 91:11-12)

⑮ He will cover you with his feathers, and under his wings you will find refuge; his faithfulness will be your shield and rampart.(PS 91:4)
□ feather 깃털 / rampart 방어물, 성벽
그가 너를 그의 깃으로 덮으시리니 네가 그의 날개 아래에 피하리로다 그의 진실함은 방패와 손 방패가 되시나니(시 91:4)

⑯ I lift up my eyes to the hills – where does my help come from? My help comes from the LORD, the maker of heaven and earth.(PS 121:1)
내가 산을 향하여 눈을 들리라 나의 도움이 어디서 올까 나의 도움은 천지를 지으신 여호와에게서로다(시 121:1)

⑰ The LORD will keep you from all harm – he will watch over your life; the LORD will watch over your coming and going both now and forevermore.(PS 121:7-8)
□ watch over 지키다, 돌보다
여호와께서 너를 지켜 모든 환난을 면하게 하시며 또 네 영혼을 지키시리로다 여호와께서 너의 출입을 지금부터 영원까지 지키시리로다(시 121:7-8)

⑱ Unless the LORD builds the house, its builders labor in vain. Unless the LORD watches over the city, the watchmen stand guard in vain.(PS 127:1)
□ stand guard 보초서다, 지키다
여호와께서 집을 세우지 아니하시면 세우는 자의 수고가 헛되며 여호와께서 성을 지키지 아니하시면 파수꾼의 깨어있음이 헛되도다(시 127:1)

⑲ If I rise on the wings of the dawn, If I settle on the far side of the sea, even there your hand will guide me, your right hand will hold me fast.(PS 139:9-10)
□ hold fast 꼭 붙들다, fast 꽉, 꼭, 굳게

내가 새벽 날개를 치며 바다 끝에 가서 거주할지라도 거기서도 주의 손이 나를 인도하시며 주의 오른 손이 나를 붙드시리이다(시 139:9-10)

⑳ He holds victory in store for the upright, he is a shield to those whose walk is blameless, for he guards the course of the just and protects the way of his faithful ones.(PR 2:7-8)
그는 정직한 자를 위하여 완전한 지혜를 예비하시며 행실이 온전한 자에게 방패가 되시나니 대저 그는 정의의 길을 보호하시며 그의 성도들의 길을 보전하려 하심이니라(잠 2:7-8)

㉑ Have no fear of sudden disaster or of the ruin that overtakes the wicked, for the LORD will be your confidence and will keep your foot from being snared.(PR 3:25-26)
▫ keep (prevent, stop) O from Ving ~ 을 ~하지 못하게 하다 / snare 덫으로 잡다
너는 갑작스러운 두려움도 악인에게 닥치는 멸망도 두려워하지 말라 대저 여호와는 네가 의지할 이시니라 네 발을 지켜 걸리지 않게 하시리라(잠 3:25-26)

㉒ In his heart a man plans his course, but the LORD determines his steps.(PR 16:9)
사람이 마음으로 자기의 길을 계획할 지라도 그 걸음을 인도하는 자는 여호와시니라(잠 16:9)

㉓ You will keep in perfect peace him whose mind is steadfast, because he trusts in you.(ISA 26:3)
주께서 심지가 견고한 자를 평강에 평강으로 지키시리니 이는 그가 주를 의뢰함이니라(사 26:3)

㉔ Surely it was for my benefit that I suffered such anguish. In your love you kept me from the pit of destruction; you have put all my sins behind your back.(ISA 38:17)
▫ kept me from the pit 구덩이에서 건지셨고
보옵소서 내게 큰 고통을 더하신 것은 내게 평안을 주려 하심이라 주께서 나의 영혼을 사랑하사 멸망의 구덩이에서 건지셨고 나의 모든 죄는 주의 등 뒤에 던지셨나이다(사 38:17)

㉕ I took you from the ends of the earth, from its farthest corners I called you. I said, 'You are my servant'; I have chosen you and have not rejected you. So do not fear, for I am with you; do not be dismayed, for I am your God. I will strengthen you and help you; I will uphold you with my righteous right hand.

(ISA 41:9-10)
내가 땅 끝에서부터 너를 붙들며 땅 모퉁이에서부터 너를 부르고 네게 이르기를 너는 나의 종이라 내가 너를 택하고 싫어하여 버리지 아니하였다 하였노라 두려워하지 말라 내가 너와 함께 함이라 놀라지 말라 나는 네 하나님이 됨이라 내가 너를 굳세게 하리라 참으로 너를 도와주리라 참으로 나의 의로운 오른손으로 너를 붙들리라(사 41:9-10)

㉖ When you pass through the waters, I will be with you; and when you pass through the rivers, they will not sweep over you. When you walk through the fire, you will not be burned; the flames will not set you ablaze.(ISA 43:2)

□ sweep over 침몰시키다, 휩쓸다, 압도하다 / set O ablaze ~ 을 불태우다

네가 물 가운데로 지날 때에 내가 너와 함께 할 것이라 강을 건널 때에 물이 너를 침몰하지 못할 것이며 네가 불 가운데로 지날 때에 타지도 아니할 것이요 불꽃이 너를 사르지도 못하리니(사 43:2)

㉗ Therefore I tell you, do not worry about your life, what you will eat or drink; or about your body, what you will wear. Is not life more important than food, and the body more important than clothes?(MT 6:25)
그러므로 내가 너희에게 이르노니 목숨을 위하여 무엇을 먹을까 무엇을 마실까 몸을 위하여 무엇을 입을까 염려하지 말라 목숨이 음식보다 중하지 아니하며 몸이 의복보다 중하지 아니하냐(마 6:25)

㉘ Look at the birds of the air. they do not sow or reap or store away in barns, and yet your heavenly Father feeds them. Are you not much more valuable than they?(MT 6:26)
공중의 새를 보라 심지도 않고 거두지도 않고 창고에 모아들이지도 아니하되 너희의 하늘 아버지께서 기르시나니 너희는 이것들보다 귀하지 아니하냐(마 6:26)

㉙ So do not worry, saying, 'What shall we eat?' or 'What shall we drink?' or 'What shall we wear?' For the pagans run after all these things, and your heavenly Father knows that you need them.(MT 6:31-32)

□ pagan 이방인 / run after구하다, 추구하다

그러므로 염려하여 이르기를 무엇을 먹을까 무엇을 마실까 무엇을 입을까 하지 말라 이는 다 이방인이 구하는 것이라 너희 하늘 아버지께서 이 모든 것이 너희에게 있어야 할 줄을 아시느니라(마 6:31-32)

㉚ **Suppose one of you has a hundred sheep and loses one of them. Does he not leave the ninety-nine in the open country and go after the lost sheep until he finds it? And when he finds it, he joyfully puts it on his shoulders and goes home. Then he calls his friends and neighbors together and says, 'Rejoice with me; I have found my lost sheep.'(LK 15:4-6)**

너희 중에 어떤 사람이 양 백 마리가 있는데 그 중의 하나를 잃으면 아흔 아홉 마리를 들에 두고 그것을 찾아내기까지 찾아다니지 아니하겠느냐 또 찾아낸즉 즐거워 어깨에 메고 집에 와서 그 벗과 이웃을 불러 모으고 말하되 나와 함께 즐기자 나의 잃은 양을 찾아내었노라 하리라 (눅 15:4-6)

㉛ **Do not work for food that spoils, but for food that endures to eternal life, which the Son of Man will give you. On him God the Father has placed his seal of approval.(JN 6:27)**

- place his seal of approval on ~ 에 대해 하나님께서 승인하시다, seal of approval 인치, 승인의 봉인, 인장

썩을 양식을 위하여 일하지 말고 영생하도록 있는 양식을 위하여 하라 이 양식은 인자가 너희에게 주리니 인자는 아버지 하나님께서 인치신자니라(요 6:27)

㉜ **And do not grieve the Holy Spirit of God, with whom you were sealed for the day of redemption.(EPH 4:30)**

- grieve 슬프게 하다 / be sealed 봉인되다, 밀봉되다 / redemption = salvation 구원, 구속

하나님의 성령을 근심하게 하지 말라 그 안에서 너희가 구원의 날까지 인치심을 받았느니라(엡 4:30)

㉝ **Do not be anxious about anything, but in everything, by prayer and petition, with thanksgiving, present your requests to God. And the peace of God, which transcends all understanding, will guards your hearts and your minds in Christ Jesus. (PHP 4:6-7)**

- transcend 초월하다

아무 것도 염려하지 말고 오직 모든 일에 기도와 간구로 너희 구할 것을 감사함으로 하나님께 아뢰라 그리 하면 모든 지각에 뛰어난 하나님의 평강이 그리스도 예수 안에서 너희 마음과 생각을 지키시리라 (빌 4:6-7)

㉞ For he has rescued us from the domination of darkness and brought us into the kingdom of the Son he loves, **in whom we have redemption, the forgiveness of sins.(COL 1:13-14)**
그가 우리를 흑암의 권세에서 건져내사 그의 사랑의 아들의 나라로 옮기셨으니 그 아들 안에서 우리가 속량 곧 죄 사함을 얻었도다 (골 1:13-14)

† Golden Rule

○ **In his heart a man plans his course, but the LORD determines his steps.(PR 16:9)**
사람이 마음으로 자기의 길을 계획할 지라도 그 걸음을 인도하는 자는 여호와시니라(잠 16:9)

† Word & ♬ Hymn

○ **Therefore my heart is glad and my tongue rejoices; my body also will rest secure,(PS 16:9)**
이러므로 나의 마음이 기쁘고 나의 영도 즐거워하며 내 육체도 안전히 살리니(시 16:9)

주의 곁에 있을 때 401
Savoir, lead me, lest I stray

주의 곁에 있을 때
Savoir, lead me, lest I stray,

□ lest I stray = in order that I may not stray, stray 옆길로 빗나가다

맘이 든든하오니
Gently lead me all the way;

주여 내가 살 동안
I am safe when by Thy side,

□ when by Thy side 주의 곁에 있을 때

인도하여 주소서
I would in Thy love abide

□ I would in Thy love abide ← I would abide in Thy love

주여 주여
Lead me, lead me,

나를 인도하소서
Savoir, lead me, lest I stray;

빠른 세상 살 동안
Gently down the stream of time,

주여 인도 하소서 아 멘
Lead me Savior, all the way. Amen.

(통 457)

주의 곁에 있을 때

인도와 보호

Savior, lead me, lest I stray

(Ps 시 16:9)

F. M. Davis(1839-1896)

LEAD ME, SAVIOR: 7.7.7.7.REF.
F. M. Davis(1839-1896)

보통으로

29

입조심

Holding the Tongue

Key Expression & Word

- 입 mouth – 1, 3, 7, 9, 13, 15, 19, 23, 26
- 말 word – 6, 21 / words – 5, 8, 17 / talk – 19
- 입술 lips – 1, 4, 7, 9, 10, 27
- 혀 tongue – 24, 25, 27 • 방언 tongues – 17
- 입조심(말조심)하다 set guard over one's mouth – 1 / keep watch over one's lips – 1 / hold one's tongue – 5 / keep one's tongue – 27

① **Set a guard over my mouth, O Lord; keep watch over the door of my lips. Let not my heart be drawn to what is evil, to take part in wicked deeds with men who are evildoers; let me not eat of their delicacies.(PS 141:3-4)**

□ delicacy 맛있는 것, 진미, 미묘함, 섬세함 / delicacies 진수성찬

여호와여 내 입 앞에 파수꾼을 세우시고 내 입술의 문을 지키소서 내 마음이 악한 일에 기울어 죄악을 행하는 자와 함께 악을 행하지 말게 하시며 저희 진수성찬을 먹지 말게 하소서(시 141:3-4)

② **The wise in heart accept commands, but a chattering fool comes to ruin.(PR 10:8)**

□ chatter 재잘거리다

마음이 지혜로운 자는 명령을 받거니와 입이 미련한 자는 패망하리라(잠 10:8)

③ **The mouth of the righteous is a fountain of life, but violence overwhelms the mouth of the wicked.(PR 10:11)**

의인의 입은 생명의 샘이라도 악인의 입은 독을 머금었느니라(잠 10:11)

④ **Wisdom is found on the lips of the discerning, but a rod is for the back of him who lacks judgement.(PR 10:13)**

□ the discerning 명철한 사람들, discern 분별하다, 식별하다

명철한 자의 입술에는 지혜가 있어도 지혜 없는 자의 등을 위하여는 채찍이 있느니라(잠 10:13)

⑤ **When words are many, sin is not absent, but he who holds his tongue is wise.(PR 10:19)**

□ holds one's tongue 말을 조심하다, 삼가다

말이 많으면 허물을 면하기 어려우나 그 입술을 제어하는 자는 지혜가 있느니라(잠 10:19)

⑥ **A gentle answer turns away wrath, but a harsh word stirs up anger.(PR 15:1)**

□ stir up 자극하다, 선동하다

유순한 대답은 분노를 쉬게 하여도 과격한 말은 노를 격동하느니라(잠 15:1)

⑦ **A wise man's heart guides his mouth, and his lips promote instruction.(PR 16:23)**

지혜로운 자의 마음은 그 입을 슬기롭게 하고 또 그 입술에 지식을 더하느니라(잠 16:23)

⑧ **Pleasant words are a honeycomb, sweet to the soul and healing to the bones.(PR 17:24)**

□ honeycomb 벌집

선한 말은 꿀 송이 같아서 마음에 달고 뼈에 양약이 되느니라(잠 17:24)

⑨ **A fool's lips bring him strife, and his mouth invites a beating.(PR 18:6)**

□ strife 다툼, 투쟁

미련한 자의 입술은 다툼을 일으키고 그 입은 매를 자청하느니라(잠 18:6)

⑩ **Gold there is, and rubies in abundance, but lips that speak knowledge are a rare jewel.(PR 20:15)**

세상에 금도 있고 진주도 많거니와 지혜로운 입술이 더욱 귀한 보배니라(잠 20:15)

⑪ **The good man brings good things out of the good stored up in him, and the evil man brings evil things out of the evil stored up in him. But I tell you that men will have to give account on the day of judgement for every careless word they have spoken.(MT 12:35-36)**

□ give account for ~ 에 대해 설명하다

선한 사람은 마음의 쌓은 선에서 선한 것을 내고 악한 자는 그 쌓은

KEY WORD • 29

악에서 악한 것을 내느니라 내가 너희에게 이르노니 사람이 무슨 악한 말을 하든지 심판 날에 이에 대하여 심문을 받으리니(마 12:35-36)

⑫ **For by your words you will be acquitted, and by your words you will be condemned.(MT 12:37)**

ㅁ acquit 석방하다, 무죄로 하다 / condemn 비난하다, 유죄판결을 내리다

네 말로 의롭다 함을 받고 **네 말로** 정죄함을 받으리라(마 12:37)

⑬ **Don't you see that whatever enters the mouth goes into the stomach and then out of the body? But the things that come out of the mouth come from the heart, and these make a man 'unclean.'(MT 15:17-18)**

입으로 들어가는 모든 것은 배로 들어가서 뒤로 내버려지는 줄 알지 못하느냐 **입에서 나오는 것들은 마음에서 나오나니 이것이야말로 사람을 더럽게 하느니라**(마 15:17-18)

⑭ **Nothing outside a man can make him 'unclean' by going into him. Rather, it is what comes out of a man that makes him 'unclean'.(MK 7:15-16)**

ㅁ it is what ~ that makes him unclean (it ~ that 강조용법) 사람을 더럽게 하는 것은 what ~ 다.

무엇이든 밖에서 사람에게로 들어가는 것은 능히 사람을 더럽게 하지 못하되 **사람 안에서 나오는 것이 사람을 더럽게 하는 것이니라** (막 7:15-16)

⑮ **The good man brings good things out of the good stored up in his heart, and the evil man brings evil things out of the evil stored up in his heart. For out of the overflow of his heart his mouth speaks.(LK 6:45)**

ㅁ out of the good stored up in his heart 마음의 쌓은 선에서

선한 사람은 마음의 쌓은 선에서 선을 내고 악한 자는 그 쌓은 악에서 악을 내나니 **이는 마음의 가득한 것을 입으로 말함이니라**(눅 6:45)

⑯ **What you have said in the dark will be heard in the daylight, and what you have whispered in the ear in the inner rooms will be proclaimed from the roofs.(LK 12:3)**

이러므로 너희가 어두운데서 말한 모든 것이 광명한 데서 들리고 너희가 골방에서 귀에 대고 말한 것이 지붕 위에서 전파되리라(눅 12:3)

⑰ **I thank God that I speak in tongues more than all of you. But in church I would rather speak five intelligible words to instruct others than ten thousand words in tongues.(1CO 9:15)**

□ intelligible 이해할 수 있는, 알기 쉬운 cf) intellectual, intelligent 지적인

내가 너희 모든 사람보다 방언을 더 말하므로 하나님께 감사하노라 그러나 교회에서 네가 남을 가르치기 위하여 깨달은 마음으로 다섯 마디 말을 하는 것이 일만 마디 방언으로 말하는 것보다 나으리라 (고전 9:15)

⑱ **You were taught, with regard to your former way of life, to put off your old self, which is being corrupted by its deceitful desires; to be made new in the attitude of your minds; and to put on the new self, created to be like God in true righteousness and holiness. Therefore each of you must put off falsehood and speak truthfully to his neighbor, for we are all members of one body.(EPH 4:22-25)**

□ put off ~ 을 벗다 ↔ put on ~ 을 입다, 신다, 차다, 띠다 / falsehood 거짓말(lie)

너희는 유혹의 욕심을 따라 썩어져 가는 구습을 따르는 옛 사람을 벗어 버리고 오직 너희의 심령이 새롭게 되어 하나님을 따라 의와 진리의 거룩함으로 지으심을 받은 새 사람을 입으라 그런즉 거짓을 버리고 각각 그 이웃과 더불어 참된 것을 말하라 이는 우리가 서로 지체가 됨이라(엡 4:22-25)

⑲ **Do not let any unwholesome talk come out of your mouth, but only what is helpful for building others up according to their needs, that it may benefit those who listen.(EPH 4:29)**

무릇 더러운 말은 너희 입 밖에도 내지 말고 오직 덕을 세우는 데 소용되는 대로 선한 말을 하여 듣는 자들에게 은혜를 끼치게 하라(엡 4:29)

⑳ **But among you there must not be even a hint of sexual immorality, or of any kind of impurity, or of greed, because these are improper for God's holy people.(EPH 5:3)**

□ sexual immorality 음행 / any kind of impurity 온갖 더러운 것

음행과 온갖 더러운 것과 탐욕은 너희 중에서 그 이름조차도 부르지 말라 이는 성도에게 마땅한 바니라(엡 5:3)

㉑ **Do your best to present yourself to God as one approved, a workman who does not need to be ashamed and who correctly handles the word of truth. Avoid godless chatter, because those who indulge in it will become more and more ungodly. (2TI 2:15-16)**

□ indulge in ~ 을 탐닉하다, ~에 빠지다 / present oneself to 자신을 ~에 바치다

□ godly 경건한, 독실한(pious) ↔ godless = ungodly 신을 믿지 않는, 불신앙의 /

chatter 재잘거림

너는 진리의 말씀을 옳게 분별하며 부끄러울 것이 없는 일꾼으로 인정된 자로 자신을 하나님 앞에 드리기를 힘쓰라 망령되고 헛된 말을 버리라 그들은 경건하지 아니함에 점점 나아가나니(딤후 2:15-16)

㉒ **My dear brothers, take note of this: Everyone should be quick to listen, slow to speak, and slow to become angry. For man's anger does not bring about the righteous life that God desires. (JAS 1:19-20)**

□ take note of ~에 주의하다 / bring about 불러오다, 초래하다

내 사랑하는 형제들아 너희가 알지니 사람마다 듣기는 속히 하고 말하기는 더디하며 성내기도 더디하라 사람이 성내는 것이 하나님의 의를 이루지 못함이라(약 1:19-20)

㉓ **We all stumble in many ways. If anyone is never at fault in what he says, he is a perfect man, able to keep his whole body in check. When we put bits into the mouths of horses to make them obey us, we can turn the whole animal. Or take ships as an example. Although they are so large and are driven by strong winds, they are steered by a very small rudder wherever the pilot wants to go.(JAS 3:2-4)**

□ stumble 걸려 넘어지다 / put bits into the mouth 입에 재갈을 물리다 / rudder(배의) 키, 방향타 / pilot 사공

우리가 다 실수가 많으니 만일 말에 실수가 없는 자라면 곧 온전한 사람이라 능히 온 몸도 굴레 씌우리라 우리가 말들의 입에 재갈을 물리는 것은 우리에게 순종하게 하려고 그 온 몸을 제어하는 것이라 또 배를 보라 그렇게 크고 광풍에 밀려가는 것들을 지극히 작은 키로서 사공의 뜻대로 운행하나니(약 3:2-4)

㉔ **Likewise the tongue is a small part of the body, but it makes great boasts. Consider what a great forest is set on fire by a small spark. The tongue also is a fire, a world of evil among the parts of the body. It corrupts the whole person, set the whole course of his life on fire, and is itself set on fire by hell. (JAS 3:5-6)**

□ set O on fire ~ 을 불사르다, 불태우다

이와 같이 혀도 작은 지체로되 큰 것을 자랑하도다 보라 얼마나 작은 불이 얼마나 많은 나무를 태우는가 혀는 곧 불이요 불의의 세계라 혀는 우리 지체 중에서 온 몸을 더럽히고 삶의 수레바퀴를 불사르나니 그

사르는 것이 지옥 불에서 나느니라(약 3:5-6)

㉕ **All kinds of animals, birds, reptiles and creatures of the sea are being tamed and have been tamed by man, but no man can tame the tongue. It is a restless evil, full of deadly poison.(JAS 3:7-8)**

▫ reptile 파충류 / tame 길들이다

여러 종류의 짐승과 새와 벌레와 바다의 생물은 다 사람이 길들일 수 있고 길들여왔거니와 혀는 능히 길들일 사람이 없나니 쉬지 아니하는 악이요 죽이는 독이 가득한 것이라(약 3:7-8)

㉖ **Out of the same mouth come praise and cursing. My brothers, this should not be. Can both fresh water and salt water flow from the same spring? My brothers, can a fig tree bear olives, or a grapevine bear figs? Neither can a salt spring produce fresh water.(JAS 3:10-12)**

▫ a fig tree 무화과나무 / olives 감람 열매 / a grapevine 포도나무 / a salt water (spring) 짠물, fresh water 단물

한 입에서 찬송과 저주가 나오는 도다 내 형제들아 이것이 마땅하지 아니하리라 샘이 한 구멍으로 어찌 단 물과 쓴 물을 내겠느냐 내 형제들아 어찌 무화과나무가 감람 열매를 포도나무가 무화과를 맺겠느냐 이와 같이 짠물이 단물을 내지 못하느니라(약 3:10-12)

㉗ **Whoever would love life and see good days must keep his tongue from evil, and his lips from deceitful speech. He must turn from evil and do good; he must seek peace and pursue it.(1PE 3:10-11)**

▫ keep A from B, A가 B하지 못하게 하다

생명을 사랑하고 좋은 날 보기를 원하는 자는 혀를 금하여 악한 말을 그치며 그 입술로 거짓을 말하지 말고 악에서 떠나 선을 행하고 화평을 구하며 그것을 따르라(벧전 3:10-11)

† Golden Rule

- **What you have said in the dark will be heard in the daylight, and what you have whispered in the ear in the inner rooms will be proclaimed from the roofs.(LK 12:3)**
  이러므로 너희가 어두운데서 말한 모든 것이 광명한 데서 들리고 너희가 골방에서 귀에 대고 말한 것이 지붕 위에서 전파되리라(눅 12:3)

† Word & ♬ Hymn

○ **You were taught, with regard to your former way of life, to put off your old self, which is being corrupted by its deceitful desires; to be made new in the attitude of your minds; (EPH 4:22-23)**
너희는 유혹의 욕심을 따라 썩어져 가는 구습을 따르는 옛 사람을 벗어 버리고 오직 너희의 심령이 새롭게 되어(엡 4:22-23)

주 예수 내 맘에 들어와 289
What a wonderful change in my life

주 예수 내 맘에 들어와 계신 후
What a wonderful change in my life has been wrought

□ work wrought wrought(worked의 고어)어떤 상태를 일으키다, be wrought 변화가 일어나다

변하여 새 사람 되고
Since Jesus came into my heart;

내가 늘 바라던 참 빛을 찾음도
I have light in my soul for which long I had sought,

□ which의 선행사는 light / long 오랫동안 / seek for ~을 찾다

주 예수 내 맘에 오심
Since Jesus came into my heart.

주 예수 내 맘에 오심
Since Jesus came into my heart!

주 예수 내 맘에 오심
Since Jesus came into my heart,

물밀 듯 내 맘에 기쁨이 넘침은
Floods of joy o'er my soul like the sea billows roll,

□ o'er = over / billow 큰 물결, Floods roll 파도가 굽이치다

주 예수 내 맘에 오심
Since Jesus came into my heart.

289 주 예수 내 맘에 들어와

(통 208)

What a wonderful change in my life

(Eph 엡 4:22-23)

거룩한 생활

R. H. McDaniel, 1914

McDANIEL: 12.8.12.8.REF.

C. H. Gabriel, 1914

보통으로

30

전도

Mission

Key Expression & Word

- 전(파)하다 preach – 8, 19, 24, 26 / proclaim – 12
- 복음을 전(파)하다 preach (the) good new/the gospel – 5, 11, 12/9, 12
- 전도하다, 선포하다 proclaim the good news – 17
  proclaim the message – 27
- 말씀 사역(使役) the ministry of word – 18

① **Rescue those being led away to death; hold back those staggering toward slaughter.(PR 24:11)**

ㅁ stagger 비틀거리다 / slaughter 살육, 도살 / hold back 제지하다, 취소하다

너는 사망으로 끌려가는 자를 건져 주며 살륙을 당하게 된 자를 구원하지 아니하려고 하지 말라(잠 24:11)

② **Then I heard the voice of the Lord saying, "Whom shall I send? And who will go for us?" And I said, "Here am I. Send me!"(ISA 6:8)**

내가 또 주의 목소리를 들으니 주께서 이르시되 내가 누구를 보내며 누가 우리를 위하여 갈꼬 하시니 그 때에 내가 이르되 내가 여기 있나이다 나를 보내소서(사 6:8)

③ **A voice of one calling: "In the desert prepare the way for the LORD; make straight in the wilderness a highway for our God.(ISA 40:3)**

외치는 자의 소리여 이르되 너희는 광야에서 여호와의 길을 예비하라 사막에서 우리 하나님의 대로를 평탄하게 하라(사 40:3)

④ **You who bring good tidings to Zion, go up on a high mountain. You who bring good tidings to Jerusalem, lift up your voice with a shout, lift it up, do not be afraid; say to the towns of Judah, "Here is your God!"(ISA 40:9)**

ㅁ tidings 소식, 통지

아름다운 소식을 시온에 전하는 자여 너는 높은 산에 오르라 아름다운

소식을 예루살렘에 전하는 자여 너는 힘써 소리를 높이라 두려워하지 말고 소리를 높여 유다의 성읍들에게 이르기를 너희의 하나님을 보라 하라(사 40:9)

⑤ **Jesus went throughout Galilee, teaching in their synagogues, preaching the good news of the kingdom, and healing every disease and sickness among the people.(MT 4:23)**
예수께서 온 갈릴리에 두루 다니사 그들의 회당에서 가르치시며 천국 복음을 전파하시며 백성중의 모든 병과 모든 약한 것을 고치시니 (마 4:23)

⑥ **Neither do people light a lamp and put it under a bowl. Instead they put it on its stand, and it gives light to everyone in the house. In the same way, let your light shine before men, that they may see your good deeds and praise your Father in heaven. (MT 5:16)**
□ light 불을 켜다 / bowl 사발, 그릇 / praise~ 에게 영광을 돌리다
사람이 등불을 켜서 말 아래에 두지 아니하고 등경위에 두나니 이러므로 집 안 모든 사람에게 비치느니라 이같이 너희 빛을 사람 앞에 비치게 하여 그들로 너희 착한 행실을 보고 하늘에 계신 너희 아버지께 영광을 돌리게 하라(마 5:16)

⑦ **It is not the healthy who need a doctor, but the sick. But go and learn what this means: 'I desire mercy, not sacrifice.' For I have not come to call the righteous, but sinners.(MT 9:12-13)**
□ It is not the healthy who ~ : it who(that) 강조용법
건강한 자에게는 의사가 쓸 데 없고 병든 자에게라야 쓸 데 있느니라 너희는 가서 내가 긍휼을 원하고 제사를 원하지 아니하노라 하신 뜻이 무엇인지 배우라 나는 의인을 부르러 온 것이 아니라 죄인을 부르러 왔노라(마 9:12-13)

⑧ **These twelve Jesus sent out with the following instructions: "Do not go among the Gentiles or enter any town of the Samaritans. Go rather to the lost sheep of Israel. As you go, preach this message: 'The kingdom of heaven is near.' Heal the sick, raise the dead, cleanse those who have leprosy, drive out demons. Freely you have received, freely give.(MT 10:5-8)**
예수께서 이 열둘을 내보내시며 명하여 이르시되 이방인의 길로도 가지 말고 사마리아인의 고을에도 들어가지 말고 오히려 이스라엘 집의 잃어

버린 양에게로 가라 가면서 전파하여 말하되 천국이 가까이 왔다 하고 병든 자를 고치며 죽은 자를 살리며 나병환자를 깨끗하게 하며 귀신을 쫓아내되 너희가 거저 받았으니 거저 주라(마 10:5-8)

⑨ **Because of the increase of wickedness, the love of most will grow cold, but he who stands firm to the end will be saved. And this gospel of the kingdom will be preached in the whole world as a testimony to all nations, and then the end will come. (MT 24:12-14)**

불법이 성하므로 많은 사람의 사랑이 식어지리라 그러나 끝까지 견디는 자는 구원을 얻으리라 이 천국 복음이 모든 민족에게 증언되기 위하여 온 세상에 전파되리니 그제야 끝이 오리라(마 24:12-14)

⑩ **Therefore go and make disciples of all nations, baptizing them in the name of the Father and of the Son and of the Spirit, and teaching them to obey everything I have commanded you. And surely I am with you always, to the very end of the age. (MT 28:19-20)**

- make disciples of all nations 모든 족속으로 제자를 삼다

그러므로 너희는 가서 모든 족속으로 제자를 삼아 아버지와 아들과 성령의 이름으로 세례를 주고 내가 너희에게 분부한 모든 것을 가르쳐 지키게 하라 볼지어다 내가 세상 끝날까지 너희와 항상 함께 있으리라 (마 28:19-20)

⑪ **He said to them, "Go into all the world and preach the good news to all creation."(MK 16:15)**

또 이르시되 너희는 온 천하에 다니며 만민에게 복음을 전파하라 (막 16:15)

⑫ **The Spirit of the Lord is on me, because he has anointed me to preach good news to the poor. He has sent me to proclaim freedom for the prisoners and recovery of sight for the blind, to release the oppressed, to proclaim the year of the Lord's favor.(LK 4:18-19)**

주의 성령이 내게 임하셨으니 이는 가난한 자에게 복음을 전하게 하시려고 내게 기름을 부으시고 나를 보내사 포로 된 자에게 자유를, 눈먼 자에게 다시 보게 함을 전파하며 눌린 자를 자유롭게 하고 주의 은혜의 해를 전파하게 하려 하심이라(눅 4:18-19)

⑬ "My food," said Jesus, "is to do the will of him who sent me and to finish his work. Do you not say, 'Four months more and then the harvest?' I tell you, open your eyes and look at the fields! They are ripe for harvest."(JN 4:34-35)
예수께서 이르시되 나의 양식은 나를 보내신 이의 뜻을 행하며 그의 일을 온전히 이루는 이것이니라 너희는 넉 달이 지나야 추수할 때가 이르겠다 하지 아니하느냐 그러나 나는 너희에게 이르노니 너희 눈을 들어 밭을 보라 희어져 추수하게 되었도다(요 4:34-35)

⑭ Again Jesus said, "Peace be with you! As the Father has sent me, I am sending you." And with that he breathed on them and said, "Receive the Holy Spirit."(JN 20:21-22)
□ breathe on ~에게 숨을 내쉬다
예수께서 또 이르시되 너희에게 평강이 있을지어다 아버지께서 나를 보내신 것같이 나도 너희를 보내노라 이 말씀을 하시고 그들을 향하사 숨을 내쉬며 이르시되 성령을 받으라(요 20:21-22)

⑮ It is not for you to know the times or the dates the Father has set by his own authority. But you will receive power when the Holy Spirit comes on you and you will be my witnesses in Jerusalem, and in all Judea and Samaria and to the ends of the earth.(AC 1:7-8)
□ the times or the dates the Father has ~ ← the times or the dates that the Father has ~ / set O by his own authority ~을 자기 권한에 두다
때와 시기는 아버지께서 자기의 권한에 두셨으니 너희가 알 바 아니요 오직 성령이 너희에게 임하시면 너희가 권능을 받고 예루살렘과 온 유대와 사마리아와 땅 끝까지 이르러 내 증인이 되리라(행 1:7-8)

⑯ When he saw Peter and John about to enter, he asked them for money. Peter looked straight at him, as did John. Then Peter said, "Look at us!" So the man gave them attention, expecting to get something from them. Then Peter said, "Silver and gold I do not have, but what I have I give you. In the name of Jesus Christ of Nazareth, walk."(AC 3:3-6)
그가 베드로와 요한이 성전에 들어가려 함을 보고 구걸하거늘 베드로가 요한과 더불어 주목하여 이르되 우리를 보라하니 그가 그들에게서 무엇을 얻을까 하여 바라보거늘 베드로가 이르되 금과 은은 내게 없거니와 내게 있는 이것을 네게 주노니 나사렛 예수 그리스도의 이름으로 걸으라

(행 3:3-6)

⑰ Day after day, in the temple courts and from house to house, they never stopped teaching and proclaiming the good news that Jesus is the Christ.(AC 5:42)
그들이 날마다 성전에 있든지 집에 있든지 예수는 그리스도라고 가르치기와 전도하기를 그치지 아니하니라(행 5:42)

⑱ So the Twelve gathered all the disciples together and said, "It would not be right for us to neglect the ministry of the word of God in order to wait on tables. Brothers, choose seven men from among you who are known to be full of the Spirit and wisdom. we will turn this responsibility over to them and will give our attention to prayer and the ministry of the word.(AC 6:2-4)

□ turn A over to B~ A를 B에 맡기다

열두 사도가 모든 제자를 불러 이르되 우리가 하나님의 말씀을 제쳐놓고 접대를 일삼는 것이 마땅하지 아니하니 형제들아 너희 가운데서 성령과 지혜가 충만하여 칭찬 받는 사람 일곱을 택하라 우리가 이 일을 그들에게 맡기고 우리는 오로지 기도하는 일과 말씀사역에 힘쓰리라(행 6:2-4)

⑲ Immediately, something like scales fell from Saul's eyes, and he could see again. He got up and was baptized, and after taking some food, he regained his strength. Soul spent several days with the disciples in Damascus. At once he began to preach in the synagogues that Jesus is the Son of God.(AC 9:18-20)

□ scale 비늘

즉시 사울의 눈에서 비늘 같은 것이 벗어져 다시 보게 된지라 일어나 세례를 받고 음식을 먹으매 강건하여지니라 사울이 다메섹에 있는 제자들과 함께 며칠 있을새 즉시로 각 회당에서 예수가 하나님의 아들이심을 전파하니(행 9:18-20)

⑳ While they were worshiping the Lord and fasting, the Holy Spirit said, "Set apart for me Barnabas and Saul for the work to which I have called them." So after they had fasted and prayed, they placed their hands on them and send them off.(AC 13:2-3)

□ set apart O for ~를 위해 ~을 따로 떼어놓다 / place one's hands on ~에게 안

수하다 / send off 배웅하다, 쫓아보내다

주를 섬겨 금식할 때에 성령이 이르시되 내가 불러 시키는 일을 위하여 바나바와 사울을 따로 세우라 하시니 이에 금식하며 기도하고 두 사람에게 안수하여 보내니라(행 13:2-3)

㉑ **During the night Paul had seen the vision of a man of Macedonia standing and begging him, "Come over to Macedonia and help us." After Paul had seen the vision, we got ready at once to leave for Macedonia, concluding that God had called us to preach the gospel to them.(AC 16:9-10)**

밤에 환상이 바울에게 보이니 마게도냐 사람 하나가 서서 그에게 청하여 이르되 마게도냐로 건너와서 우리를 도우라 하거늘 바울이 환상을 보았을 때 우리가 곧 마게도냐로 떠나기를 힘쓰니 이는 하나님이 저 사람들에게 복음을 전하라고 우리를 부르신 줄로 인정함이러라(행 16:9-10)

㉒ **I thank God that I speak in tongues more than all of you. But in church I would rather speak five intelligible words to instruct others than ten thousand words in tongues.(1CO 9:15)**

내가 너희 모든 사람보다 방언을 더 말하므로 하나님께 감사하노라 그러나 교회에서 네가 남을 가르치기 위하여 깨달은 마음으로 다섯 마디 말을 하는 것이 일만 마디 방언으로 말하는 것보다 나으리라(고전 9:15)

㉓ **Though I am free and belong to no man, I make myself a slave to everyone, to win as many as possible.(1CO 9:19)**

▫ to win as many as possible 더 많은(가능한 한 많은) 사람을 얻기 위해

내가 모든 사람에게서 자유로우나 스스로 모든 사람에게 종이 된 것은 더 많은 사람을 얻고자 함이라(고전 9:19)

㉔ **If there is no resurrection of the dead, then not even Christ has been raised. And if Christ has not been raised, our preaching is useless and so is your faith.(1CO 15:13-14)**

만일 죽은 자의 부활이 없으면 그리스도도 다시 살아나지 못하셨으리라 그리스도께서 만일 다시 살아나지 못하셨으면 우리가 전파하는 것도 헛것이요 또 너희 믿음도 헛것이며(고전 15:13-14)

㉕ **Do not rebuke an older man harshly, but exhort him as if he were your father. Treat younger man as brothers, older women as mothers, and younger women as sisters, with absolute purity.(1TI 5:1-2)**

□ exhort 타이르다(충고, 경고, 훈계 등)
늙은이를 꾸짖지 말고 권하되 아버지에게 하듯 하며 젊은이에게는 형제에게 하듯 하고 늙은 여자에게는 어머니에게 하듯 하며 젊은 여자에게는 온전히 깨끗함으로 자매에게 하듯 하라(딤전 5:1-2)

㉖ **Preach the Word; be prepared in season and out of season; correct, rebuke and encourage – with great patience and careful instruction.(2TI 4:2)**
너는 말씀을 전파하라 때를 얻든지 못 얻든지 항상 힘쓰라 범사에 오래 참음과 가르침으로 경책하며 경계하며 권하라(딤후 4:2)

㉗ **But the Lord stood at my side and gave me strength, so that through me the message might be fully proclaimed and all the Gentiles might hear it. And I was delivered from the lion's mouth.(2TI 4:17)**
주께서 내 곁에 서서 나에게 힘을 주심은 나로 말미암아 선포된 말씀이 온전히 전파되어 모든 이방인이 듣게 하려 하심이니 내가 사자의 입에서 건짐을 받았느니라(딤후 4:17)

† Golden Rule

● **Go into all the world and preach the good news to all creation.(MK 16:15)**
너희는 온 천하에 다니며 만민에게 복음을 전파하라(막 16:15)

† Word & ♬ Hymn

○ **Rescue those being led away to death; hold back those staggering toward slaughter.(PR 24:11)**
너는 사망으로 끌려가는 자를 건져 주며 살륙을 당하게 된 자를 구원하지 아니하려고 하지 말라(잠 24:11)

물 위에 생명줄 던지어라 500
Throw out the Life-line

물 위에 생명줄 던지어라
Throw out the Life-line across the dark wave,

우리의 가까운 형제이니
Somebody's brother! O who then, will dare

▫ dare to R.V (과)감히 ~하다

생명줄 던져 생명줄 던져
Throw out the Life-line! Throw out the Life-line!

생명줄 던져 생명줄 던져
Throw out the Life-line! Throw out the Life-line!

누가 저 형제를 구원하랴
There is a brother whom someone should save;

이 생명줄 그 누가 던지려나
to throw out the Life-line, his peril to share?

▫ his peril to share ← to share his peril

물속에 빠져간다
Someone is drifting away;

▫ drift away 떠내려가다

지금 곧 건지어라
Someone is sinking today.

KEY WORD • 30

(통 258)
전도

물 위에 생명줄 던지어라 500

Throw out the Life-Line
(Pr 잠 24:11)

E. S. Ufford(1851-1929)

LIFELINE: 10.10.10.11.REF.
E. S. Ufford, 1888

보통으로

31

주와 동행

With the Lord

Key Expression & Word

- 하나님과 동행하다 walk with God – 1
- 하나님(주님)과 함께하다 be with God – 2, 8
- 하나님(주님)이 함께하시다 God be with – 3, 4, 6, 7, 16, 17
- 예수님 안에 있다 remain/be in Jesus – 9, 10, 11/14

① **Enoch walked with God; then he was no more, because God took him away.(GE 5:24)**
에녹이 하나님과 동행하였더니 하나님이 그를 데려가시므로 세상에 있지 아니하였더라(창 5:24)

② **Even though I walk through the valley of the shadow of death, I will fear no evil, for you are with me; your rod and your staff, they comfort me.(PS 23:4)**
□ your rod and your staff 주의 지팡이와 막대기
내가 사망의 음침한 골짜기로 다닐지라도 해를 두려워하지 않을 것은 주께서 나와 함께 하심이라 주의 지팡이와 막대기가 나를 안위하시나이다(시 23:4)

③ **I took you from the ends of the earth, from its farthest corners I called you. I said, 'You are my servant'; I have chosen you and have not rejected you. So do not fear, for I am with you; do not be dismayed, for I am your God. I will strengthen you and help you; I will uphold you with my righteous right hand. (ISA 41:9-10)**
□ farthest(far, farther, farthest) 가장 먼 / dismay 당황케 하다, 실망시키다 / uphold 떠받치다, 지지하다
내가 땅 끝에서부터 너를 붙들며 땅 모퉁이에서부터 너를 부르고 네게 이르기를 너는 나의 종이라 내가 너를 택하고 싫어하여 버리지 아니하였다 하였노라 두려워하지 말라 내가 너와 함께 함이라 놀라지 말라 나는 네 하나님이 됨이라 내가 너를 굳세게 하리라 참으로 너를 도와주리라 참으로 나의 의로운 오른손으로 너를 붙들리라(사 41:9-10)

④ **The virgin will be with child and will give birth to a son, and**

they will call him Immanuel – which means "God with us." (MT 1:23)
보라 처녀가 잉태하여 아들을 낳을 것이요 그 이름은 임마누엘이라 하리라 하셨으니 이를 번역한 즉 하나님이 우리와 함께 계시다 함이라 (마 1:23)

⑤ The disciples went and woke him, saying, "Lord, save us! We are going to drown!" He replied, "You of little faith, why are you so afraid?" Then he got up and rebuked the winds and the waves, and it was completely calm.(MT 9:25-26)

ㅁ drown 물에 빠지다, 빠뜨리다

그 제자들이 나아와 깨우며 이르되 주여 구원하소서 우리가 죽겠나이다 예수께서 이르시되 어찌하여 무서워하느냐 이 믿음이 작은 자들아 하시고 곧 일어나사 바람과 바다를 꾸짖으시니 아주 잔잔하게 되거늘 (마 9:25-26)

⑥ For where two or three come together in my name, there am I with them.(MT 18:20)
두세 사람이 내 이름으로 모인 곳에는 나도 그들 중에 있느니라 (마 18:20)

⑦ Therefore go and make disciples of all nations, baptizing them in the name of the Father and of the Son and of the Spirit, and teaching them to obey everything I have commanded you. And surely I am with you always, to the very end of the age. (MT 28:19-20)

ㅁ make disciples of all nations 모든 족속으로 제자를 삼다

그러므로 너희는 가서 모든 족속으로 제자를 삼아 아버지와 아들과 성령의 이름으로 세례를 주고 내가 너희에게 분부한 모든 것을 가르쳐 지키게 하라 볼지어다 내가 세상 끝 날까지 너희와 항상 함께 있으리라 (마 28:19-20)

⑧ Whoever serves me must follow me; and where I am, my servant also will be. My Father will honor the one who serves me. (JN 12:26)
사람이 나를 섬기려면 나를 따르라 나 있는 곳에 나를 섬기는 자도 거기 있으리니 사람이 나를 섬기면 아버지께서 그를 귀히 여기시리라 (요 12:26)

⑨ Remain in me, and I will remain in you. No branch can bear fruit by itself; it must remain in the vine. Neither can you bear fruit unless you remain in me.(JN 15:4)
내 안에 거하라 나도 너희 안에 거하리라 가지가 포도나무에 붙어 있지

아니하면 절로 과실을 맺을 수 없음같이 너도 내 안에 있지 아니하면 그러하리라(요 15:4)

⑩ **I am the vine; you are the branches. If a man remains in me and I in him, he will bear much fruit; apart from me you can do nothing.(JN 15:5)**
나는 포도나무요 너희는 가지니 그가 내 안에 내가 그 안에 있으면 이 사람은 과실을 많이 맺나니 나를 떠나서는 너희가 아무것도 할 수 없음이라(요 15:5)

⑪ **If you remain in me, and my words remain in you, ask whatever you wish and it will be given you(JN 15:7)**
너희가 내 안에 거하고 내 말이 너희 안에 거하면 무엇이든지 원하는 대로 구하라 그리하면 이루리라(요 15:7)

⑫ **Now if we are children, then we are heirs – heirs of God and co-heirs with Christ, if indeed we share in his sufferings in order that we may also share in his glory.(RO 8:17)**
□ co-heirs with Christ 그리스도와 함께한 상속자 / share in 함께 받다 (나누다) / in order that S may RV ~ 하기 위하여
자녀이면 또한 상속자 곧 하나님의 상속자요 그리스도와 함께한 상속자니 우리가 그와 함께 영광을 받기 위하여 고난도 함께 받아야 할 것이니라(롬 8:17)

⑬ **Here is a trustworthy saying: If we die with him, we also live with him; if we endure, we will also reign with him. If we disown him, he will also disown us.(2CO 2:11-12)**
미쁘다 이 말이여 우리가 주와 함께 죽었으면 또한 함께 살 것이요 참으면 또한 함께 왕 노릇 할 것이요 우리가 주를 부인하면 주도 우리를 부인하실 것이라(고후 2:11-12)

⑭ **Therefore, if anyone is in Christ, he is a new creation; the old has gone, the new has come.(2CO 5:17)**
그런즉 누구든지 그리스도 안에 있으면 새로운 피조물이라 이전 것은 지나갔으니 보라 새것이 되었도다(고후 5:17)

⑮ **Your attitude should be the same as that of Christ Jesus: Who, being in very nature God, did not consider equality with God something to be grasped, but made himself nothing, taking the very nature of a servant, being made in human likeness.(PHP 2:5-7)**
□ consider A(equality with God) (as) B(something to be grasped) A를 B로 여기다
너희 안에 이 마음을 품으라 곧 그리스도 예수의 마음이니 그는 근본 하나님의 본체시나 하나님과 동등 됨을 취할 것으로 여기지 아니하시고

오히려 자기를 비워 종의 형체를 가지사 사람들과 같이 되셨고 (빌 2:5-7)

⑯ **Whatever you have learned or received or heard from me, or seen in me – put it into practice. And the God of peace will be with you.(PHP 4:9)**

▫ put it into practice : (it는 앞 문장) 그 것을 행하라

너희는 내게 배우고 받고 듣고 본 바를 행하라 그리하면 평강의 하나님이 너희와 함께 계시리라(빌 4:9)

⑰ **Now may the Lord of peace himself give you peace at all times and in every way. The Lord be with all of you.(2TH 3:16)**
평강의 주께서 친히 때마다 일마다 너희에게 평강을 주시고 주께서 너희 모든 사람과 함께 하시기를 원하노라(살후 3:16)

⑱ **Come near to God and he will come near to you. Wash your hands, you sinners, and purify your hearts, you double-minded. (JAS 4:8)**
하나님을 가까이하라 그리하면 너희를 가까이하시리라 죄인들아 손을 깨끗이 하라 두마음을 품은 자들아 마음을 성결하게 하라(약 4:8)

⑲ **If we walk in the light, as he is in the light, we have fellowship with one another, and the blood of Jesus, his Son purifies us from all sin.(1JN 1:7)**
그가 빛 가운데 계신 것같이 우리도 빛 가운데 행하면 우리가 서로 사귐이 있고 그 아들 예수의 피가 우리를 모든 죄에서 깨끗하게 하실 것이요(요일 1:7)

⑳ **Here I am! I stand at the door and knock. If anyone hears my voice and opens the door, I will come in and eat with him, and he with me.(REV 3:20)**
볼지어다 내가 문밖에 서서 두드리노니 누구든지 내 음성을 듣고 문을 열면 내가 그에게로 들어가 그와 더불어 먹고 그는 나와 더불어 먹으리라(계 3:20)

† Golden Rule

○ **Even though I walk through the valley of the shadow of death, I will fear no evil, for you are with me; your rod and your staff, they comfort me.(PS 23:4)**
내가 사망의 음침한 골짜기로 다닐지라도 해를 두려워하지 않을 것은 주께서 나와 함께 하심이라 주의 지팡이와 막대기가 나를 안위하시나이다(시 23:4)

† Word & ♬ Hymn

○ **Enoch walked with God; then he was no more, because God took him away.(GE 5:24)**
에녹이 하나님과 동행하였더니 하나님이 그를 데려가시므로 세상에 있지 아니하였더라(창 5:24)

주와 같이 길 가는 것 430
'Tis so sweet to walk with Jesus

주와 같이 길 가는 것
'Tis so sweet to walk with Jesus,
ㅁ 'Tis ← it is의 고어, 시어

즐거운 일 아닌가
Step by step and day by day;

우리 주님 걸어가신
Stepping in His very footprints,

발자취를 밟겠네
Walking with Him all the way.

한 걸음 한 걸음
Step by step, step by step,

주 예수와 함께
I would walk with Jesus,

날마다 날마다
All the day, all the way,

우리 걸어 가리
Keeping step with Jesus.

(통 456)
주와 동행

주와 같이 길 가는 것

430

A. B. Simpson, 1897

'Tis so sweet to walk with Jesus
(Ge 창 5:24)

STEP BY STEP: 8.7.8.7.REF.
A. B. Simpson, 1897

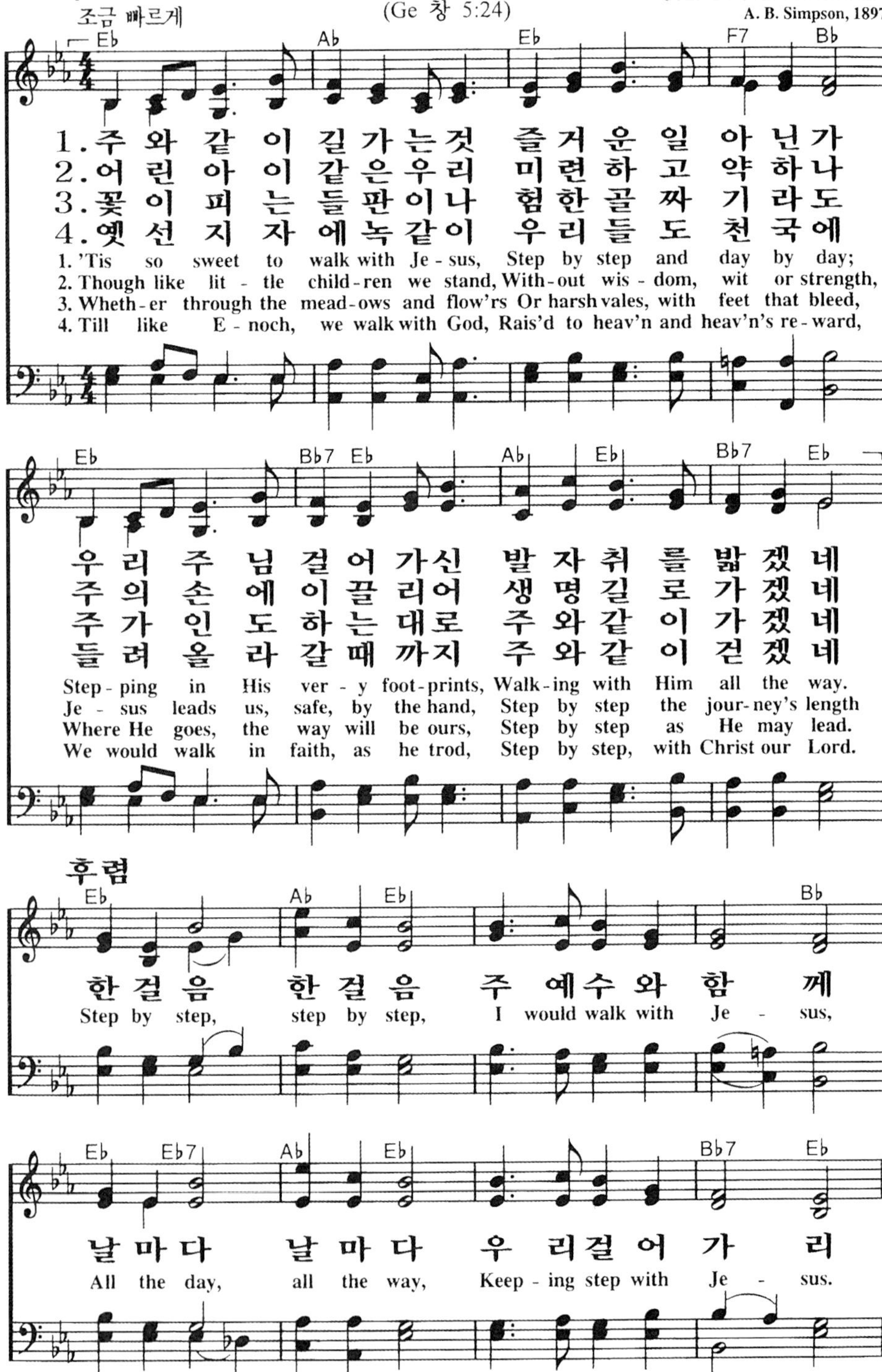

32 지혜 Wisdom

Key Expression & Word

- 지혜 wisdom – 3, 6, 8, 9, 22, 23
- 지각/명철/총명 understanding – 6/9, 13/23
- 지혜를 주시다 give wisdom – 1, 20
- 지혜를 얻다 gain/get wisdom – 5/13
- 지혜롭게 되다 grow/become wise – 12/22
- 지혜가 부족하다 lack wisdom – 24

① God gave Solomon wisdom and very great insight, and a breadth of understanding as measureless as the sand on the seashore.(1KI 5:29)
하나님이 솔로몬에게 지혜와 총명을 심히 많이 주시고 또 넓은 마음을 주시되 바닷가의 모래 같이 하시니(왕상 5:29)

② He spoke three thousand proverbs and his songs numbered a thousand and five.(1KI 5:32)
그가 잠언 삼천 가지를 말하였고 그의 노래는 천다섯 편이며 (왕상 5:32)

③ King Solomon was greater in riches and wisdom than all the other kings of thc carth.(1KI 10:23/2CH 9:22)
솔로몬 왕의 재산과 지혜가 천하의 모든 왕들보다 큰지라(왕상 10:23/대하 9:22)

④ The fool says in his heart, "There is no God." They are corrupt, their deeds are vile; there is no one who does good.(PS 14:1)
어리석은 자는 그의 마음에 이르기를 하나님이 없다 하는도다 그들은 부패하고 그 행실이 가증하니 선을 행하는 자가 없도다(시 14:1)

⑤ Teach us to number our days aright, that we may gain a heart of wisdom.(PS 90:12)
□ aright = rightly 올바로, 똑바로, number aright 올바로 세다

우리에게 우리의 날 계수함을 가르치사 지혜로운 마음을 얻게 하소서
(시 90:12)

⑥ The fear of the LORD is the beginning of wisdom; all who follow his precepts have good understanding. To him belongs eternal praise.(PS 111:10)

▫ precept 계율, 교훈

여호와를 경외함이 지혜의 근본이라 그의 계명을 지키는 자는 다 훌륭한 지각을 가진 자이니 여호와를 찬양함이 영원히 계속되리로다
(시 111:10)

⑦ The idols of the nations are silver and gold, made by the hands of men. They have mouths, but cannot speak, eyes but they cannot see; they have ears, but cannot hear, nor is there breath in their mouths. Those who make them will be like them, and so will all who trust in them.(PS 135:15-18)

열국의 우상은 은금이요 사람의 손으로 만든 것이라 입이 있어도 말하지 못하며 눈이 있어도 보지 못하며 귀가 있어도 듣지 못하며 그 입에는 아무 호흡도 없나니 그것을 만든 자와 그것을 의지하는 자가 다 그것과 같으리로다(시 135:15-18)

⑧ The fear of the LORD is the beginning of knowledge, but fools despise wisdom and discipline. Listen, my son, to your father's instruction and do not forsake your mother's teaching.
(PR 1:7-8)

▫ forsake 떠나다, 포기하다

여호와를 경외하는 것이 지식의 근본이거늘 미련한 자는 지혜와 훈계를 멸시하느니라 내 아들아 네 아비의 훈계를 들으며 네 어미의 법을 떠나지 말라(잠 1:7-8)

⑨ The fear of the LORD is the beginning of wisdom, and knowledge of the Holy One is understanding.(PR 9:10)

여호와를 경외하는 것이 지혜의 근본이요 거룩하신 자를 아는 것이 명철이니라(잠 9:10)

⑩ The wise in heart accept commands, but a chattering fool comes to ruin.(PR 10:8)

마음이 지혜로운 자는 명령을 받거니와 입이 미련한 자는 패망하리라
(잠 10:8)

⑪ **When words are many, sins is not absent, but he who holds his tongue is wise.(PR 10:19)**

▫ hold one's tongue 말을 조심하다, 삼가다

말이 많으면 허물을 면하기 어려우나 그 입술을 제어하는 자는 지혜가 있느니라(잠 10:19)

⑫ **He who walks with the wise grows wise, but a companion of fools suffers harm.(PR 13:20)**

▫ a companion of ~와 사귐

지혜로운 자와 동행하면 지혜를 얻고 미련한 자와 사귀면 해를 받느니라(잠 13:20)

⑬ **How much better to get wisdom than gold, to choose understanding rather than silver!(PR 16:16)**

지혜를 얻는 것이 금을 얻는 것보다 얼마나 나은고 명철을 얻는 것이 은을 얻는 것보다 더욱 나으니라(잠 16:16)

⑭ **Though one may be overpowered, two can defend themselves. A cord of three strands is not quickly broken.(ECC 5:12)**

▫ cord 끈 cf) rope 〉 cord 〉 string / strand 끈의 가닥

한 사람이면 패하겠거니와 두 사람이면 맞설 수 있나니 세 겹 줄은 끊어지지 아니하느니라(전 5:12)

⑮ **The race is not to the swift or the battle to the strong, nor does the food come to the wise or wealth to the brilliant or favor to the learned; but time and chance happen to them all. (ECC 9:11)**

▫ the battle to the strong ← the battle is not to the strong
▫ wealth to the brilliant ← wealth come to the brilliant
▫ favor to the learned ← favor come to the learned
▫ the learned 기능자 (배운 사람, 학식이 있는 사람)

내가 돌이켜 해 아래서 보니 빠른 경주자라고 선착하는 것이 아니며 용사들이라고 전쟁에 승리하는 것이 아니며 지혜자들이라고 음식물을 얻는 것도 아니며 명철자들이라고 재물을 얻는 것도 아니며 지식인들이라고 은총을 입는 것이 아니니 이는 시기와 기회는 그들 모두에게 임함이니라(전 9:11)

⑯ **Therefore do not worry about tomorrow, for tomorrow will worry about itself. Each day has enough trouble of its own. (MT 6:34)**

그러므로 내일 일을 위하여 염려하지 말라 내일 일은 내일 염려 할

것이요 한날 괴로움은 그날에 족하니라(마 6:34)

⑰ Watch out for false prophets. They come to you in sheep's clothing, but inwardly they are ferocious wolves. By their fruit you will recognize them. Do people pick grapes from thorn-bushes, or figs from thistles?(MT 7:15-16)

□ watch out for(three-word verb)삼가다, 경계하다 / inwardly 속으로, 안으로 / ferocious 사나운 / thornbush 가시나무, thistle 엉겅퀴

거짓 선지자들을 삼가라 양의 옷을 입고 너희에게 나아오나 속에는 노략질하는 이리라 그들의 열매로 그들을 알지니 가시나무에서 포도를, 또는 엉겅퀴에서 무화과를 따겠느냐(마 7:15-16)

⑱ At that time the kingdom of heaven will be like ten virgins who took their lamps and went out to meet the bridegroom. The five of them were foolish and five were wise. The foolish ones took their lamps but did not take any oil with them. The wise, however, took oil in jars along with their lamps. (MT 25:1-4)

그 때에 천국은 마치 등을 들고 신랑을 맞으러 나간 열 처녀와 같다 하리니 그 중의 다섯은 미련하고 다섯은 슬기 있는 자라 미련한 자들은 등을 가지되 기름을 가지지 아니하고 슬기 있는 자들은 그릇에 기름을 담아 등과함께 가져갔더니(마 25:1-4)

⑲ Watch out for the teachers of the law. They like to walk around in flowing robes and be greeted in the marketplaces, and have the most important seats in the synagogues and the places of honor at banquets.(MK 12:38-39)

□ watch out for (three-word verb)삼가다, 경계하다 / in flowing robes 치렁치렁 흐르는 긴 예복을 입고

긴 옷을 입고 다니는 것과 시장에서 문안 받는 것과 회당의 높은 자리와 잔치의 윗자리를 원하는 서기관들을 삼가라(막 12:38-39)

⑳ For I will give you words and wisdom that none of your adversaries will be able to resist and contradict.(LK 21:15)

□ adversary 적 / contradict 부정하다, 부인하다

내가 너희의 모든 대적이 능히 대항하거나 변박할 수 없는 구변과 지혜를 너희에게 주리라(눅 21:15)

㉑ Stop judging by mere appearances, and make a right judgement. (JN 7:24)

□ appearances 외모 cf) appearance 출현, 출연

외모로 판단하지 말고 공의롭게 판단하라(요 7:24)

㉒ Do not deceive yourselves. if anyone of you thinks he is wise by the standard of this age, he should become a "fool" so that he may become wise. For the wisdom of this world is foolishness in God's sight. As it is written: "He catches the wise in their craftiness"; and again, "The Lord knows that the thoughts of the wise are futile."(1CO 3:18-20)

□ craftiness꾀, 교활, crafty 교활한 / futile 쓸데없는, 무익한

아무도 자신을 속이지 말라. 너희 중에 누구든지 이 세상에서 지혜 있는 줄로 생각하거든 어리석은 자가 되어라 그리하여야 지혜로운 자가 되리라 이 세상 지혜는 하나님께 어리석은 것이니 기록된 바 하나님은 지혜 있는 자들로 하여금 자기 꾀에 빠지게 하시는 이라 하였고 또 주께서 지혜 있는 자들의 생각을 헛것으로 아신다 하셨느니라 (고전 3:18-20)

㉓ In him we have redemption through his blood, the forgiveness of sins, in accordance with the riches of God's grace that he lavished on us with all wisdom and understanding.(EPH 1:7-8)

□ lavish O on 사람 ~에게 ~을 아낌없이 주다, lavish의 목적어는 선행사 grace

우리는 그리스도 안에서 그의 은혜의 풍성함을 따라 그의 피로 말미암아 속량 곧 죄 사함을 받았느니라 이는 그가 모든 지혜와 총명을 우리에게 넘치게 하사(엡 1:7-8)

㉔ If any of you lacks wisdom, he should ask God, who gives generously to all without finding fault, and it will be given to him. But when he asks, he must believe and not doubt, because he who doubts is like a wave of sea, blown and tossed by the wind. That man should not think he will receive anything from the Lord.(JAS 1:5-7)

□ blown and tossed by the wind 바람에 밀려 요동하는

너희 중에 누구든지 지혜가 부족하거든 모든 사람에게 후히 주시고 꾸짖지 아니하시는 하나님께 구하라 그리하면 주시리라 오직 믿음으로 구하고 조금도 의심하지 말라 의심하는 자는 마치 바람에 밀려 요동하는 바다 물결 같으니 이런 사람은 무엇이든지 주께 얻기를 생각하지 말라 (약 1:5-7)

㉕ In the case of a will, it is necessary to prove the death of the one who made it, because a will is in force only when somebody

has died; it never takes effect while the one who made it is living.(HEB 9:16-17)

□ will 유언 / be in force 유효하다, 효력을 발휘하다

유언은 유언한 자가 죽어야 되나니 유언은 그 사람이 죽은 후에야 유효한즉 유언한 자가 살아 있는 동안에는 효력이 없느니라(히 9:16-17)

† Golden Rule

○ **If any of you lacks wisdom, he should ask God, who gives generously to all without finding fault, and it will be given to him.(JAS 1:5)**

너희 중에 누구든지 지혜가 부족하거든 모든 사람에게 후히 주시고 꾸짖지 아니하시는 하나님께 구하라 그리하면 주시리라(약 1:5)

† Word & ♬ Hymn

○ **In him we have redemption through his blood, the forgiveness of sins, in accordance with the riches of God's grace that he lavished on us with all wisdom and understanding.(EPH 1:7-8)**
우리는 그리스도 안에서 그의 은혜의 풍성함을 따라 그의 피로 말미암아 속량 곧 죄 사함을 받았느니라 이는 그가 모든 지혜와 총명을 우리에게 넘치게 하사(엡 1:7-8)

예수는 나의 힘이요 93
Jesus is all the world to me

예수는 나의 힘이요
Jesus is all the world to me,

구주 예수 떠나 살면
He is my strength from day to day,

눈물이 앞을 가리고
When I am sad, to Him I go,

위로하고 힘주실 이
When I am sad He makes me glad,

내 생명 되시니
My life, my joy, my all;

죄 중에 빠지리
Without Him I would fall

내 맘에 근심 쌓일 때
No other one can cheer me so;

주 예수
He's my friend.

(통 93)

예수 그리스도

W. L. Thompson, 1904

보통으로

예수는 나의 힘이요

Jesus is all the world to me

(Eph 엡 1:7)

93

ELIZABETH: IRREG.

W. L. Thompson, 1904

33

찬양과 경배

Praise & Adoration

Key Expression & Word

▶ (하나님)을 찬양(찬송, 송축)하다

praise (God) – 1, 3, 6, 8, 9, 10, 11, 12, 13, 15 / extol – 11

sing praises to God – 4, 12, 15

sing songs of praise – 19

▶ 하나님께 경배하다 worship God – 7, 14, 23 • 영광 glory – 5, 17, 21

① **Naked I came from my mother's womb, and naked I will depart. The LORD gave and the LORD has taken away; may the name of the LORD be praised.(JOB 1:21)**

□ come naked 알몸으로 나오다 / Naked I came, naked I will depart (보어 도치)
← I came naked, I will depart naked

내가 모태에서 알몸으로 나왔사온즉 또한 알몸이 그리로 돌아가올지라 주신 이도 여호와시요 거두신 이도 여호와시오니 여호와의 이름이 찬송을 받으실지니이다(욥 1:21)

② **The LORD is my strength and my shield; my heart trusts in him, and I am helped. My heart leaps for joy and I will give thanks to him in song.(PS 28:7)**

여호와는 나의 힘과 나의 방패이시니 내 마음이 그를 의지하여 도움을 얻었도다 그러므로 내 마음이 크게 기뻐하며 내 노래로 그를 찬송하리로다(시 28:7)

③ **Why are you downcast, O my soul? Why so disturbed within me? Put your hope in God, for I will yet praise him, my Savior and my God.(PS 42:5-6)**

□ downcast 기가 꺾인

내 영혼아 네가 어찌하여 낙심하며 어찌하여 내 속에서 불안해 하는가 너는 하나님께 소망을 두라 그가 나타나 도우심으로 말미암아 내가 여전히 찬송하리로다(시 42:5-6)

④ **Sing praises to God, sing praises; sing praises to our King, sing praises. For God is the King of all the earth; sing to him**

a psalm of praise.(PS 47:6-7)
찬송하라 하나님을 찬송하라 찬송하라 우리 왕을 찬송하라 하나님은 온 땅의 왕이심이라 지혜의 시로 찬송할지어다(시 47:6-7)

⑤ Shout with joy to God, all the earth! Sing the glory of his name; make his praise glorious!(PS 66:1-2)
온 땅이여 하나님께 즐거운 소리를 낼 지어다 그의 이름의 영광을 찬양하고 영화롭게 찬송할지어다(시 66:1-2)

⑥ The heavens praise your wonders, O LORD, your faithfulness too, in the assembly of the holy ones.(PS 89:5)
여호와여 주의 기이한 일을 하늘이 찬양할 것이요 주의 성실도 거룩한 자들의 모임 가운데서 찬양하리이다(시 89:5)

⑦ Shout for to the LORD, all the earth. Worship the LORD with gladness; come before him with joyful songs.(PS 100:1-2)
온 땅이여 여호와께 즐거운 찬송을 부를지어다 기쁨으로 여호와를 섬기며 노래하면서 그의 앞에 나아갈지어다(시 100:1-2)

⑧ Enter his gate with thanksgiving and his courts with praise; give thanks to him and praise his name.(PS 100:4)
감사함으로 그의 문에 들어가며 찬송하므로 그의 궁정에 들어가서 그에게 감사하며 그의 이름을 송축할지어다(시 100:4)

⑨ Praise the LORD, O my soul; all my inmost being, praise the holy name.(PS 103:1)
내 영혼아 여호와를 송축하라 내 속에 있는 것들아 다 그의 거룩한 이름을 송축하라(시 103:1)

⑩ Let the name of the LORD be praised, both now and forevermore.(PS 113:2)
이제부터 영원까지 여호와의 이름을 찬송할지로다(시 113:2)

⑪ All you have made will praise you, O LORD; your saints will extol you.(PS 145:10)

□ saint 성도 / extol 칭찬하다, 격찬하다

여호와여 주께서 지으신 모든 것들이 주께 감사하며 주의 성도들이 주를 송축하리이다(시 145:10)

⑫ Praise the LORD. Praise the LORD, O my soul. I will praise the LORD all my life; I will sing praise to my God as long as I live.(PS 146:1-2)
할렐루야 내 영혼아 여호와를 찬양하라 나의 생전에 여호와를 찬양하며 나의 평생에 내 하나님을 찬송하리로다(시 146:1-2)

⑬ Praise him for his acts of power; praise him for his surpassing greatness.(PS 150:2)
그의 능하신 행동을 찬양하며 그의 지극히 위대하심을 따라 찬양할지어다(시 150:2)

⑭ When they saw the star, they were overjoyed. On coming to the house, they saw the child with his mother Mary, and they bowed down and worshiped him. Then they opened their treasures and presented him with gifts of gold and of insense and of myrrh.(MT 2:10-11)
□ present A with B : A에게 B를 선물하다 / insense 유향, myrrh 몰약, of gold and of insense and of myrrh
그들이 별을 보고 매우 크게 기뻐하고 기뻐하더라 집에 들어가 아기와 그의 어머니 마리아가 함께 있는 것을 보고 엎드려 아기께 경배하고 보배 합을 열어 황금과 유향과 몰약을 예물로 드리니라(마 2:10-11)

⑮ For where two or three come together in my name, there am I with them.(MT 18:20)
두세 사람이 내 이름으로 모인 곳에는 나도 그들 중에 있느니라(마 18:20)

⑯ Again, it says, "Rejoice, O Gentiles, with his people." And again, "Praise the Lord, all the Gentiles, and sing praises to him, all you peoples."(RO 15:10-11)
□ gentile 이방인, 이교도 / praise = sing praises to ~을 찬송하다 / peoples 민족들
또 이르되 열방들아 주의 백성과 함께 즐거워하라 하였으며 또 모든 열방들아 주를 찬양하며 모든 백성들아 그를 찬송하라 하였으며(롬 15:10-11)

⑰ Now to the King eternal, immortal, invisible, the only God, be honor and glory for ever and ever Amen.(1TI 1:17)
영원하신 왕 곧 썩지 아니하고 보이지 아니하고 홀로 하나이신 하나님께 존귀와 영광이 영원무궁하도록 있을지어다(딤전 1:17)

⑱ Through Jesus, therefore, let us continually offer to God a sacrifice of praise – the fruit of lips that confess his name. And do not forget to do good and to share with others, for with such sacrifices God is pleased.(HEB 13:15-16)
□ a sacrifice of praise 찬송의 제사
그러므로 우리는 예수로 말미암아 항상 찬송의 제사를 하나님께 드리자 이는 그 이름을 증언하는 입술의 열매니라 오직 선을 행함과 서로 나누

어 주기를 잊지 말라 하나님은 이같은 제사를 기뻐하시느니라 (히 13:15-16)

⑲ Is any one of you in trouble? He should pray. Is anyone happy? Let him sing songs of praise.(JAS 5:13)
너희 중에 고난당하는 자가 있느냐 그는 기도할 것이요 즐거워하는 자가 있느냐 그는 찬송할지니라(약 5:13)

⑳ Each of the four living creatures had six wings and was covered with eyes all around, even under his wings. Day and night they never stop saying: "Holy, holy, holy is the Lord God Almighty, who was, is, and is to come."(REV 4:8)
네 생물은 각각 여섯 날개를 가졌고 그 안과 주위에는 눈들이 가득하더라 그들이 밤낮 쉬지 않고 이르기를 거룩하다 거룩하다 거룩하다 주 하나님 곧 전능하신 이여 전에도 계셨고 이제도 계시고 장차 오실 이시라(계 4:8)

㉑ You are worthy, our Lord and God, to receive glory and honor and power, for you created all things, and by your will they were created and have their being.(REV 4:11)
우리 주 하나님이여 영광과 존귀와 권능을 받으시는 것이 합당하오니 주께서 만물을 지으신지라 만물이 주의 뜻대로 있었고 또 지으심을 받았나이다(계 4:11)

㉒ And they cried out in a loud voice; "Salvation belongs to our God, who sits on the throne, and to the Lamb."(REV 7:10)
큰 소리로 외쳐 이르되 구원하심이 보좌에 앉으신 우리 하나님과 어린 양에게 있도다 하니(계 7:10)

㉓ The twenty-four elders and the four living creatures fell down and worshiped God, who was seated on the throne. And they cried: "Amen, Hallelujah!"(REV 19:4)
또 이십사 장로와 네 생물이 엎드려 보좌에 앉으신 하나님께 경배하여 이르되 아멘 할렐루야(계 19:4)

† Golden Rule

- **Where two or three come together in my name, there am I with them.(MT 18:20)**
  두세 사람이 내 이름으로 모인 곳에는 나도 그들 중에 있느니라 (마 18:20)

† Word & ♬Hymn

○ **I will praise the LORD all my life; I will sing praise to my God as long as I live.(PS 146:2)**
나의 생전에 여호와를 찬양하며 나의 평생에 내 하나님을 찬송하리로다 (시 146:2)

찬양하라 복되신 구세주 예수 31
Praise Him, praise Him

찬양 하라 복되신 구세주 예수
Praise Him! Praise Him! Jesus our blessed Redeemer!

□ Redeemer 구속자

백성들아 사랑을 전하세
Sing O Earth, His wonderful love proclaim!

□ His wonderful love proclaim ← proclaim His wonderful love

경배하라 하늘의 천군과 천사
Hail Him! hail Him! highest archangels in glory;

□ archangel 대천사

주님 앞에 영광을 돌리세
Strength and honor give to His holy name!

목자 같이 우리를 지키시고
Like a shepherd, Jesus will guard His children;

종일품에 늘 안아 주시니
In His arms He carries them all day long.

찬양하라 높으신 권세를 찬양
Praise Him! Praise Him! tell of His excellent greatness.

찬양 찬양 영원히 드리세
Praise Him! Praise Him! ever in joyful song!

31 찬양하라 복되신 구세주 예수

(통 46)

찬양

Praise Him, praise Him

(Ps 시 146:2)

F. J. Crosby, 1869

JOYFUL SONG: IRREG.

C. G. Allen, 1869

후렴

Ab Bbm7 Ab
찬 양 하 라 높으신권세를찬 양
Praise Him! praise Him! tell of His ex - cel - lent great - ness.
Ab Ab7 Db Bbm Ab Eb Ab
찬 양 찬 양 영원히드 리 세
Praise Him! praise Him! ev - er in joy - ful song!

34

평안과 위로

Peace & Comfort

Key Expression & Word

▶ 평안/평강 peace – 2, 5, 9, 16, 17, 19/10, 18, 22, 23, 24, 25
• 쉼을 얻다 find rest – 7, 12 • 쉼을 주다 give rest – 13

▶ 위로 comfort – 20, 21 • 위로하다 comfort – 20

① **The eternal God is your refuge,** and underneath are the everlasting arms. He will drive out your enemy before you, saying, 'Destroy him!'(DT 33:27)
영원하신 하나님이 네 처소가 되시니 그의 영원하신 팔이 네 아래에 있도다 그가 네 앞에서 대적을 쫓으시며 멸하라 하시도다(신 33:27)

② **I will lie down and sleep in peace,** for you alone, O LORD, make me dwell in safety.(PS 3:8)
내가 평안히 눕고 자기도 하리니 나를 안전히 거하게 하시는 이는 오직 여호와이시니이다(시 3:8)

③ **Keep me as the apple of your eye;** hide me in the shadow of your wings from the wicked who assail me, from my mortal enemies who surround me.(PS 17:8-9)

□ the apple of the eye 눈동자 / assail 습격하다, 공격하다 / mortal enemy 불구대천의 적

나를 눈동자같이 지키시고 주의 날개 그늘 아래에 감추사 내 앞에서 나를 압제하는 악인들과 나의 목숨을 노리는 원수들에게서 벗어나게 하소서(시 17:8-9)

④ **The LORD is my shepherd, I shall not be in want.** He makes me lie down in green pastures, he leads me beside quiet waters, he restores my soul. He guides me in paths of righteousness for his name's sake. Even though I walk through the valley of the shadow of death, I will fear no evil, for you are with me; your rod and your staff, they comfort me. You prepare a table before me in the presence of my enemies. You anoint my head with oil; my cup overflows. Surely goodness and love will follow me all the days of my life, and I will dwell in the house of the LORD forever.(PS 23:1-6)

- your rod and your staff 주의 지팡이와 막대기

여호와는 나의 목자시니 내게 부족함이 없으리로다 그가 나를 푸른 풀밭에 누이시며 쉴 만한 물 가로 인도하시는도다 내 영혼을 소생시키고 자기 이름을 위하여 의의 길로 인도하시는도다 내가 사망의 음침한 골짜기로 다닐지라도 해를 두려워하지 않을 것은 주께서 나와 함께 하심이라 주의 지팡이와 막대기가 나를 안위하시나이다 주께서 내 원수의 목전에서 내게 상을 차려 주시고 기름을 내 머리에 부으셨으니 내 잔이 넘치나이다 내 평생에 선하심과 인자하심이 반드시 나를 따르리니 내가 여호와의 집에 영원히 살리로다(시 23:1-6)

⑤ Consider the blameless, observe the upright; there is a future for the man of peace.(PS 37:37)
온전한 사람을 살피고 정직한 자를 볼지어다 모든 화평한 자의 미래는 평안이로다(시 37:37)

⑥ When I am afraid, I will trust in you.(PS 56:3)
내가 두려워하는 날에는 내가 주를 의지하리이다(시 56:3)

⑦ My soul finds rest in God alone; my salvation comes from him.(PS 62:1)
나의 영혼이 잠잠히 하나님만 바람이여 나의 구원이 그에게서 나오는도다(시 62:1)

⑧ If your law had not been my delight, I would have perished in my affliction.(PS 119:92)

- affliction 고난, 고통

주의 법이 나의 즐거움이 되지 아니하였더면 내가 내 고난 중에 멸망하였으리라(시 119:92)

⑨ Great peace have they who love your law, and nothing can make them stumble.(PS 119:165)

- Great peace have they who love your law ← they who love your law have great peace, 목적어 great peace 도치

주의 법을 사랑하는 자에게는 큰 평안이 있으니 그들에게 장애물이 없으리이다(시 119:165)

⑩ You will keep in perfect peace him whose mind is steadfast, because he trusts in you.(ISA 26:3)

- keep in perfect peace him whose mind is steadfast ← keep him whose mind

KEY WORD • 34

is steadfast in perfect peace
▫ him whose mind is steadfast 심지가 견고한 자

주께서 심지가 견고한 자를 평강에 평강으로 지키시리니 이는 그가 주를 의뢰함이니라(사 26:3)

⑪ **But seek first his kingdom and his righteousness, and all these things will be given to you as well. Therefore do not worry about tomorrow, for tomorrow will worry about itself. Each day has enough trouble of its own.(MT 6:33-34)**

그런즉 너희는 먼저 그의 나라와 그의 의를 구하라 그리하면 이 모든 것을 너희에게 더하시리라 그러므로 내일 일을 위하여 염려하지 말라 내일 일은 내일 염려 할 것이요 한날 괴로움은 그날에 족하니라 (마 6:33-34)

⑫ **Take my yoke upon you and learn from me, for I am gentle and humble in heart, and you will find rest for your souls. (MT 11:29)**

나는 마음이 온유하고 겸손하니 나의 멍에를 메고 내게 배우라 그러면 너희 마음이 쉼을 얻으리니(마 11:29)

⑬ **Come to me, all you who are weary and burdened, and I will give you rest.(MT 11:28)**

▫ you who are weary and burdened 수고하고 무거운 짐 진 자

수고하고 무거운 짐 진 자들아 다 내게로 오라 내가 너희를 쉬게 하리라 (마 11:28)

⑭ **He got up, rebuked the wind and said to the waves, "Quiet! Be still!" Then the wind died down and it was completely calm. (MK 4:37)**

예수께서 깨어 바람을 꾸짖으시며 바다더러 이르시되 잠잠하라 고요하라 하시니 바람이 그치고 아주 잔잔하여지더라(막 4:37)

⑮ **Do not let your hearts be troubled. Trust in God; trust also in me.(JN 14:1)**

너희는 마음에 근심하지 말라 하나님을 믿으니 또 나를 믿으라(요 14:1)

⑯ **Peace I leave with you; my peace I give you. I do not give to you as the world gives. Do not let your hearts be troubled and do not be afraid.(JN 14:27)**

▫ leave A with B A를 B에 맡기다, Peace I leave with you ← I leave peace with you(목적어 도치)

평안을 너희에게 끼치노니 곧 나의 평안을 너희에게 주노라 내가 너희에게 주는 것은 세상이 주는 것 같지 아니하니라 너희는 마음에 근심하지

도 말고 두려워하지도 말라(요 14:27)

⑰ **But a time is coming, and has come, when you will be scattered, each to his own home. You will leave me all alone. Yet I am not alone, for my Father is with me. I have told you these things, so that in me you may have peace. In this world you will have trouble. But take heart! I have overcome the world. (JN 16:32-33)**

보라 너희가 다 각각 제 곳으로 흩어지고 나를 혼자 둘 때가 오나니 벌써 왔도다 그러나 내가 혼자 있는 것이 아니라 아버지께서 나와 함께 계시느니라 이것을 너희에게 이르는 것은 너희로 내 안에서 평안을 누리게 하려 함이라 세상에서는 너희가 환란을 당하나 담대하라 내가 세상을 이기었노라(요 16:32-33)

⑱ **On the first day of the week, when the disciples were together, with the doors locked for fear of Jews, Jesus came and stood among them and said, "Peace be with you." After he said this, he showed his hands and side. The disciples were overjoyed when they saw the Lord.(JN 20:19-20)**

- with the doors locked 문들을 잠그고

이날 곧 안식 후 첫날 저녁 때에 제자들이 유대인들을 두려워하여 모인 곳의 문들을 닫았더니 예수께서 오사 가운데 서서 이르시되 평강이 있을지어다 이 말씀을 하시고 손과 옆구리를 보이시니 제자들이 주를 보고 기뻐하더라(요 20:19-20)

⑲ **Those who live according to the sinful nature have their minds set on what that nature desires; but those who live in accordance with the Spirit have their minds set on what the Spirit desires. The mind of sinful man is death, but the mind controlled by the Spirit is life and peace.(RO 8:5-6)**

- have their minds set on ~에 마음을 두다

육신을 좇는 자는 육신의 일을, 영을 좇는 자는 영의 일을 생각하나니 육신의 생각은 사망이요 영의 생각은 생명과 평안이니라(롬 8:5-6)

⑳ **Praise be to the God and the Father of our Lord Jesus Christ, the Father of compassion and the God of all comfort, who comforts us in all our troubles, so that we can comfort those in any trouble with the comfort we ourselves have received from God.(2CO 1:3-4)**

- compassion 자비, 불쌍히 여김

찬송하리로다 그는 우리 주 예수 그리스도의 하나님이시오 자비의 아버

지시오 모든 위로의 하나님이시며 우리의 모든 환난 중에서 우리를 위로하사 우리로 하여금 하나님께 받은 위로로써 모든 환난 중에 있는 자들을 능히 위로하게 하시는 이시로다(고후 1:3-4)

㉑ **For just as the sufferings of Christ flow over into our lives, so also through Christ our comfort overflows.(2CO 1:5)**
그리스도의 고난이 우리에게 넘친 것 같이 우리가 받는 위로도 그리스도로 말미암아 넘치는도다(고후 1:5)

㉒ **Do not be anxious about anything, but in everything, by prayer and petition, with thanksgiving, present your requests to God. And the peace of God, which transcends all understanding, will guard your hearts and minds in Christ Jesus.(PHP 4:6-7)**
아무것도 염려하지 말고 다만 모든 일에 기도와 간구로, 너희 구할 것을 감사함으로 하나님께 아뢰라 그리하면 모든 지각에 뛰어난 하나님의 평강이 그리스도 예수 안에서 너희 마음과 생각을 지키시리라(빌 4:6-7)

㉓ **Whatever you have learned or received or heard from me, or seen in me – put it into practice. And the God of peace will be with you.(PHP 4:9)**
너희는 내게 배우고 받고 듣고 본 바를 행하라 그리하면 평강의 하나님이 너희와 함께 계시리라(빌 4:9)

㉔ **Let the peace of Christ rule in your hearts, since as members of one body you were called to peace. And be thankful. (COL 3:15)**
그리스도의 평강이 너희 마음을 주장하게 하라 너희는 평강을 위하여 한 몸으로 부르심을 받았나니 너희는 또한 감사하는 자가 되라(골 3:15)

㉕ **Now may the Lord of peace himself give you peace at all times and in every way. The Lord be with all of you.(2TH 3:16)**
평강의 주께서 친히 때마다 일마다 너희에게 평강을 주시고 주께서 너희 모든 사람과 함께 하시기를 원하노라(살후 3:16)

† Golden Rule

- **Come to me, all you who are weary and burdened, and I will give you rest.(MT 11:28)**
  수고하고 무거운 짐 진 자들아 다 내게로 오라 내가 너희를 쉬게 하리라(마 11:28)

† Word & ♬ Hymn

○ **Keep me as the apple of your eye; hide me in the shadow of your wings(PS 17:8)**
나를 눈동자같이 지키시고 주의 날개 그늘 아래에 감추사(시 17:8)

주 날개 밑 내가 편안히 쉬네 419
Under His wings I am safely abiding

주 날개 밑 내가 편안히 쉬네
Under His wings I am safely abiding;
▫ abide 머무르다, 거하다

아버지께서 날 지켜주시니
Still I can trust Him I know He will keep me;

주 날개 밑 평안하다
Under His wings, Under His wings,

주 날개 밑 내쉬는 영혼
Under His wings, my soul shall abide,

밤 깊고 비바람 불어쳐도
Though the night deepens and tempests are wild,
▫ deepen 깊어지다 / tempest 사나운 비바람

거기서 편안히 쉬리로다
He has redeemed me and I am His child.
▫ redeem 구하다, 속량하다, 구속하다

그 사랑 끊을 자 뉘뇨
Who from His love can sever?
▫ sever 끊다, 절단하다

영원히 거기서 살리
Safely abide forever.

(통 478)

주 날개 밑 내가 편안히 쉬네 419

Under His wings I am safely abiding

(Ps 시 17:8)

평안과 위로

W. O. Cushing, 1896

HINGHAM: 11.10.11.10.REF.

I. D. Sankey, 1896

보통으로

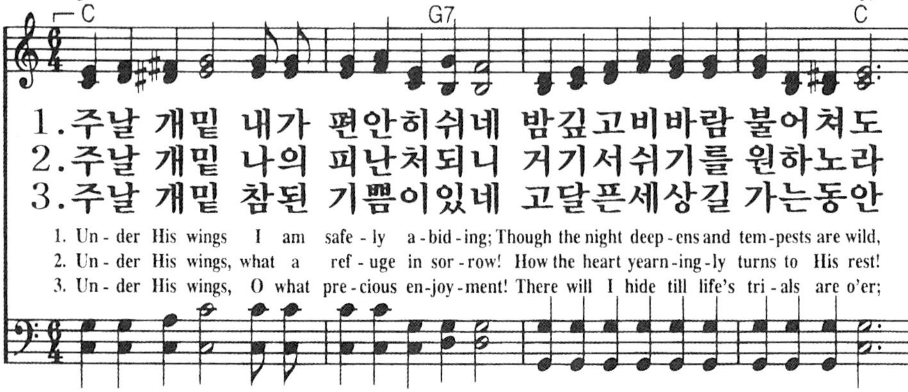

후렴

35

하나님

God, the Father

Key Expression & Word

- 아버지 the Father – 19, 20, 21, 22
- 전능하신 하나님 God Almighty – 6, 29
- 창조주 creator – 12 / maker – 13
- 여호와 하나님 the LORD God – 4, 5
- 주 너의 하나님 the Lord your God – 14
- 지극히 높으신 자 the Most High – 7
- 구속자(救贖者) Redeemer – 10

▸ the LORD와 the Lord: NIV 구약성서에서 '여호와'는 the LORD로, '주'는 the Lord로 표기 / 신약성서에서는 the LORD(여호와)라는 말이 나오지 않는다. 따라서 '주 너의 하나님'은 the LORD your God이 아니라, the Lord your God이다.

① **In the beginning God created the heavens and the earth. (GE 1:1)**
태초에 하나님이 천지를 창조하시니라(창 1:1)

② **And God said, "Let there be light," and there was light. God saw that the light was good. and he separated the light from the darkness. God called the light "day," and the darkness he called "night." And there was evening, and there was morning – the first day.(GE 1:3-5)**
하나님이 이르시되 빛이 있으라 하시니 빛이 있었고 빛이 하나님이 보시기에 좋았더라 하나님이 빛과 어둠을 나누사 하나님이 빛을 낮이라 부르시고 어둠을 밤이라 부르시니라 저녁이 되고 아침이 되니 이는 첫째 날이니라(창 1:3-5)

③-1 **So God created man in his own image, in the image of God he created him; male and female he created them.(GE 1:27)**
하나님이 자기 형상 곧 하나님의 형상대로 사람을 창조하시되 남자와 여자를 창조하시고(창 1:27)

③-2 **When God created man, he made him in the likeness of God.(GE 5:1)**

ㅁ in the likeness of ~의 형상대로, likeness 비슷함, 닮음

하나님이 사람을 창조하실 때에 하나님의 형상대로 지으시되(창 5:1)

④ **the LORD God formed the man from the dust of the ground and breathed into his nostrils the breath of life, and the man became a living being.(GE 2:7)**

여호와 하나님이 땅의 흙으로 사람을 지으시고 생기를 그 코에 불어넣으시니 사람이 생령이 되니라(창 2:7)

⑤ **So the LORD God caused the man to fall into a deep sleep; and while he was sleeping, he took one of the man's ribs and closed up the place with flesh. Then the LORD made a woman from the ribs he had taken out of the man, and he brought her to the man.(GE 2:21-22)**

ㅁ rib 갈비뼈 cf) rip 쪼개다, 찢다 / close up 채우다 / flesh 살 cf) fresh 신선한

여호와 하나님이 아담을 깊이 잠들게 하시니 잠들매 그가 그 갈빗대 하나를 취하고 살로 대신 채우시고 여호와 하나님이 아담에게서 취하신 그 갈빗대로 여자를 만드시고 그를 아담에게로 이끌어 오시니(창 2:21-22)

⑥ **God said to him, "Your name is Jacob, but you will no longer be called Jacob; your name will be Israel." So he named him Israel. And God said to him, "I am God Almighty; be fruitful and increase in number. A nation and a community of nations will come from you, and kings will come from your body."(GE 35:10-11)**

하나님이 그에게 이르시되 네 이름이 야곱이지마는 네 이름을 다시는 야곱이라 부르지 않겠고 이스라엘이 네 이름이 되리라 하시고 그가 그의 이름을 이스라엘이라 부르시고 하나님이 그에게 이르시되 나는 전능한 하나님이라 생육하며 번성하라 한 백성과 백성들의 총회가 네게서 나오고 왕들이 네 허리에서 나오리라(창 35:10-11)

⑦ **When the Most High gave the nations their inheritance, when he divided all mankind, he set up boundaries for the peoples according to the number of the sons of Israel.(DT 32:8)**

ㅁ inheritance 기업, 유산, 상속

지극히 높으신 자가 민족들에게 기업을 주실 때에, 인종을 나누실 때에

이스라엘 자손의 수효대로 백성들의 경계를 정하셨도다(신 32:8)

⑧ **On what were its footings set, or who laid its cornerstone – while the morning stars sang together and all the angels shouted for joy?(JOB 38:6-7)**

그것의 주추는 무엇 위에 세웠으며 그 모퉁잇돌을 누가 놓았느냐 그 때에 새벽 별들이 기뻐 노래하며 하나님의 아들들이 다 기뻐 소리를 질렀느니라(욥 38:6-7)

⑨ **The LORD is my rock, my fortress and my deliverer; my God is my rock, in whom I take refuge. He is my shield and the horn of my salvation, my stronghold.(PS 18:2)**

- my fortress 나의 요새 / my deliverer 나를 건지시는 이, deliver 인도하다, 구해내다
- the horn of my salvation 나의 구원의 뿔 / stronghold 산성, 요새

여호와는 나의 반석이시오 나의 요새시오 나를 건지시는 이시오 나의 하나님이시오 내가 그 안에 피할 나의 바위시오 나의 방패시오 나의 구원의 뿔이시오 나의 산성이시로다(시 18:2)

⑩ **May the words of my mouth and the meditation of my heart be pleasing in your sight, O LORD, my Rock and my Redeemer.(PS 19:14)**

- redeemer 구속자(救贖者) / be pleasing 열납되다(기쁘게 받아들이다)

나의 반석이시오 나의 구속자이신 여호와여 내 입의 말과 마음의 묵상이 주님 앞에 열납되기를 원하나이다(시 19:14)

⑪ **The LORD is my shepherd, I shall not be in want. He makes me lie down in green pastures, he leads me beside quiet waters.(PS 23:1-2)**

- shepherd 목자 / be in want 부족하다, 결핍되다 / quiet waters 쉴 만한 물가

여호와는 나의 목자시니 내가 부족함이 없으리로다 그가 나를 푸른 풀밭에 누이시며 쉴만한 물가로 인도하시는도다(시 23:1-2)

⑫ **Remember your creator in the days of your youth, before the days of trouble come and years approach when you will say, "I find no pleasure in them."(ECC 12:1)**

- when you will say ~ when은 관계부사, 선행사는 the days ~ and years

너는 청년의 때에 너의 창조주를 기억하라 곧 곤고한 날이 이르기 전에, 나는 아무 낙이 없다고 할 해가 가깝기 전에(전 12:1)

⑬ **As you do not know the path of the wind, or how the body is formed in a mother's womb, so you cannot understand the**

work of God, the maker of all things.(ECC 11:5)
바람의 길이 어떠함과 아이 밴 자의 태에서 뼈가 어떻게 자라는지를 네가 알지 못함같이 만사를 성취하시는 하나님의 일을 네가 알지 못하느니라(전 11:5)

⑭ Love the Lord your God with all your heart and with all your soul and with all your mind. This is the first and greatest commandment. And the second is like it: Love your neighbor as yourself. All the Law and the Prophets hang on these two commandments.(MT 22:37-40)
네 마음을 다하고 목숨을 다하고 뜻을 다하여 주 너의 하나님을 사랑하라 하셨으니 이것이 크고 첫째 되는 계명이요 둘째도 그와 같으니 네 이웃을 네 자신과 같이 사랑하라 하셨으니 이 두 계명이 온 율법과 선지자의 강령이니라(마 22:37-40)

⑮ In the beginning was the Word, and the Word was with God and the Word was God.(JN 1:1)
태초에 말씀이 계시니라 이 말씀이 하나님과 함께 계셨으니 이 말씀은 곧 하나님이시니라(요 1:1)

⑯ God so loved the world that he gave his one and only Son, that whoever believes in him shall not perish but have eternal life.(JN 3:16)
하나님이 세상을 이처럼 사랑하사 독생자를 주셨으니 이는 그를 믿는 자마다 멸망하지 않고 영생을 얻게 하려 하심이라(요 3:16)

⑰ For God did not send his Son into the world to condemn the world, but to save the world through him.(JN 3:17)
하나님이 그 아들을 세상에 보내신 것은 세상을 심판하려 하심이 아니요 그로 말미암아 세상이 구원을 받게 하려 하심이라(요 3:17)

⑱ God is spirit, and his worshipers must worship in spirit and in truth.(JN 4:24)
하나님은 영이시니 예배하는 자가 영과 진리로 예배할지니라(요 4:24)

⑲ I came from the Father and enter the world; now I am leaving the world and going back to the Father.(JN 16:28)
내가 아버지에게서 나와 세상에 왔고 다시 세상을 떠나 아버지께로 가노라(요 16:28)

⑳ For even if there are so-called gods, whether in heaven or on earth(as indeed there are many "gods" and many "lords"), yet for us there is but one God, the Father, from whom all things came and for whom we live; and there is but one Lord, Jesus Christ, through whom all things came and through whom we live.(1CO 8:5-6)
비록 하늘에나 땅에나 신이라 불리는 자가 있어 많은 신과 많은 주가 있으나 그러나 우리에게는 한 하나님 곧 아버지가 계시니 만물이 그에게서 났고 우리도 그를 위하여 있고 또한 한 주 예수 그리스도께서 계시니 만물이 그로 말미암고 우리도 그로 말미암아 있느니라(고전 8:5-6)

㉑ Praise be to the God and the Father of our Lord Jesus Christ, the Father of compassion and the God of all comfort, who comforts us in all our troubles, so that we can comfort those in any trouble with the comfort we ourselves have received from God.(2CO 1:3-4)

□ compassion 자비, 불쌍히 여김

찬송하리로다 그는 우리 주 예수 그리스도의 하나님이시오 자비의 아버지시오 모든 위로의 하나님이시며 우리의 모든 환난 중에서 우리를 위로하사 우리로 하여금 하나님께 받은 위로로써 모든 환난 중에 있는 자들을 능히 위로하게 하시는 이시로다(고후 1:3-4)

㉒ Make every effort to keep the unity of the Spirit through the bond of peace. There is one body and one Spirit – just as you were called to one hope when you were called – one Lord, one faith, one baptism; one God and Father of all, who is over all and through all and in all.(EPH 4:3-6)
평안의 매는 줄로 성령이 하나 되게 하신 것을 힘써 지키라 몸이 하나요 성령도 한분이시니 이와 같이 너희가 부르심의 한 소망 안에서 부르심을 받았느니라 주도 한 분이시오 믿음도 하나요 세례도 하나요 하나님도 한 분이시니 곧 만유의 아버지시라 만유 위에 계시고 만유를 통일하시고 만유 가운데 계시도다(엡 4:3-6)

㉓ It is God who works in you to will and to act according to his good purpose. Do everything without complaining or arguing.(PHP 2:13-14)

□ It is God who works ~ 강조용법, 강조하는 말 God / to will and to act 소원을 두고 행하게 하다, will 바라다, 원하다

KEY WORD • 35

너희 안에서 행하시는 이는 하나님이시니 자기의 기쁘신 뜻을 위하여 너희로 소원을 두고 행하게 하시니 모든 일을 원망과 시비를 없이 하라(빌 2:13-14)

㉔ **Whatever you have learned or received or heard from me, or seen in me – put it into practice. And the God of peace will be with you.(PHP 4:9)**
너희는 내게 배우고 받고 듣고 본 바를 행하라 그리하면 평강의 하나님이 너희와 함께 계시리라(빌 4:9)

㉕ **For every house is built by someone, but God is the builder of everything.(HEB 3:4)**
집마다 지은 이가 있으니 만물을 지으신 이는 하나님이시라(히 3:4)

㉖ **This is the message we have heard from him and declare to you: God is light; in him there is no darkness at all.(1JN 1:5)**
우리가 그에게서 듣고 너희에게 전하는 소식은 이것이니 곧 하나님은 빛이시라 그에게는 어둠이 조금도 없으시다는 것이니라(요일 1:5)

㉗ **Dear friends, let us love one another, for love comes from God. Everyone who loves has been born of God and knows God. Whoever does not love does not know God, because God is love.(1JN 4:7-8)**
사랑하는 자들아 우리가 서로 사랑하자 사랑은 하나님께 속한 것이니 사랑하는 자마다 하나님께로 나서 하나님을 알고 사랑하지 아니하는 자는 하나님을 알지 못하나니 하나님은 사랑이심이라(요일 4:7-8)

㉘ **And so we know and rely on the love God has for us. God is love. Whoever lives in love lives in God, and God in him. (1JN 4:16)**
하나님이 우리를 사랑하시는 사랑을 우리가 알고 믿었노니 하나님은 사랑이시라 사랑 안에 거하는 자는 하나님 안에 거하고 하나님도 그 안에 거하시느니라(요일 4:16)

㉙ **Dear friend, do not imitate what is evil but what is good. Anyone who does what is good is from God. Anyone who does what is evil has not seen God.(3JN 1:11)**

▫ what is evil 악한 것, 악 / what is good 선한 것, 선

사랑하는 자여 악한 것을 본받지 말고 선한 것을 본 받으라 선을 행하는 자는 하나님께 속하고 악을 행하는 자는 하나님을 뵈옵지 못하였느니라

(요삼 1:11)

㉚ **Each of the four living creatures had six wings and was covered with eyes all around, even under his wings. Day and night they never stop saying: "Holy, holy, holy is the Lord God Almighty, who was, and is, and is to come."(REV 4:8)**
네 생물은 각각 여섯 날개를 가졌고 그 안과 주위에는 눈들이 가득하더라 그들이 밤낮 쉬지 않고 이르기를 거룩하다 거룩하다 거룩하다 주 하나님 곧 전능하신 이여 전에도 계셨고 이제도 계시고 장차 오실 이시라(계 4:8)

† Golden Rule

○ **In the beginning God created the heavens and the earth. (GE 1:1)**
태초에 하나님이 천지를 창조하시니라(창 1:1)

† Word & ♬ Hymn

○ **While the morning stars sang together and all the angels shouted for joy?(JOB 38:7)**
그 때에 새벽 별들이 기뻐 노래하며 하나님의 아들들이 다 기뻐 소리를 질렀느니라(욥 38:7)

기뻐하며 경배하세 64
Joyful, joyful, we adore Thee

기뻐하며 경배하세
Joyful, joyful, we adore Thee,
adore 경배하다 / Thou, Thy, Thee = You, Your, You

영광의 주 하나님
God of glory, Lord of love;

주 앞에서 우리마음
Hearts unfold like flowers before Thee,
unfold 펼쳐지다 ↔ fold 접히다

피어나는 꽃 같아
Opening to the sun above.
Opening은 flowers를 수식

죄와 슬픔 사라지고
Melt the clouds of sin and sadness;
Melt 녹(이)다

의심 구름 걷히니
Drive the dark of doubt away;
Drive ~ away 쫓아내다; 명령문의 형식으로 기원의 의미. 녹여 주시고, 없애주소서

변함없는 기쁨의 주
Giver of immortal gladness,
Giver 주는 사람 / immortal gladness 불멸의 기쁨

밝은 빛을 주시네
Fill us with the light of day!

(통 13)

창조주

기뻐하며 경배하세

64

Joyful, joyful, we adore Thee

(Job 욥 38:7)

H. Van Dyke, 1907

HYMN TO JOY: 8.7.8.7.D.

L. van Beethoven, 1824

조금 빠르게

36

하나님의 나라
Kingdom of God

Key Expression & Word

- 하나님의 나라 the kingdom of God – 11~18, 21
- 천국 the kingdom of heaven – 4~10
- 하나님의 나라/천국에 들어가다
  enter the kingdom of God/the kingdom of heaven – 15, 18/4, 10
- 내 아버지의 집 my Father's house – 19
- 하늘에 있는 영원한 집 eternal house in heaven – 22

① **Seek the LORD while he may be found; call on him while he is near.(ISA 55:6)**
너희는 여호와를 만날만 한 때에 찾으라 가까이 계실 때에 그를 부르라 (사 55:6)

② **Do not store up for yourselves treasures on earth, where moth and rust destroy, and where thieves break in and steal. But store up for yourselves treasures in heaven, where moth and rust do not destroy, and where thieves do not break in and steal.(MT 6:19-20)**
너희를 위하여 보물을 땅에 쌓아 두지 말라 거기는 좀과 동록이 해하며 도둑이 구멍을 뚫고 도둑질하느니라 오직 너희를 위하여 보물을 하늘에 쌓아 두라 거기는 좀이나 동록이 해하지 못하며 도둑이 구멍을 뚫지도 못하고 도둑질도 못하느니라(마 6:19-20)

③ **But seek first his kingdom and his righteousness, and all these things will be given to you as well. Therefore do not worry about tomorrow, for tomorrow will worry about itself. Each day has enough trouble of its own.(MT 6:33-34)**
그런즉 너희는 먼저 그의 나라와 그의 의를 구하라 그리하면 이 모든 것을 너희에게 더하시리라 그러므로 내일 일을 위하여 염려하지 말라 내일 일은 내일 염려 할 것이요 한날 괴로움은 그날에 족하니라 (마 6:33-34)

④ Not everyone who says to me, 'Lord, Lord' will enter the kingdom of heaven, but only he who does the will of my Father who is in heaven.(MT 7:21)
나더러 주여 주여 하는 자마다 천국에 다 들어갈 것이 아니요 다만 하늘에 계신 내 아버지의 뜻대로 행하는 자라야 들어가리라(마 7:21)

⑤ He told them another parable: "The kingdom of heaven is like a mustard seed, which a man took and planted in the field. Though it is the smallest of all your seeds, yet when it grows, it is the largest of garden plants and becomes a tree, so that the birds of the air come and perch in its branches." (MT 13:31-32)

□ perch in 새가 깃들다, 앉다

또 비유를 들어 이르시되 천국은 마치 사람이 자기 밭에 갖다 심은 겨자씨 한 알 같으니 이는 모든 씨보다 작은 것이로되 자란 후에는 풀보다 커서 나무가 되매 공중의 새들이 와서 그 가지에 깃들이느니라 (마 13:31-32)

⑥ He told them still another parable: "The kingdom of heaven is like yeast that a woman took and mixed into a large amount of flour until it worked all through the dough."(MT 13:33)

□ yeast 누룩, 효모 / dough 반죽 / flour 밀가루 / work 발효시키다, worked all through the dough 반죽 전체를 부풀게 하다

또 비유로 말씀하시되 천국은 마치 여자가 가루 서 말 속에 갖다 넣어 전부 부풀게 한 누룩과 같으니라(마 13:33)

⑦ The kingdom of heaven is like treasure hidden in a field. When a man found it, he hid it again, and then in his joy went and sold all he had and bought that field.(MT 33:44)
천국은 마치 밭에 감추인 보화와 같으니 사람이 이를 발견한 후 숨겨두고 기뻐하며 돌아가서 자기의 소유를 다 팔아 그 밭을 사느니라 (마 33:44)

⑧ Again the kingdom of heaven is like a merchant looking for fine pearls. When he found one of great value, he went away and sold everything he had and bought it.(MT 33:45-46)
또 천국은 마치 좋은 진주를 구하는 장사와 같으니 극히 값진 진주 하나를 발견하매 가서 자기의 소유를 다 팔아 그 진주를 사느니라 (마 33:45-46)

⑨ **Once again the kingdom of heaven is like a net that was let down into the lake and caught all kinds of fish. When it was full, the fishermen pulled it up on the shore. Then they sat down and collected the good fish in baskets, but threw the bad away.(MT 33:47-48)**

□ let down a net 그물을 내리다

또 천국은 마치 바다에 치고 각종 물고기를 모으는 그물과 같으니 그물에 가득하매 물 가로 끌어 내고 앉아서 좋은 것은 그릇에 담고 못된 것은 내버리느니라(마 **33:47-48)**

⑩ **I tell you the truth, unless you change and become like little children, you will never enter the kingdom of heaven.(MT 18:3)**

진실로 너희에게 이르노니 너희가 돌이켜 어린 아이들과 같이 되지 아니하면 결단코 천국에 들어가지 못하리라(마 **18:3)**

⑪ **Again he said, "What shall we say the kingdom of God is like, or what parable shall we use to describe it? It is like a mustard seed, which is the smallest seed you plant in the ground." (MK 4:30-31)**

또 이르시되 우리가 하나님의 나라를 어떻게 비교하며 또 무슨 비유로 나타낼까 겨자씨 한 알과 같으니 땅에 심길 때에는 땅 위의 모든 씨보다 작은 것이로되(막 **4:30-31)**

⑫ **People were bringing little children to Jesus to have him touch them, but the disciples rebuked them. When Jesus saw this, he was indignant. He said to them, "Let the little children come to me, and do not hinder them, for the kingdom of God belongs to such as these."(MK 10:13-14)**

□ belong to ~에 속하다 / such as these 이런 자, 이와 같은 그러한 자

사람들이 예수께서 만져주심을 바라고 어린 아이들을 데리고 오매 제자들이 꾸짖거늘 예수께서 보고 노하시어 이르시되 어린 아이들이 내게 오는 것을 용납하고 금하지 말라 하나님의 나라가 이런 자의 것이니라 **(막 10:13-14)**

⑬ **What is the kingdom of God like? What shall I compare it to? It is like a mustard seed, which a man took and planted in his garden. It grew and became a tree, and the birds of the air perched in its branches.(LK 13:18-19)**

□ perch 깃들이다

하나님의 나라가 무엇과 같을까 내가 무엇으로 비교할까 마치 사람이 자기 채소밭에 갖다 심은 겨자씨 한 알 같으니 자라 나무가 되어 공중의 새들이 그 가지에 깃들였느니라(눅 **13:18-19)**

⑭ **Once, having been asked by the Pharisees when the kingdom of God would come, Jesus replied, "The kingdom of God does not come with your careful observation, nor will people say, 'Here it is,' or 'There it is.', because the kingdom of God is within you."(LK 17:20-21)**

▫ having been asked by the Pharisees 바리새인들이 ~ 묻거늘 / 'Here it is,' or 'There it is,' 여기 있다 저기 있다

바리새인들이 하나님의 나라가 어느 때에 임하나이까 묻거늘 예수께서 대답하여 이르시되 하나님의 나라는 볼 수 있게 임하는 것이 아니요 또 여기 있다 저기 있다고도 못하리니 하나님의 나라는 너희 안에 있느니라(눅 17:20-21)

⑮ **How hard it is for the rich to enter the kingdom of God! Indeed it is easier for a camel to go through the eye of a needle than for a rich man to enter the kingdom of God.(LK 18:24-25)**

▫ the eye of a needle 바늘귀, eye 바늘의 귀, 단추 구멍

재물이 있는 자는 하나님의 나라에 들어가기가 어떻게 어려운지 낙타가 바늘귀로 들어가는 것이 부자가 하나님의 나라에 들어가는 것보다 쉬우니라(눅 18:24-25)

⑯ **Then he said, "Jesus, remember me when you come into your kingdom." Jesus answered him, "I tell you the truth, today you will be with me in paradise."(LK 23:42-43)**

이르되 예수여 당신의 나라에 임하실 때에 나를 기억하소서 하니 예수께서 이르시되 내가 진실로 네게 이르노니 오늘 네가 나와 함께 낙원에 있으리라 하기니라(눅 23:42-43)

⑰ **I tell you the truth, no one can see the kingdom of God unless he is born again.(JN 3:3)**

진실로 진실로 네게 이르노니 사람이 거듭나지 아니하면 하나님의 나라를 볼 수 없느니라(요 3:3)

⑱ **I tell you the truth, no one can enter the kingdom of God unless he is born of water and the Spirit.(JN 3:5)**

진실로 진실로 네게 이르노니 사람이 물과 성령으로 나지 아니하면 하나님의 나라에 들어갈 수 없느니라(요 3:5)

⑲ **Do not let your hearts be troubled. Trust in God; trust also in me. In my Father's house are many rooms; if it were not so, I would have told you. I am going there to prepare a place for you.(JN 14:1-2)**

KEY WORD • 36

□ if it were not so, I would have told you. 혼합 가정법- if 절은 가정법 과거(그렇지 않다면), 주절은 가정법 과거완료(너희에게 일렀을 텐데): 아버지 집에 거할 곳이(현재) 많기 때문에, 너희에게(과거에) 거할 곳이 없다고 이르지 않았다

너희는 마음에 근심하지 말라 하나님을 믿으니 또 나를 믿으라 내 아버지 집에 거할 곳이 많도다 그렇지 않으면 너희에게 일렀으리라 내가 너희를 위하여 거처를 예비하러 가노니(요 14:1-2)

⑳ **And if I go and prepare a place for you, I will come back and take you to be with me that you also may be where I am. You know the way to the place where I am going.(JN 14:3-4)**
가서 너희를 위하여 처소를 예비하면 내가 다시 와서 너희를 내게로 영접하여 나 있는 곳에 너희도 있게 하리라 내가 어디로 가는지 그 길을 너희가 아느니라(요 14:3-4)

㉑ **The kingdom of God is not a matter of eating and drinking, but of righteousness, peace and joy in the Holy Spirit, because anyone who serves Christ in this way is pleasing to God and approved by men.(RO 14:17-18)**
하나님의 나라는 먹는 것과 마시는 것이 아니요 오직 성령 안에서 의와 평강과 희락이라 이로써 그리스도를 섬기는 자는 하나님을 기쁘시게 하며 사람에게도 칭찬을 받느니라(롬 14:17-18)

㉒ **Now we know that if the earthly tent we live in is destroyed, we have a building from God, an eternal house in heaven, not built by human hands.(2CO 5:1)**
□ the earthly tent we live in ← the earthly tent which we live in
만일 땅에 있는 우리의 장막 집이 무너지면 하나님께서 지으신 집 곧 손으로 지은 것이 아니요 하늘에 있는 영원한 집이 우리에게 있는 줄 아느니라(고후 5:1)

㉓ **Set your minds on things above, not on earthly things. (COL 3:2)**
□ set one's mind on ~ 을 생각하다
위엣 것을 생각하고 땅엣 것을 생각지 말라(골 3:2)

† Golden Rule

- **I tell you the truth, no one can see the kingdom of God unless he is born again.(JN 3:3)**
  진실로 진실로 네게 이르노니 사람이 거듭나지 아니하면 하나님의 나라를 볼 수 없느니라(요 3:3)

† Word & ♬Hymn

○ **Seek the LORD while he may be found; call on him while he is near.(ISA 55:6)**
너희는 여호와를 만날만 한 때에 찾으라 가까이 계실 때에 그를 부르라 (사 55:6)

귀하신 주님 계신 곳 207
Jesus, where'er Thy people meet

귀하신 주님 계신 곳
Jesus, where'er Thy people meet,

- where'er Thy people meet = wherever your people meet 주의 백성이 만나는 곳이라면 어디든지

그 백성 함께 모이네
There they behold Thy mercy seat;

- behold = look at

다 함께 주를 만나니
Where'er they seek Thee Thou art found,

- Where'er they seek Thee 주의 백성이 주를 찾는 곳이라면 어디든지
- Thou art found = You are found 주님이 계시고

그 곳은 거룩하도다 아 멘
And every place is hallowed ground. Amen.

- hallowed ground 거룩한(신성하게 된) 땅

KEY WORD • 36

207 귀하신 주님 계신 곳

(통 243)
하나님 나라

W. Cowper, 1769

Jesus, where'er Thy people meet
(Isa 사 55:6)

DUKE STREET: 8.8.8.8.
J. Hatton, 1793

37

하나님의 섭리
Providence

Key Expression & Word

- 하나님이 하시는 일/하나님의 일 what God has done – 17
  the work of God – 20, 25, 26
- 사람을 지으시다 form the man – 3
- 에덴에 동산을 창설하시다 plant a garden in Eden – 4
- 배필을 지으시다 make a helper – 5
- 여자를 만드시다 make a woman – 6

① **Then God said, "Let the land produce vegetation: seed-bearing plants and trees on the land that bear fruit with seed in it, according to their various kinds." And it was so.(GE 1:11)**
하나님이 이르시되 땅은 풀과 씨 맺는 채소와 각기 종류대로 씨가진 열매 맺는 나무를 내라 하시니 그대로 되어(창 1:11)

② **By the seventh day God had finished the work he had been doing; so on the seventh day he rested from all his work. And God blessed the seventh day and made it holy, because on it he rested from all the work of creating that he had done. (GE 2:2-3)**
하나님이 그가 하시던 일을 일곱째 날에 마치시니 그가 하시던 모든 일을 그치고 일곱째 날에 안식하시니라 하나님이 그 일곱째 날을 복되게 하사 거룩하게 하셨으니 이는 하나님이 그 창조하시며 만드시던 모든 일을 마치시고 그 날에 안식하셨음이니라(창 2:2-3)

③ **the LORD God formed the man from the dust of the ground and breathed into his nostrils the breath of life, and the man became a living being.(GE 2:7)**
□ breathe the breath of life 생기를 불어 넣다 / a living being 생령(살아 있는 존재)
여호와 하나님이 땅의 흙으로 사람을 지으시고 생기를 그 코에 불어 넣으시니 사람이 생령이 되니라(창 2:7)

④ Now the LORD God had planted a garden in the east, in Eden; and there he put the man he had formed. And the Lord God made all kinds of tree grow out of the ground – trees that were pleasing to the eye and good for food. In the middle of the garden were the tree of life and the tree of the knowledge of good and evil.(GE 2:8-9)

▫ made all kinds of tree(O) grow(O.C): make 사역동사, grow 원형부정사

여호와 하나님이 동방의 에덴에 동산을 창설하시고 그 지으신 사람을 거기 두시니라 여호와 하나님이 그 땅에서 보기에 아름답고 먹기에 좋은 나무가 나게 하시니 동산 가운데에는 생명나무와 선악을 알게 하는 나무도 있더라(창 2:8-9)

⑤ It is not good for the man to be alone. I will make a helper suitable for him.(GE 2:18)

▫ be alone 혼자 살다 / suitable for ~에 어울리는

사람의 혼자 사는 것이 좋지 못하니 내가 그를 위하여 돕는 배필을 지으리라(창 2:18)

⑥ So the LORD God caused the man to fall into a deep sleep; and while he was sleeping, he took one of the man's ribs and closed up the place with flesh. Then the LORD made a woman from the ribs he had taken out of the man, and he brought her to the man.(GE 2:21-22)

▫ rib 갈비뼈 cf) rip 쪼개다, 찢다

여호와 하나님이 아담을 깊이 잠들게 하시니 잠들매 그가 그 갈빗대 하나를 취하고 살로 대신 채우시고 여호와 하나님이 아담에게서 취하신 그 갈빗대로 여자를 만드시고 그를 아담에게로 이끌어 오시니 (창 2:21-22)

⑦ By the sweat of your brow you will eat your food until you return to the ground, since from it you were taken; for dust you are and to dust you will return.(GE 3:19)

▫ brow[brau] 이마, 얼굴, 눈썹 eye brow

▫ dust you are and to dust you will return ← you are dust and you will return to dust

네가 흙으로 돌아갈 때까지 얼굴에 땀을 흘려야 먹을 것을 먹으리니 네가 그것에서 취함을 입었음이라 너는 흙이니 흙으로 돌아갈 것이니라 (창 3:19)

⑧ **Never again will I curse the ground because of man, even though every inclination of his heart is evil from childhood. And never again will I destroy all living creatures, as I have done. (GE 8:21)**

- every inclination of his heart 사람의 마음이 계획하는 바
- Never again will I curse ← I will never curse again / never again will I destroy ← I will never destroy again

내가 다시는 사람으로 말미암아 땅을 저주하지 아니하리니 이는 사람의 마음이 계획하는 바가 어려서부터 악함이라 내가 전에 행한 것같이 모든 생물을 다시 멸하지 아니하리니(창 8:21)

⑨ **In the evening you will know that it was the LORD who brought you out of Egypt.(EX 16:6)**

- it ~ that 강조용법, 강조하는 말 the LORD, that 대신 who사용

저녁이 되면 너희가 여호와께서 너희를 애굽 땅에서 인도하여 내셨음을 알 것이요(출 16:6)

⑩ **Naked I came from my mother's womb, and naked I will depart. The LORD gave and the LORD has taken away; may the name of the LORD be praised.(JOB 1:21)**

- come naked 알몸으로 나오다 / Naked I came, naked I will depart ← I came naked, I will depart naked

내가 모태에서 알몸으로 나왔사온 즉 또한 알몸이 그리로 돌아가올지라 주신이도 여호와시요 거두신 이도 여호와시오니 여호와의 이름이 찬송을 받으실지니이다(욥 1:21)

⑪ **The earth is the LORD's, and everything in it, the world, and all who live in it; for he founded it upon the seas and established it upon the waters.(PS 24:1-2)**

땅과 거기에 충만한 것과 세계와 그 가운데에 사는 자들은 다 여호와의 것이로다 여호와께서 그 터를 바다위에 세우심이여 강들 위에 건설하셨도다(시 24:1-2)

⑫ **Let us come before him with thanksgiving and extol him with music and song. For the LORD is the great God, the great king above all gods.(PS 95:2-3)**

우리가 감사함으로 그 앞에 나아가며 시를 지어 즐거이 그를 노래하자 여호와는 크신 하나님이시오 모든 신들보다 크신 왕이시기 때문이로다 (시 95:2-3)

⑬ Unless the LORD builds the house, its builders labor in vain. Unless the LORD watches over the city, the watchmen stand guard in vain.(PS 127:1)

□ labor in vain 수고가 헛되다 / stand guard 지키다

여호와께서 집을 세우지 아니하시면 세우는 자의 수고가 헛되며 여호와께서 성을 지키지 아니하시면 파수꾼의 깨어 있음이 헛되도다 (시 127:1)

⑭ Many are the plans in a man's heart, but it is the LORD's purpose that prevails.(PR 19:21)

□ it ~ that 강조용법, 강조하는 말 the LORD's purpose / prevail 우세하다, 이기다

사람의 마음에는 많은 계획이 있어도 오직 여호와의 뜻이 완전히 서리라 (잠 19:21)

⑮ What has been will be again, what has been done will be done again; there is nothing new under the sun.(ECC 1:9)

이미 있었던 것이 후에 다시 있겠고 이미 한 일을 후에 다시 할지라 해 아래에는 새것이 없나니(전 1:9)

⑯ There is a time for everything, and a season for every activity under heaven: a time to be born and a time to die, a time to plant and a time to uproot.(ECC 3:1-2)

□ uproot 뿌리째 뽑다

범사에 기한이 있고 천하 만사가 다 때가 있나니 날 때가 있고 죽을 때가 있으며 심을 때가 있고 심은 것을 뽑을 때가 있으며(전 3:1-2)

⑰ He has made everything beautiful in its time. He has also set eternity in the hearts of men; yet they cannot fathom what God has done from beginning to end.(ECC 3:11)

□ fathom 깊이를 재다

하나님이 모든 것을 지으시되 때를 따라 아름답게 하셨고 또 사람들에게는 영원을 사모하는 마음을 주셨느니라 그러나 하나님이 하시는 일의 시종을 사람으로 측량할 수 없게 하셨도다(전 3:11)

⑱ When times are good, be happy; but when times are bad, consider: God has made the one as well as the other. therefore, a man cannot discover anything about his future.(ECC 7:14)

형통한 날에는 기뻐하고 곤고한 날에는 되돌아 보아라 이 두 가지를 하나님이 병행하게 하사 사람이 그의 장래 일을 능히 헤아려 알지 못하게 하셨느니라(전 7:14)

⑲ Moreover, no man knows when his hour will come: As fish are caught in a cruel net, or birds are taken in a snare, so men are trapped by evil times that fall unexpectedly upon them. (ECC 9:12)

▫ fall upon (재앙 따위가) 닥치다 / a cruel net 재앙의 그물 / be taken in a snare 올무, 덫에 걸리다

분명히 사람은 자기의 시기도 알지 못하나니 물고기가 재앙의 그물에 걸리고 새들이 올무에 걸림 같이 인생도 재앙의 날이 그들에게 홀연히 임하면 거기에 걸리느니라(전 9:12)

⑳ As you do not know the path of the wind, or how the body is formed in a mother's womb, so you cannot understand the work of God, the maker of all things.(ECC 11:5)

바람의 길이 어떠함과 아이 밴 자의 태에서 뼈가 어떻게 자라는지를 네가 알지 못함같이 만사를 성취하시는 하나님의 일을 네가 알지 못하느니라(전 11:5)

㉑ Call to me and I will answer you and tell you great and unsearchable things you do not know.(JER 33:3)

너는 내게 부르짖으라 내가 네게 응답하겠고 네가 알지 못하는 크고 비밀한 일을 네게 보이리라(렘 33:3)

㉒ Look at the birds of the air; they do not sow or reap or store away in barns, and yet your heavenly Father feeds them. Are you not much more valuable than they?(MT 6:26)

공중의 새를 보라 심지도 않고 거두지도 않고 창고에 모아들이지도 아니하되 너희 하늘 아버지께서 기르시나니 너희는 이것들보다 귀하지 아니하냐(마 6:26)

㉓ Likewise every good tree bears good fruit, but a bad tree bears bad fruit. A good tree cannot bear bad fruit, and a bad tree cannot bear good fruit.(MT 7:17-18)

이와 같이 좋은 나무마다 아름다운 열매를 맺고 못된 나무가 나쁜 열매를 맺나니 좋은 나무가 나쁜 열매를 맺을 수 없고 못된 나무가 아름다운 열매를 맺을 수 없느니라(마 7:17-18)

㉔ Each tree is recognized by its own fruit. People do not pick figs from thornbushes, or grapes from briers.(LK 6:44)

▫ fig 무화과 / thornbush 가시나무 / brier 찔레

나무는 각각 그 열매로 아나니 가시나무에서 무화과를, 또는 찔레에서

포도를 따지 못하느니라(눅 6:44)

㉕ **Then they asked him, "What must we do to do the works God requires?" Jesus answered, "The work of God is this: to believe in the one he has sent."(JN 6:28-29)**

그들이 묻되 우리가 어떻게 하여야 하나님의 일을 하오리이까 예수께서 대답하여 이르시되 하나님께서 보내신 이를 믿는 것이 하나님의 일이니라(요 6:28-29)

㉖ **As he went along, he saw a man blind from birth. His disciples asked him, "Rabbi, who sinned, this man or his parents, that he was born blind?" "Neither this man nor his parents sinned," said Jesus, "but this happened so that the work of God might be displayed in his life."(JN 9:1-3)**

▫ Neither A nor B : A도 B도 둘 다 ~이 아니다

예수께서 길을 가실 때에 날 때부터 맹인된 사람을 보신지라 제자들이 물어 이르되 랍비여 이 사람이 맹인으로 난 것이 누구의 죄로 인함이니이까 자기니이까 그의 부모니이까 예수께서 대답하시되 이 사람이나 그 부모의 죄로 인한 것이 아니라 그에게서 하나님이 하시는 일을 나타내고자 하심이라(요 9:1-3)

㉗ **From one man he has made every nation of men, that they should inhabit the whole earth; and he determined the times set for them and the exact places where they should live. God did this so that men would seek him and perhaps reach out for him and find him, though he is not far from each one of us.(AC 17:26-27)**

▫ inhabit 거주하다, 살다 / reach out for (잡으려고) 손을 뻗치다

인류의 모든 족속을 한 혈통으로 만드사 온 땅에 살게 하시고 그들의 연대를 정하시며 거주의 경계를 한정하셨으니 이는 사람으로 혹 하나님을 더듬어 찾아 발견하게 하려 하심이로되 그는 우리 각 사람에게서 멀리 계시지 아니하도다(행 17:26-27)

㉘ **I planted the seed, Apollos watered it, but God made it grow. So neither he who plants nor he who waters is anything, but only God, who makes things grow.(1CO 3:6-7)**

나는 심었고 아볼로는 물을 주었으되 오직 하나님께서 자라나게 하셨나니 그런즉 심는 이나 물주는 이는 아무것도 아니로되 오직 자라게 하시는 이는 하나님뿐이니라(고전 3:6-7)

㉙ Whoever sows sparingly will also reap sparingly, and whoever sows generously will also reap generously.(2CO 9:6)

□ sparingly 부족하게

적게 심는 자는 적게 거두고 많이 심는 자는 많이 거둔다(고후 9:6)

㉚ A man reaps what he sows.(GAL 6:7)
사람이 무엇으로 심든지 그대로 거두리라(갈 6:7)

㉛ But when the time had fully come, God sent his Son, born of a woman, born under law, to redeem those under law, that we might receive the full rights of sons.(GAL 4:4-5)

□ redeem 속량하다, 되찾다, (죄에서) 구하다

때가 차매 하나님이 그의 아들을 보내사 여자에게서 나게 하시고 율법 아래에 나게 하신 것은 율법 아래에 있는 자들을 속량하시고 우리로 아들의 명분을 얻게 하려 하심이라(갈 4:4-5)

㉜ He predestined us to be adopted as his sons through Jesus Christ, in accordance with his pleasure and will.(EPH 1:5)

□ predestine = predestinate 예정하다, 운명을 정하다

그 기쁘신 뜻대로 우리를 예정하사 예수 그리스도로 말미암아 자기의 아들들이 되게 하셨으니(엡 1:5)

㉝ For we are God's workmanship, created in Christ Jesus to do good works, which God prepared in advance for us to do.(EPH 2:10)

□ workmanship 만드신 바, 솜씨, 기량

우리는 그가 만드신 바라 그리스도 예수 안에서 선한 일을 위하여 지으심을 받은 자니 이 일은 하나님이 전에 예비하사 우리로 그 가운데서 행하게 하려 하심이니라(엡 2:10)

㉞ For we brought nothing into the world, and we can take nothing out of it.(1TI 6:7)
우리가 세상에 아무 것도 가지고 온 것이 없으매 또한 아무 것도 가지고 가지 못하리니(딤전 6:7)

† Golden Rule

○ **We brought nothing into the world, and we can take nothing out of it.(1TI 6:7)**
우리가 세상에 아무 것도 가지고 온 것이 없으매 또한 아무 것도 가지고 가지 못하리니(딤전 6:7)

† Word & ♬ Hymn

○ **Let us come before him with thanksgiving and extol him with music and song. For the LORD is the great God, the great king above all gods.(PS 95:2-3)**
우리가 감사함으로 그 앞에 나아가며 시를 지어 즐거이 그를 노래하자 여호와는 크신 하나님이시오 모든 신들보다 크신 왕이시기 때문이로다 (시 95:2-3)

주 하나님 지으신 모든 세계 79

O, LORD my God! When I in awesome wonder

주 하나님 지으신 모든 세계
O, LORD my God! When I in awesome wonder
in awesome wonder 두려운 경외감으로

내 마음 속에 그리어 볼 때
Consider all the worlds Thy hands have made
thy hands = your hands

하늘의 별 울려퍼지는 뇌성
I see the stars, I hear the rolling thunder,
rolling 천둥이 우르르 울리는

주님의 권능 우주에 찼네
Thy pow'r throughout the universe displayed,
thy pow'r(= your power) 의 선행사는 the stars 와 the rolling thunder, 관계대명사 계속적 용법

주님의 높고 위대하심을
Then sings my soul, my Savior God to thee;

내 영혼이 찬양하네
How great Thou art, How great Thou art!
Thou art = You are

주님의 높고 위대하심을
Then sings my soul, my Savior God to thee;

내 영혼이 찬양하네
How great Thou art, How great Thou art!

(통 40)

주 하나님 지으신 모든 세계 79

섭리

O, Lord my God! When I in awesome wonder

(Ps 시 95:3)

C. G. Boberg(1859-1940)
Eng. Trans. and St. 4 by S. K. Hine, 1949

O STORE GUD: 11.10.11.10.REF.
Swedish Folk Melody
Arr. by E. A. Edgren

38

헌신

Devotion

Key Expression & Word

- 헌신하다 devote oneself to – 16 • 헌금 gift – 13
- 여호와를 공경하다/하나님께 영광 돌리다 honor LORD/God – 3/21
- 십일조 tithe – 6 • 십일조를 드리다 give a tenth – 1 / set aside a tenth – 2
- 즐겨 내는 자 a cheerful giver – 23
- 하나님께 드리다 offer O to God – 18, 19

①-1 **Early the next morning Jacob took the stone he had placed under his head and set it up as a pillar and poured oil on top of it. He called that place Bethel, though the city used to be called Luz.(GE 28:18-19)**

①-2 **This stone that I have set up as a pillar will be God's house, and of all that you give me I will give you a tenth.(GE 28:22)**

- used to RV (과거의 지속적 상태) ~이었었다 / a tenth 10분의 1
- of all that you give me I will give you a tenth. ← I will give you a tenth of all that you give me.

기둥으로 세우고 그 위에 기름을 붓고 그곳 이름을 벧엘이라 하였더라 이 성의 옛 이름은 루스더라(창 28:18-19)
야곱이 아침에 일찍이 일어나 베개로 삼았던 돌을 가져다가 내가 기둥으로 세운 이 돌이 하나님의 집이 될 것이요 하나님께서 내게 주신 모든 것에서 십분의 일을 내가 반드시 하나님께 드리겠나이다(창 28:22)

② **Be sure to set aside a tenth of all that your fields produce each year.(DT 14:22)**

- be sure to ~ 마땅히 ~하다 / a tenth 십일조 / set aside a tenth 십일조를 드리다

너는 마땅히 매 년 토지소산의 십일조를 드릴 것이며(신 14:22)

③ **Honor the LORD with your wealth, with the first fruits of all your crops; then your barns will be filled to overflowing, and your vats will brim over with new wine.(PR 3:9-10)**

- vat (양조를 위한)큰 통 / brim over 가장자리까지 차고 넘치다, brim 가장자리

네 재물과 네 소산의 처음 익은 열매로 여호와를 공경하라 그리하면 네 창고가 가득히 차고 네 포도즙 틀에 새 포도즙이 넘치리라(잠 3:9-10)

④ One man gives freely, yet gains even more; another withholds unduly, but comes to poverty.(PR 11:24)

□ withhold 아끼다, 주지 않고 두다, 보류하다 / unduly 과도히

흩어 구제하여도 더욱 부하게 되는 일이 있나니 과도히 아껴도 가난하게 될 뿐이니라(잠 11:24)

⑤ If a man shuts his ears to the cry of the poor, he too will cry out and not be answered.(PR 21:13)

귀를 막아 가난한 자가 부르짖는 소리를 듣지 아니하면 자기가 부르짖을 때에도 들을 자가 없으리라(잠 21:13)

⑥ "Bring the whole tithe into the storehouse, that there may be food in my house. Test me in this," says the LORD Almighty, "and see if I will not throw open the floodgates of the heaven and pour out so much blessing that you will not have room enough for it."(MAL 3:10)

□ tithe 십일조 / throw open 활짝 열다 / floodgate 수문

만군의 여호와가 이르노라 너희의 온전한 십일조를 창고에 들여 나의 집에 양식이 있게 하고 그것으로 나를 시험하여 내가 하늘 문을 열고 너희에게 복을 쌓을 곳이 없도록 붓지 아니하나 보라(말 3:10)

⑦ So in everything, do to others what you would have them do to you. This sums up the Law and the Prophets.(MT 7:12)

무엇이든지 남에게 대접을 받고자 하는 대로 너희도 남을 대접하라 이것이 율법이요 선지자니라(마 7:12)

⑧ Many who are first will be last, and many who are last will be first.(MT 19:30)

먼저 된 자로서 나중 되고 나중 된 자로서 먼저 될 자가 많으니라 (마 19:30)

⑨ Love the Lord your God with all your heart and with all your soul and with all your mind. This is the first and greatest commandment. And the second is like it: Love your neighbor as yourself. All the Law and the Prophets hang on these two commandments.(MT 22:37-40)

네 마음을 다하고 목숨을 다하고 뜻을 다하여 주 너의 하나님을 사랑하라 하셨으니 이것이 크고 첫째 되는 계명이요 둘째도 그와 같으니 네

이웃을 네 자신과 같이 사랑하라 하셨으니 이 두 계명이 온 율법과 선지자의 강령이니라(마 22:37-40)

⑩ **While he was in Bethany, reclining at the table in the home of a man known as Simon the Leper, a woman came with an alabaster jar of very expensive perfume, made of pure nard. She broke the jar and poured the perfume on his head. Some of those present were saying indignantly to one another, "Why this waste of perfume? It could have been sold for more than a year's wages and the money given to the poor." And they rebuked her harshly. "Leave her alone," said Jesus. "Why are you bothering her? She has done a beautiful thing to me." (MK 14:3-5)**

- recline 기대다 recline at the table 식사하다(당시에는 비스듬히 기대어 식사) / leper 나병환자
- alabaster jar 옥합 – 설화 석고로 만든(새하얗고 매끄러운) 병 / nard 나드(감송)향

예수께서 베다니 나병환자 시몬의 집에서 식사하실 때에 한 여자가 매우 값진 향유 곧 순전한 나드 한 옥합을 가지고 와서 그 옥합을 깨뜨리고 예수의 머리에 부으니 어떤 사람들이 화를 내어 서로 말하되 어찌하여 이 향유를 허비하였는가 이 향유를 삼백 데나리온 이상에 팔아 가난한 자들에게 줄 수 있었겠도다 하며 그 여자를 책망하는지라 예수께서 이르시되 가만 두라 너희가 어찌하여 그를 괴롭게 하느냐 그가 내게 좋은 일을 하였느니라(막 14:3-5)

⑪ **She did what she could. She poured perfume on my body beforehand to prepare for my burial. I tell you the truth, wherever the gospel is preached throughout the world, what she has done will also be told in memory of her.(MK 14:8-9)**

- beforehand 미리, 사전에

그는 힘을 다하여 내 몸에 향유를 부어 내 장례를 미리 준비하였느니라 내가 진실로 너희에게 이르노니 온 천하에 어디든지 복음이 전파되는 곳에는 이 여자가 행한 일도 말하여 그를 기억하리라(막 14:8-9)

⑫ **Give, and it will be given to you. A good measure, pressed down, shaken together and running over, will be poured into your lap. For with the measure you use, it will be measured to you.(LK 6:38)**

주라 그리하면 너희에게 줄 것이니 곧 후히 되어 누르고 흔들어 넘치도록 하여 너희에게 안겨 주리라 너희의 헤아리는 그 헤아림으로 너희도

헤아림을 도로 받을 것이니라(눅 6:38)

⑬ **As he looked up, Jesus saw the rich putting their gifts into the temple treasury. He also saw a poor widow put in two very small copper coins. "I tell you the truth," he said, "this poor widow has put in more than all the others. All these people gave their gifts out of their wealth; but she out of her poverty put in all she had to live on."(LK 21:1-4)**

▫ temple treasury 헌금함, all she had to live on 자기가 가지고 있는 생활비 전부

예수께서 눈을 들어 부자들이 헌금함에 헌금 넣는 것을 보시고 또 어떤 가난한 과부가 두 렙돈 넣는 것을 보시고 이르시되 내가 참으로 너희에게 말하노니 이 가난한 과부가 다른 모든 사람보다 많이 넣었도다 저들은 그 풍족한 중에서 헌금을 넣었거니와 이 과부는 그 가난한 중에서 자기가 가지고 있는 생활비 전부를 넣었느니라(눅 21:1-4)

⑭ **I tell you the truth, unless a kernel of wheat falls to the ground and dies, it remains only a single seed. But if it dies, it produces many seeds.(JN 12:24)**

내가 진실로 진실로 너희에게 이르노니 한 알의 밀이 땅에 떨어져 죽지 아니하면 한 알 그대로 있고 죽으면 많은 열매를 맺느니라(요 12:24)

⑮ **Now that I, your Lord and Teacher, have washed your feet, you also should wash one another's feet. I have set you an example that you should do as I have done for you.(JN 13:15)**

▫ Now that ~ 하므로,

내가 주와 또는 선생이 되어 너희 발을 씻었으니 너희도 서로 발을 씻어주는 것이 옳으니라 내가 너희에게 행한 것 같이 너희도 행하게 하려 하여 본을 보였노라(요 13:15)

⑯ **They devoted themselves to the apostles' teaching and to the fellowship, to the breaking of bread and to prayer. Everyone was filled with awe, and many wonders and miraculous signs were done by the apostles.(AC 2:42-43)**

▫ devote oneself to ~에 전념하다 / be filled with ~으로 가득 차다

그들이 사도의 가르침을 받아 서로 교제하고 떡을 떼며 오로지 기도하기를 힘쓰니라 사람마다 두려워하는데 사도들로 말미암아 기사와 표적이 많이 나타나니(행 2:42-43)

⑰ **All the believers were one in heart and mind. No one claimed that any of his possessions was his own, but they shared every-**

KEY WORD • 38

thing they had. With great power the apostles continued to testify to the resurrection of the Lord Jesus and much grace was upon them all.(AC 4:32-33)
믿는 무리가 한마음과 한 뜻이 되어 모든 물건을 서로 통용하고 **자기 재물을 조금이라도 자기 것이라 하는 이가 하나도 없더라** 사도들이 큰 권능으로 주 예수의 부활을 증언하니 무리가 큰 은혜를 받아 **(행 4:32-33)**

⑱ **Do not offer the parts of your body to sin, as instruments of wickedness, but rather offer yourselves to God, as those who have been brought from death to life; and offer the parts of your body to him as instruments of righteousness.(RO 6:13)**
너희 지체를 불의의 무기로 죄에게 내주지 말고 오직 너희 자신을 죽은 자 가운데서 다시 살아난 자 같이 하나님께 드리며 **너희 지체를 의의 무기로 하나님께 드리라(롬 6:13)**

⑲ **Therefore, I urge you, brothers, in view of God's mercy, to offer your bodies as living sacrifices, holy and pleasing to God – this is your spiritual act of worship.(RO 12:1)**
□ living sacrifices 산 제물
그러므로 형제들아 내가 하나님의 모든 자비하심으로 너희를 권하노니 **너희 몸을 하나님이 기뻐하시는 거룩한 산 제물로 드리라** 이는 너희가 드릴 영적 예배니라**(롬 12:1)**

⑳ **If we live, we live to the Lord; and if we die, we die to the Lord. So, whether we live or die, we belong to the Lord. (RO 14:8)**
우리가 살아도 주를 위하여 살고 죽어도 주를 위하여 죽나니 **그러므로 사나 죽으나 우리가 주의 것이로다(롬 14:8)**

㉑ **Do you not know that your body is a temple of the Holy Spirit, who is in you, whom you have received from God? You are not your own; you were bought at a price. Therefore honor God with your body.(1CO 6:19-20)**
□ be bought at a price 값으로 산 것이 되다
너희 몸은 너희가 하나님께로부터 받은바 너희 가운데 계신 성령의 전인 줄을 알지 못하느냐 너희는 너희의 것이 아니라 값으로 산 것이 되었으니 **그런즉 너희 몸으로 하나님께 영광을 돌리라(고전 6:19-20)**

㉒ **Though I am free and belong to no man, I make myself a slave to everyone, to win as many as possible.(1CO 9:19)**

□ win as many as possible 더 많은(가능한 한 많은) 사람을 얻다

내가 모든 사람에게서 자유로우나 스스로 모든 사람에게 종이 된 것은 더 많은 사람을 얻고자 함이라(고전 9:19)

㉓ **Remember this: Whoever sows sparingly will also reap sparingly, and whoever sows generously will also reap generously. Each man should give what he has decided in his heart to give, not reluctantly or under compulsion, for God loves a cheerful giver. (2CO 9:6-7)**

이것이 곧 적게 심는 자는 적게 거두고 많이 심는 자는 많이 거둔다 하는 말이로다 각각 그 마음에 정한 대로 할 것이요 인색함이나 억지로 하지 말지니 하나님은 즐겨 내는 자를 사랑하시느니라(고후 9:6-7)

㉔ **May I never boast except in the cross of our Lord Jesus Christ, through which the world has been crucified to me, and I to the world.(GAL 6:14)**

그러나 내게는 우리 주 예수 그리스도의 십자가 외에 결코 자랑할 것이 없으니 그리스도로 말미암아 세상이 나를 대하여 십자가에 못 박히고 내가 또한 세상을 대하여 그러하니라(갈 6:14)

㉕ **But whatever was to my profit I now consider loss for the sake of Christ. What is more, I consider everything a loss compared to the surpassing greatness of knowing Christ Jesus my Lord, for whose sake I've lost all things. I consider them rubbish, that I may gain Christ and be found in him, not having a righteousness of my own that cames from the law, but that which is through faith in Christ – the righteousness that comes from God and is by faith.(PHP 3:7-9)**

□ whatever was to my profit I now consider loss ← I now consider whatever was to my profit loss

□ consider A B; A를 B로 여기다 / 목적어 whatever ~ profit도치 / rubbish 배설물

그러나 무엇이든지 내게 유익하던 것을 내가 그리스도를 위하여 다 해로 여길뿐더러 또한 모든 것을 해로 여김은 내 주 그리스도 예수를 아는 지식이 가장 고상하기 때문이라 내가 그를 위하여 모든 것을 잃어버리고 배설물로 여김은 그리스도를 얻고 그 안에서 발견되려 함이니 내가 가진 의는 율법에서 난 것이 아니요 오직 그리스도를 믿음으로 말미암은 것이니 곧 믿음으로 하나님께로부터 난 의라(빌 3:7-9)

㉖ Whatever you do, work at it with all your heart, as working for the Lord, not for men, since you know that you will receive an inheritance from the Lord as a reward.(COL 3:23-24)

▫ since는 원인, 이유를 나타내는 부사절, 너희가 that 이하를 알고 있으므로

무슨 일을 하든지 마음을 다하여 주께 하듯 하고 사람에게 하듯 하지 말라 이는 유업의 상을 주께 받을 줄 앎이니(골 3:23-24)

㉗ Do your best to present yourself to God as one approved, a workman who does not need to be ashamed and who correctly handles the word of truth. Avoid godless chatter, because those who indulge in it will become more and more ungodly.
(2TI 2:15-16)
네가 진리의 말씀을 옳게 분별하며 부끄러울 것이 없는 일군으로 인정된 자로 하나님 앞에 드리기를 힘쓰라 망령되고 헛된 말을 버리라 저희는 경건치 아니함에 점점 나아가나니(딤후 2:15-16)

㉘ This is how we know what love is: Jesus Christ laid down his life for us. And we ought to lay down our lives for our brothers.
(1JN 3:16)
그가 우리를 위하여 목숨을 버리셨으니 우리가 이로써 사랑을 알고 우리도 형제들을 위하여 목숨을 버리는 것이 마땅하니라(요일 3:16)

† Golden Rule

● Do to others what you would have them do to you. This sums up the Law and the Prophets.(MT 7:12)
무엇이든지 남에게 대접을 받고자 하는 대로 너희도 남을 대접하라 이것이 율법이요 선지자니라(마 7:12)

† Word & ♬ Hymn

○ **What is more, I consider everything a loss compared to the surpassing greatness of knowing Christ Jesus my Lord, for whose sake I've lost all things. I consider them rubbish, that I may gain Christ(PHP 3:8)**
또한 모든 것을 해로 여김은 내 주 그리스도 예수를 아는 지식이 가장 고상하기 때문이라 내가 그를 위하여 모든 것을 잃어버리고 배설물로 여김은 그리스도를 얻고(빌 3:8)

주 예수 보다 더 귀한 것은 없네 94
I'd rather have Jesus

주 예수 보다 더 귀한 것은 없네
I'd rather have Jesus than silver or gold;
- I'd(would) rather A than B; B보다 (차라리) A하는 편이 낫다

이 세상 부귀와 바꿀 수 없네
I'd rather be His than have riches untold;
- be His 그의 것(주님 것)이다. His는 소유 대명사 / riches untold 말로 다할 수 없는 재산. riches 부, 재산

영 죽을 내대신 돌아 가신
I'd rather have Jesus than houses or lands.

그 놀라운 사랑 잊지 못해
I'd rather be led by His nail-pierced hand
- nail-pierced 못 박힌

세상 즐거움 다 버리고
Than to be the king of a vast domain
- the king of a vast domain 광대한 영토를 가진 왕

세상 자랑 다 버렸네
Or be held in sin's dread sway.
- sin's dread sway 죄의 무서운 힘, be held in sway 힘에 지배받다

주 예수 보다 더 귀한 것은 없네
I'd rather have Jesus than anything
- anything This world affords ← anything that this world affords 이세상이 주는 어떤 것(보다)

예수 밖에는 없네
This world affords today.

94 주 예수보다 더 귀한 것은 없네

(통 102)

I'd rather have Jesus

(Php 빌 3:8)

예수 그리스도

R. F. Miller, 1925

I'D RATHER HAVE JESUS: 12.11.10.10.REF.

G. B. Shea, 1929

Ab7 Gb Db Db7
다 버렸네 주 예 수보다더 귀한
sin's dread sway. I'd rath - er have Je - sus than
Gb Db Ab7 Gb Db
것 은없 네 예 수 밖에는 없 네
an - y - thing This world af - fords to - day.

39

화해

Reconciliation

Key Expression & Word

- 화평 peace – 1, 12, 16 • 화목 peace – 4 / reconciliation – 15
- 화평하게 하는 자 peacemaker – 7, 20
- 화평하게 하다 make peace – 16, 18
- 화목하다 live at(in) peace with – 3, 19
- 화해/화평을 이루다 reconcile A to B – 15/18
- 화해하다/화목하게 되다 be reconciled to – 8, 11/13

① **A heart at peace gives life to the body, but envy rots the bones.(PR 14:30)**

□ rot 썩이다, 썩다, 부패

마음의 화평은 육신의 생명이나 시기는 뼈의 썩음이니라(잠 14:30)

② **A happy heart makes the face cheerful, but heartache crushes the spirit.(PR 15:13)**

마음의 즐거움은 얼굴을 빛나게 하여도 마음의 근심은 심령을 상하게 하느니라(잠 15:13)

③ **When a man's ways are pleasing to the Lord, he makes even his enemies live at peace with him.(PR 16:7)**

□ a man's ways 사람의 행위 / live at peace with him 그와 더불어 화목하다

사람의 행위가 여호와를 기쁘시게 하면 그 사람의 원수라도 그와 더불어 화목하게 하시느니라(잠 16:7)

④ **Better a dry crust with peace and quiet than a house full of feasting, with strife.(PR 17:1)**

□ quiet 고요, 마음의 평화, 고요한 / feast 진수성찬을 먹다, feasting 진수성찬 / strife 다툼, 싸움

마른 떡 한 조각만 있고도 화목하는 것이 제육이 집에 가득하고도 다투는 것보다 나으니라(잠 17:1)

⑤ **Starting a quarrel is like breaching a dam; so drop the matter** before a dispute breaks out.(PR 17:14)

□ breach 둑에서 물이 새게 하다 / stop the matter 시비를 그치다

다투는 시작은 둑에서 물이 새는 것 같은즉 싸움이 일어나기 전에 시비를 그칠 것이니라(잠 17:14)

⑥ A cheerful heart is good medicine but a crushed spirit dries up the bones.(PR 17:22)

□ crush 눌러 뭉개다, 짓밟다

마음의 즐거움은 양약이라도 심령의 근심은 뼈를 마르게 하느니라(잠 17:22)

⑦ Blessed are the peacemaker, for they will be called sons of God.(MT 5:9)

화평하게 하는 자는 복이 있나니 그들이 하나님의 아들이라 일컬음을 받을 것임이요(마 5:9)

⑧ Therefore, if you are offering your gift at the altar and there remember that your brother has something against you, leave your gift there in front of the altar. First go and be reconciled to your brother; then come and offer your gift.(MT 5:23-24)

□ reconcile A to B: A를 B와 화해시키다, be reconciled to ~ 와 화해하다

그러므로 예물을 제단에 드리다가 거기서 네 형제에게 원망들을 만한 일이 있는 것이 생각나거든 예물을 제단 앞에 두고 먼저 가서 형제와 화목하고 그 후에 와서 예물을 드리라(마 5:23-24)

⑨ But I tell you, Do not resist an evil person. If someone strikes you on the right cheek, turn to him the other also. And if someone wants to sue you and take your tunic, let him have your cloak as well. If someone forces you to go one mile, go with him two miles.(MT 5:39-41)

나는 너희에게 이르노니 악한 자를 대적하지 말라 누구든지 네 오른 빰을 치거든 왼편도 돌려 대며 또 너를 고발하여 속옷을 가지고자 하는 자에게 겉옷까지도 가지게 하며 또 누구든지 너로 오리를 가게 하거든 그 사람과 십 리를 동행하고(마 5:39-41)

⑩ Whatever you bind on earth will be bound in heaven, and whatever you loose on earth will be loosed in heaven.(MT 18:18)

□ bind 묶다 ↔ loose 풀다, 끄르다

무엇이든지 너희가 땅에서 매면 하늘에서도 매일 것이요 무엇이든지 땅에서 풀면 하늘에서도 풀리리라(마 18:18)

⑪ As you are going with your adversary to the magistrate, try hard to be reconciled to him on the way, or he may drag you off to the judge, and the judge turn you over to the officer, and the officer throw you into prison.(LK 12:58)

□ magistrate 법관, 행정장관 / judge 재판장, the judge (may) turn ~ , the officer (may) throw ~

네가 너를 고발하는 자와 함께 법관에게 갈 때에 길에서 화해하기를 힘쓰라 그가 너를 재판장에게 끌어가고 재판장이 너를 옥졸에게 넘겨주어 옥졸이 옥에 가둘까 염려하라(눅 12:58)

⑫ Therefore, since we have been justified through faith, we have peace with God through our Lord Jesus Christ, through whom we have gained access by faith into this grace in which we now stand. And we rejoice in the hope of the glory of God. (RO 5:1-2)

그러므로 우리가 믿음으로 의롭다 하심을 받았으니 우리 주 예수 그리스도로 말미암아 하나님과 화평을 누리자 또한 그로 말미암아 우리가 믿음으로 서 있는 이 은혜에 들어감을 얻었으며 하나님의 영광을 바라고 즐거워하느니라(롬 5:1-2)

⑬ For if, when we were God's enemies, we were reconciled to him through the death of his son, how much more, having been reconciled, shall we be saved through his life!(RO 5:10)

곧 우리가 원수 되었을 때에 그의 아들의 죽으심으로 말미암아 하나님과 화목하게 되었은즉 화목하게 된 자로서는 더욱 그의 살아나심으로 말미암아 구원을 받을 것이니라(롬 5:10)

⑭ Do not repay anyone evil for evil. Be careful to do what is right in the eyes of everybody. If it is possible, as far as it depends on you, live at peace with everyone.(RO 12:17-18)

아무에게도 악을 악으로 갚지 말고 모든 사람 앞에서 선한 일을 도모하라 할 수 있거든 너희로서는 모든 사람으로 더불어 화목하라 (롬 12:17-18)

⑮ All this is from God, who reconciled us to himself through Christ and gave us the ministry of reconciliation: that God was reconciling the world to himself in Christ, not counting men's sins against them. And he has committed to us the message of reconciliation.(2CO 5:18-19)

- count one's sins against one ~에게 ~의 죄를 묻다
- ministry 직분 / commit A to B: A를 B에게 위임하다, 맡기다

모든 것이 하나님께로서 났으며 그가 그리스도로 말미암아 우리를 자기와 화목하게 하시고 또 우리에게 화목하게 하는 직분을 주셨으니 곧 하나님께서 그리스도 안에 계시사 세상을 자기와 화목하게 하시며 그들의 죄를 그들에게 돌리지 아니하시고 화목하게 하는 말씀을 우리에게 부탁하셨느니라(고후 5:18-19)

⑯ **For he himself is our peace, who has made the two one and has destroyed the barrier, the dividing wall of hostility, by abolishing in his flesh the law with its commandments and regulations. His purpose was to create in himself one new man out of the two, thus making peace.(EPH 2:14-16)**

- dividing wall of hostility 분열시키는 증오의 담 / flesh 살, 육체(body↔spirit)
  cf) flash 섬광, fresh 신선한

그는 우리의 화평이신지라 둘로 하나를 만드사 원수 된 것 곧 중간에 막힌 담을 자기 육체로 허시고 법조문으로 된 계명의 율법을 폐하셨으니 이는 이 둘로 자기 안에서 한 새사람을 지어 화평하게 하시고 (엡 2:14-16)

⑰ **Do everything without complaining or arguing, so that you may become blameless and pure, children of God without fault in a crooked and depraved generation, in which you shine like stars in the universe as you hold out the word of life – in order that I may boast on the day of Christ that I did not run or labor for nothing.(PHP 2:14-16)**

- crooked 비뚫어진, 구부러진, crook 구부리다, 굴곡시키다 / deprave 타락시키다, 부패시키다

모든 일을 원망과 시비가 없이 하라 이는 너희가 흠이 없고 순전하여 어그러지고 거스르는 세대 가운데서 하나님의 흠 없는 자녀로 세상에서 그들 가운데 빛들로 나타내며 생명의 말씀을 밝혀 나의 달음질이 헛되지 아니하고 수고도 헛되지 아니함으로 그리스도의 날에 내가 자랑할 것이 있게 하려 함이라(빌 2:14-16)

⑱ **For God was pleased to have all his fullness dwell in him, and through him to reconcile to himself all things, whether things on earth or things in heaven, by making peace through his blood, shed on cross.(COL 1:19-20)**

아버지께서 모든 충만으로 예수 안에 거하게 하시고 그의 십자가의

KEY WORD • 39

피로 화평을 이루사 만물 곧 땅에 있는 것들이나 하늘에 있는 것들이 그로 말미암아 자기와 화목하게 되기를 기뻐하심이라(골 1:19-20)

□ shed, shed, shed 피 흘리다, 여기서는 과거분사 shed로 blood 수식

⑲ **Make every effort to live in peace with all men and to be holy; without holiness no one will see the Lord.(HEB 12:14)**

모든 사람과 더불어 화평함과 거룩함을 따르라 이것이 없이는 아무도 주를 보지 못하리라(히 12:14)

⑳ **Peacemakers who sow in peace raise a harvest of righteousness. (JAS 3:18)**

화평하게 하는 자들은 화평으로 심어 의의 열매를 거두느니라(약 3:18)

㉑ **This is love: not that we loved God, but that he loved us and sent his Son as an atoning sacrifice for our sins.(1JN 4:10)**

□ atone 화해하다, 화해시키다, 죄를 속하다, an atoning sacrifice 화목 제물

사랑은 여기 있으니 우리가 하나님을 사랑한 것이 아니요 오직 하나님이 우리를 사랑하사 우리 죄를 위하여 화목 제물로 그 아들을 보내셨음이니라(요일 4:10)

† Golden Rule

- **If someone strikes you on the right cheek, turn to him the other also.(MT 5:39)**

  누구든지 네 오른 빰을 치거든 왼편도 돌려 대며(마 5:39)

† Word & ♬ Hymn

○ **Do not be anxious about anything, but in everything, by prayer and petition, with thanksgiving, present your requests to God. And the peace of God, which transcends all understanding, will guard your hearts and minds in Christ Jesus.(PHP 4:6-7)**
아무것도 염려하지 말고 다만 모든 일에 기도와 간구로, 너희 구할 것을 감사함으로 하나님께 아뢰라 그리하면 모든 지각에 뛰어난 하나님의 평강이 그리스도 예수 안에서 너희 마음과 생각을 지키시리라 (빌 4:6-7)

내 영혼의 그윽히 깊은 데서 412
Far away in the depths of my spirit

내 영혼의 그윽히 깊은 데서
Far away in the depths of my spirit tonight

하늘 곡조가 언제나 흘러나와
In celestial like strains it unceasingly falls
ㅁ In celestial 하늘에서, celestial 다음에 kingdom과 같은 말이 생략 / strains 곡조 / unceasingly 끊임없이

평화 평화로다
Peace! peace! wonderful peace,

그 사랑의 물결이 영원토록
Sweep over my spirit forever, I pray,
ㅁ Sweep over my spirit forever, I pray. ← I pray (that) peace (may) sweep over my spirit forever. Sweep over의 의미상 주어는 Peace

맑은 가락이 울려나네
Rolls a melody sweeter than psalm;
ㅁ Rolls a melody ← a melody rolls, roll 굽이치다

내 영혼을 고이 싸네
O'er my soul like an infinite calm.
ㅁ calm 고요, 잔잔함

하늘 위에서 내려오네
Coming down from the Father above!

내 영혼을 덮으소서
In fathomless billows of love.
ㅁ fathomless billow 측량할 수 없는 큰 물결

KEY WORD • 39

412 내 영혼의 그윽히 깊은 데서

(통 469)

Far away in the depths of my spirit

(Php 빌 4:7)

평안과 위로

W. D. Cornell, 19th Century

WONDERFUL PEACE: 11.9.12.8.REF.

W. G. Cooper, 19th Century

40

회개와 용서

Repentance & Forgiveness

Key Expression & Word

▶ 회개 repentance – 22, 23, 27

- 죄 짓다 sin against – 11, 15 • 죄를 돌리다 hold sin against – 19
- 죄를 회개하다 repent one's sin – 7, 12, 15, 18

▶ 죄 사함 forgiveness of sins – 18, 23

- 죄를 씻다 wash(cleanse, purify) O from one's sin – 1, 2, 28, 29
- 죄를 용서하다 overlook an offense – 4 / pardon O(사람) – 6
  forgive I.O(사람) D.O(죄) – 8, 9, 11, 13, 15, 16, 24, 25, 29

① **Wash away all my iniquity and cleanse me from my sin.(PS 51:2)**

□ iniquity 부정행위 cf) inequity 불공평, 불공정

나의 죄를 말갛게 씻으시며 나의 죄를 깨끗이 제하소서(시 51:2)

② **Cleanse me with hyssop, and I will be clean; wash me and I will be whiter than snow.(PS 51:7)**

우슬초로 나를 정결하게 하소서 내가 정하리이다 나의 죄를 씻어 주소서 내가 눈보다 희리이다(시 51:7)

③ **For as high as the heavens are the earth, so great is his love for those who fear him; as far as the east is from the west, so far has he removed our transgressions from us.(PS 103:11-12)**

□ transgression 법 위반, transgress (법)위반하다, 어기다

이는 하늘이 땅에서 높음같이 그를 경외하는 자에게 그의 인자하심이 크심이로다 동이 서에서 먼 것같이 우리의 죄과를 우리에게서 멀리 옮기셨으며(시 103:11-12)

④ **A man's wisdom gives him patience; it is to his glory to overlook an offense.(PR 19:11)**

□ overlook an offense, 허물을 용서하다 overlook 빠뜨리고 보다, 눈감아 주다

노하기를 더디 하는 것이 사람의 슬기요 허물을 용서하는 것이 자기의

영광이니라(잠 19:11)

⑤ **Though your sins are like scarlet, they shall be as white as snow; though they are red as crimson, they shall be like wool.(ISA 1:18)**
너희의 죄가 주홍 같을지라도 눈과 같이 희어질 것이요 진홍같이 붉을지라도 양털같이 희게 되리라(사 1:18)

⑥ **Let the wicked forsake his way and the evil man his thoughts. Let him turn to the LORD, and he will have mercy on him, and to our God, for he will freely pardon.(ISA 55:7)**
□ the wicked 악인, the evil 불의한 자: the 형용사=복수 보통명사 / forsake 버리다
악인은 그의 길을, 불의한 자는 그의 생각을 버리고 여호와께로 돌아오라 그리하면 그가 긍휼히 여기시리라 우리 하나님께로 돌아오라 그가 너그럽게 용서하시리라(사 55:7)

⑦ **In those days John the Baptist came, preaching in the Desert of Judea and saying, "Repent, for the kingdom of heaven is near."(MT 3:1-2)**
그때에 세례 요한이 이르러 유대 광야에서 전파하여 말하되 회개하라 천국이 가까이 왔느니라 하였으니(마 3:1-2)

⑧ **Forgive us our debts, as we also have forgiven our debtors. (MT 6:12)**
우리가 우리에게 죄 지은 자를 사하여 준 것같이 우리 죄를 사하여 주시옵고(마 6:12)

⑨ **For if you forgive men when they sin against you, your heavenly Father will also forgive you. But if you do not forgive men their sins, your Father will not forgive your sins.(MT 6:14-15)**
너희가 사람의 잘못을 용서하면 너희 하늘 아버지께서도 너희 잘못을 용서하시려니와 너희가 사람의 잘못을 용서하지 아니하면 너희 아버지께서도 너희 잘못을 용서하지 아니하시리라(마 6:14-15)

⑩ **Whatever you bind on earth will be bound in heaven, and whatever you loose on earth will be loosed in heaven.(MT 18:18)**
□ Whatever you bind on earth, whatever you loose on earth가 명사절로 각각 문장의 주어
무엇이든지 너희가 땅에서 매면 하늘에서도 매일 것이요 무엇이든지 땅에서 풀면 하늘에서도 풀리리라(마 18:18)

⑪ **Then Peter came to Jesus and asked, "Lord, how many times shall I forgive my brother when he sins against me? Up to seven times?" Jesus answered, "I tell you, not seven times, but seventy-seven times(seventy times seven – NLT)."(MT 18:21-22)**
그때에 베드로가 나아와 이르되 주여 형제가 내게 죄를 범하면 몇 번이나 용서하여 주리이까 일곱 번까지 하오리이까 예수께서 이르시되 네게 이르노니 일곱 번 뿐 아니라 일곱 번을 일흔 번까지라도 할지니라 (마 18:21-22)

⑫ **It is not the healthy who need a doctor, but the sick. I have not come to call the righteous, but sinners to repentance. (LK 5:31-32)**

- but sinners to repentance ← but I have come to call sinners to repentance.
- to repentance 회개시키러, repent 회개하다, 후회하다

건강한 자에게는 의사가 쓸 데 없고 병든 자에게 라야 쓸 데 있나니 내가 의인을 부르러 온 것이 아니요 죄인을 불러 회개시키러 왔노라 (눅 5:31-32)

⑬ **Do not judge, and you will not be judged. Do not condemn, and you will not be condemned. Forgive, and you will be forgiven.(LK 6:37)**
비판하지 말라 그리하면 너희가 비판을 받지 않을 것이요 정죄하지 말라 그리하면 너희가 정죄를 받지 않을 것이요 용서하라 그리하면 너희가 용서를 받을 것이요(눅 6:37)

⑭ **'I am no longer worthy to be called your son; make me like one of your hired men.' So he got up and went to his father. But he was still a long way off, his father saw him and was filled with compassion for him; he ran to his son, threw his arms around him and kissed him.(LK 15:19-20)**

- be worthy to RV ~ 할 가치가 있다 / compassion 불쌍히 여김

지금부터는 아버지의 아들이라 일컬음을 감당하지 못하겠나이다 나를 품꾼의 하나로 보소서 하리라 하고 이에 일어나서 아버지께로 돌아가니라 아직도 거리가 먼데 아버지가 그를 보고 측은히 여겨 달려가 목을 안고 입을 맞추니(눅 15:19-20)

⑮ **So watch yourselves. "If your brother sins, rebuke him, and he repents, forgive him. If he sins against you seven times in a day, and seven times comes back to you and says, 'I repent,'**

forgive him."(LK 17:3-4)
너희는 스스로 조심하라 만일 네 형제가 죄를 범하거든 경고하고 회개하거든 용서하라 만일 하루에 일곱 번이라도 네게 죄를 짓고 일곱 번 네게 돌아와 회개하노라 하거든 용서하라(눅 17:3-4)

⑯ Father, forgive them, for they do not know what they are doing.(LK 23:34)
아버지 저들을 사하여 주옵소서 자기들이 하는 것을 알지 못함이니이다(눅 23:34)

⑰ You are already clean because of the word I have spoken to you. Remain in me, and I will remain in you. No branch can bear fruit by itself; it must remain in the vine. Neither can you bear fruit unless you remain in me.(JN 15:3-4)
너희는 내가 일러준 말로 이미 깨끗하여졌으니 내 안에 거하라 나도 너희 안에 거하리라 가지가 포도나무에 붙어 있지 아니하면 스스로 열매를 맺을 수 없음같이 너희도 내 안에 있지 아니하면 그러하리라(요 15:3-4)

⑱ Peter replied, "Repent and be baptized, every one of you, in the name of Jesus Christ for the forgiveness of your sins. And you will receive the gift of the Holy Spirit."(AC 2:38)
베드로가 이르되 너희가 회개하여 각각 예수 그리스도의 이름으로 세례를 받고 죄 사함을 받으라 그리하면 성령의 선물을 받으리니(행 2:38)

⑲ While they were stoning him, Stephen prayed, "Lord Jesus, receive my spirit." Then he fell on his knees and cried out, "Lord, do not hold this sin against them." When he had said this, he fell asleep. And Saul was there, giving approval to his death.(AC 7:59-8:1)

▫ hold this sin against ~에 죄를 돌리다 / give approval to ~ 을 마땅히 여기다, ~을 시인하다

그들이 돌로 스데반을 치니 스데반이 부르짖어 이르되 주 예수여 내 영혼을 받으시옵소서 하고 무릎을 꿇어 크게 불러 이르되 주여 이 죄를 그들에게 돌리지 마옵소서 이 말을 하고 자니라 사울은 그가 죽임 당함을 마땅히 여기더라(행 7:59-8:1)

⑳ Therefore, there is no condemnation for those who are in Christ Jesus, because through Christ Jesus the law of the Spirit of the life set me free from the law of sin and death.(RO 8:1-2)

그러므로 이제 그리스도 예수 안에 있는 자에게는 결코 정죄함이 없나니 이는 그리스도 예수 안에 있는 생명의 성령의 법이 죄와 사망의 법에서 너를 해방하였음이라(롬 8:1-2)

㉑ **Do not take revenge, my friend, but leave room for God's wrath, for it is written: "It is mine to avenge; I will repay," said the Lord. On the contrary: "If your enemy is hungry, feed them; if he is thirsty, give him something to drink. In doing this, you will heap burning coals on his head."(RO 12:19-20)**

□ revenge 복수, 보복 take revenge = avenge / leave room for ~ 에 대한 여지를 남겨 놓다 / wrath 노여움

내 사랑하는 자들아 너희가 친히 원수를 갚지 말고 하나님의 진로하심에 맡기라 기록되었으되 원수 갚는 것이 내게 있으니 내가 갚으리라고 주께서 말씀하시니라 네 원수가 주리거든 먹이고 목마르거든 마시게 하라 그리함으로 네가 숯불을 그 머리에 쌓아 놓으리라(롬 12:19-20)

㉒ **Godly sorrow brings repentance that leads to salvation and leaves no regret, but worldly sorrow brings death.(2CO 7:10)**

하나님의 뜻대로 하는 근심은 후회할 것이 없는 구원에 이르게 하는 회개를 이루는 것이요 세상 근심은 사망을 이루는 것이니라(고후 7:10)

㉓ **In him we have redemption through his blood, the forgiveness of sins, in accordance with the riches of God's grace that he lavished on us with all wisdom and understanding.(EPH 1:7-8)**

□ redemption 속량, 죄 사함 / lavish O on 사람 ~에게 ~을 아낌없이 주다

우리는 그리스도 안에서 그의 은혜의 풍성함을 따라 그의 피로 말미암아 속량 곧 죄 사함을 받았느니라 이는 그가 모든 지혜와 총명을 우리에게 넘치게 하사(엡 1:7-8)

㉔ **Be kind and compassionate to one another, forgiving each other, just as in Christ God forgave you.(EPH 4:32)**

서로 친절하게 하며 불쌍히 여기며 서로 용서하기를 하나님이 그리스도 안에서 너희를 용서하심과 같이 하라(엡 4:32)

㉕ **Bear with each other and forgive whatever grievances you may have against one another. Forgive as the Lord forgave you. (COL 3:13)**

□ grievance against ~ 에 대한 불만, 불평

누가 누구에게 불만이 있거든 서로 용납하여 피차 용서하되 주께서 너희를 용서하신 것 같이 너희도 그리하고(골 3:13)

㉖ **For you were like sheep going astray, but now you have returned to the Shepherd and Overseer of your souls.(1PE 2:25)**
너희가 전에는 양과 같이 길을 잃었더니 이제는 너희 영혼의 목자와 감독되신 이에게 돌아왔느니라(벧전 2:25)

㉗ **The Lord is not slow in keeping his promise, as some understand slowness. He is patient with you, not wanting anyone to perish, but everyone to come to repentance.(2PE 3:9)**
주의 약속은 어떤 이들이 더디다고 생각하는 것같이 더딘 것이 아니라 오직 주께서는 너희를 대하여 오래 참으사 아무도 멸망하지 아니하고 다 회개하기에 이르기를 원하시느니라(벧후 3:9)

㉘ **If we walk in the light, as he is in the light, we have fellowship with one another, and the blood of Jesus, his Son purifies us from all sin.(1JN 1:7)**
그가 빛 가운데 계신 것같이 우리도 빛 가운데 행하면 우리가 서로 사귐이 있고 그 아들 예수의 피가 우리를 모든 죄에서 깨끗하게 하실 것이요(요일 1:7)

㉙ **If we confess our sins, he is faithful and just and will forgive our sins and purify us from all unrighteousness.(1JN 1:9)**
□ purify us from all unrighteousness 모든 불의에서 깨끗하게 하다
만일 우리가 우리 죄를 자백하면 그는 미쁘시고 의로우사 우리 죄를 사하시며 모든 불의에서 깨끗하게 하실 것이요(요일 1:9)

† Golden Rule

- **Do not judge, and you will not be judged. Do not condemn, and you will not be condemned. Forgive, and you will be forgiven.(LK 6:37)**
비판하지 말라 그리하면 너희가 비판을 받지 않을 것이요 정죄하지 말라 그리하면 너희가 정죄를 받지 않을 것이요 용서하라 그리하면 너희가 용서를 받을 것이요(눅 6:37)

† Word & ♬Hymn

● **So he got up and went to his father. But he was still a long way off, his father saw him and was filled with compassion for him; he ran to his son, threw his arms around him and kissed him.(LK 15:20)**
이에 일어나서 아버지께로 돌아가니라 아직도 거리가 먼데 아버지가 그를 보고 측은히 여겨 달려가 목을 안고 입을 맞추니(눅 15:20)

여러 해 동안 주 떠나 278
Far from the Lord I wander'd long

여러 해 동안 주 떠나
Far from the Lord I wander'd long

wander'd = wandered, wander 방황하다 / long = for long 오랫동안

세상 연락을 즐기고
In enchantments of time and place,

enchantment 매력적인 일

저 흉악한 죄에 빠져서
Sunk deep in my sins, immers'd in wrong.

sink, sunk, sunk 빠뜨리다 / be immers'd(=immersed) in ~ 에 빠지다 / Sunk, immersed, Forgetting~ 은 분사구문으로 주어는 I

주 은혜를 잊었네
Forgetting a Savior's grace.

오 사랑의 예수님
O, Jesus, dear Lord, my heart

내 맘을 곧 엽니다
Is opening now the door.

곧 들어와 나와 함께 하며
Come in today, come forever to stay,

내 생명이 되소서 아 멘
My life to be, ever more! Amen.

My life to be, ever more ← to be My life, ever more / to be My life 내 생명이 되다, ever more = forever

KEY WORD • 40

(통 336)

여러 해 동안 주 떠나 278

회개와 용서

Far from the Lord I wander'd long

(Lk 눅 15:20)

R. Lowry(1826-1899)

WHERE IS MY BOY TONIGHT: 8.8.9.7.REF.

R. Lowry(1826-1899)

보통으로